AF533987

BAEDEKER SMART

München

MairDumont – www.baedeker.com

Wie funktioniert der Reiseführer?

Wir präsentieren Ihnen Münchens Sehenswürdigkeiten in fünf Kapiteln. Die Einteilung entnehmen Sie bitte der unten stehenden Karte. Jedem Kapitel ist eine spezielle Farbe zugeordnet.
Um Ihnen die Reiseplanung zu erleichtern, haben wir alle wichtigen Sehenswürdigkeiten jedes Kapitels in drei Rubriken gegliedert: Einzigartige Sehenswürdigkeiten sind in der Liste der *TOP 10* zusammengefasst und zusätzlich mit zwei Baedeker Sternen gekennzeichnet. Ebenfalls bedeutend, wenngleich nicht einzigartig, sind die Sehenswürdigkeiten der Rubrik *Nicht verpassen!* Eine Auswahl weiterer interessanter Ziele birgt die Rubrik *Nach Lust und Laune!*

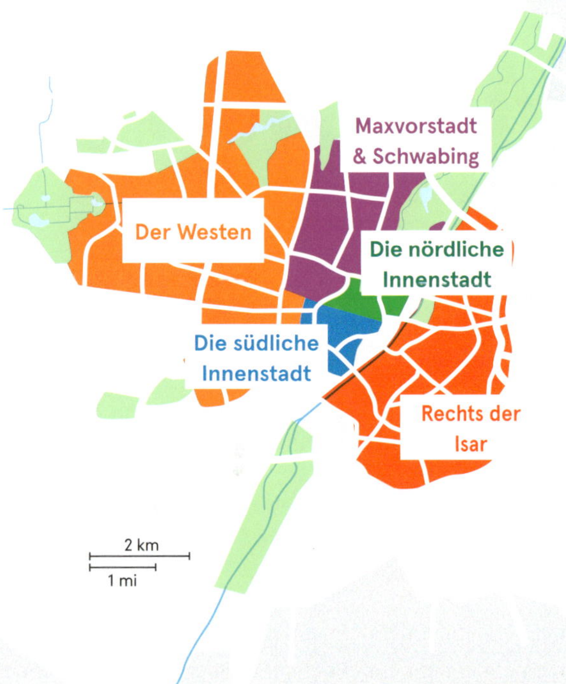

Das Magazin

Die südliche Innenstadt

Die nördliche Innenstadt

Maxvorstadt & Schwabing

Rechts der Isar

Der Westen

Ausflüge

Spaziergänge & Touren

Praktische Informationen

Magische Momente

Kommen Sie zur rechten Zeit an den richtigen Ort und erleben Sie Unvergessliches.

Stadt der Musen und Museen: der Barberinische Faun (um 220 v. Chr.) in der Glyptothek am Königsplatz.

Weltstadt mit Herz: Im Diana-Tempel im Hofgarten der Residenz geht es gern mediterran-fröhlich zu.

WRIGHT
1

2

3

4

5

6

7

8

WARHOL
9

10

Baedeker Topziele

Was muss ich gesehen haben? Unsere TOP 10 helfen Ihnen, von der absoluten Nummer eins bis zur Nummer zehn, die wichtigsten Sehenswürdigkeiten einzuplanen.

❶ ★★ Deutsches Museum
Rund 1,5 Mio. Besucher werden jährlich in diesem (nach der Ausstellungsfläche) größten Wissenschafts- und Technikmuseum der Welt gezählt. Seite 126

❷ ★★ Residenz
500 Jahre Herrschersitz, geprägt von der Renaissance bis zum Klassizismus, und so weitläufig, dass sich einst selbst die bayerischen Herzöge, Kurfürsten und Könige darin verirrt haben sollen. Seite 70

❸ ★★ Schloss Nymphenburg
Im Sommer erfreuten sich die bayerischen Herrscher am lichten Schloss Nymphenburg mit seinem riesigen Park. Seite 148

❹ ★★ Lenbachhaus
In der um einen Neubau von Foster + Partners ergänzten Villa Franz von Lenbachs hängen die schönsten Werke der Künstlergruppe »Der Blaue Reiter«. Seite 98

❺ ★★ Frauenkirche
Rund 20 000 Menschen finden im Wahrzeichen Münchens Platz, die Ausstattung entspricht der Größe und der Bedeutung eines Doms. Seite 42

❻ ★★ Englischer Garten
In einem der ersten grünen Volksparks Europas – mit 375 ha eine der größten Parkanlagen der Welt – fühlen sich alle wohl. Seite 102

❼ ★★ Marienplatz
Rund um die Mariensäule pocht das Herz der Stadt: Altes und Neues Rathaus bilden die Kulisse, und die nächsten Sehenswürdigkeiten sind nicht weit. Seite 46

❽ ★★ Viktualienmarkt
An den Marktständen des größten und ältesten Lebensmittelmarktes der Stadt treffen sich Nachtschwärmer und Frühaufsteher. Seite 49

❾ ★★ Museum Brandhorst
Hinter der bunten Fassade warten Werke von Beuys bis Warhol. Einzelne Räume wurden gezielt für die Präsentation bestimmter Kunstwerke konzipiert. Seite 105

❿ ★★ Hofbräuhaus
Münchner Familien, bayerische »Grantler« und Touristen aus aller Welt lieben das legendäre Gasthaus, dem sogar ein eigenes Lied gewidmet ist. Seite 76

Mit dem Rad in den Englischen Garten – zum Biergarten am Chinesischen Turm.

Ein Gefühl für München bekommen ...

Erleben, was die Stadt ausmacht, ihr einzigartiges Flair spüren. So wie die Münchner selbst.

München radelt

Jede und jeder radelt in München – zur Arbeit, ins Vergnügen oder auch einfach nur so: Studentinnen in Jeans auf Mountainbikes, Angestellte mit Janker auf Trekkinggeräten, Wirtschaftsbosse im Anzug auf Hightech-Maschinen. Dicht an dicht stehen die Drahtesel vor den Biergärten und den Bürohäusern, bei jedem Wind und Wetter.

Brezen, Bier und Garten

Hohe Kastanienbäume, weiß-blauer Himmel, Tische und Bänke im Schatten, ein Ausschank – Gott hat die Bayern bevorzugt, und Münchens Welt ist mehr als in Ordnung. Obwohl es zwei Welten gibt: Die Prosecco-Prominenz trifft sich bevorzugt z.B. im Seehaus, Bier-Begeisterte finden überall ein Plätzchen, im Hofbräuhaus genauso wie beim Aumeister, im Hirschgarten oder am Chinesischen Turm. Ob man aber nun Austern schlürft oder an der Weißwurst zuzelt – in Münchens Biergärten ist man nie alleine.

Die Nacht ist der Tag

In München gehört es zum guten Ton, zumindest am Wochenende zum Nachtschwärmer zu mutieren. Zum würdigen Nachfolger der legendären Münchener Partymeilen Kunstpark Ost, Kultfabrik und Optimol hat sich die Innenstadt zwischen Müllerstraße, Sendlinger Tor und Maximiliansplatz gemausert. In den Diskotheken und Clubs dieser »Feierbanane« wird bis in die frühen Morgenstunden abgetanzt. Alternative: Die flachen Uferbänke der Isar sind eine gigantische Freiluftarena, die vom Deutschen Museum noch bis weit über den Flaucher hinaus reicht.

Nicht ohne Straßencafé

Sobald die Sonne hervorkommt, kann man gar nicht so schnell schauen, wie sich in München die Terrassen und Freisitze der Straßencafés füllen. Sogar im Winter werden die Gesichter in die bleiche Sonne gereckt und die Körperfunktionen mit wärmenden

Decken und Gasstrahlern aufrechterhalten. Es ist ein ureigenes Lebensgefühl der Münchner, das sie hier in der »nördlichsten Stadt Italiens« niemals missen wollen.

Treffpunkt Fischbrunnen

Sich am Marienplatz verabreden? Kein Problem, auch wenn sich gerade das Glockenspiel dreht und der Platz rammelvoll ist. Der Fischbrunnen ist von jeher der passende Ort für Verabredungen in der Innenstadt. Keiner weiß, warum das so ist. Vielleicht, weil man auf seiner Umrandung sitzen kann oder weil sein Wasser im Sommer etwas Abkühlung verspricht. Auf alle Fälle ist er immer dicht umlagert von jungen Münchner(inne)n, die auf ihr Date warten und sich derweil die Zeit mit ihrem Smartphone vertreiben.

Viktualien vom Markt

Die Münchner lieben ihre Märkte, allen voran den Viktualienmarkt, auf dem es alles gibt, was auf der Welt so wächst und gedeiht. Kudusteak oder Rentierschinken, Kiwano oder Rambutan, alles kein Problem! Orchideen aus Madeira, Salz vom Himalaja, Würzsauce aus Brasilien – zwischendurch verkostet man Sauerkrautsaft, ein Glas Prosecco oder eine Halbe Augustiner, einen Garnelensalat oder Schweinswürste. Nach Hause kommt man schwer bepackt und mit leerem Geldbeutel. Besuchenswert sind aber auch die ständigen Stadtteilmärkte wie der Elisabethmarkt und der Wiener Markt (Wiener Platz) oder einer der rund 40 Wochen- und Bauernmärkte (Standorte und Termine: www.mein-wochenmarkt.com).

Sechziger sein

Echte Münchner sind Fans des TSV 1860, auch wenn »die Löwen« nur in der 3. Liga spielen. Es ist einfach der ältere Klub (mindestens zwei Jahre), die Vereinsfarben sind weiß- blau wie der bayerische Himmel, und die Fahne zeigt den bayerischen Löwen.

Isar für alle ...

... lautet das Motto des »Kulturstrands«, der jeden Sommer an einem anderen Ort, aber meistens an der Isar stattfindet. Sand aufschütten, Liegestühle platzieren, Drinks und coole Musik dazu – fertig ist eine der liebsten Münchner Sommerlocations. Aber auch ohne Party bildet die Isar Münchens heißeste Freizeit-Ader: Traditionell radelt man von der Innenstadt am Fluss entlang nach Süden bis zum Flaucher, schmeißt sich dort (gerne hüllenlos) ins Wasser und kehrt danach im Flaucher-Biergarten ein (www.zum-flaucher.de). Eingefleischte Isar/Flaucher-Liebhaber rücken am späten Nachmittag mit Bierkästen, Grill und Steaks an, und am Abend ziehen aromatische Rauchwolken (nicht nur von Grillkohle) über den Fluss. Die Isar ist eben für alle da.

Die Nacht zum Tag machen – etwa hier auf dem Tollwood-Festival …

… und den Tag zum Fest – etwa hier beim »Kulturstrand« an der Isar.

Blau-weiß wölbt sich hier das Firmament über der Landeshauptstadt: ein Tag zum »Frohlocken«, wie nicht nur der Engel Aloisius aus Ludwig Thomas Satire »Ein Münchner im Himmel« auf seiner Wolke weiß.

Das Magazin

Traditionsverbunden, kosmopolitisch und ungemein sympathisch – München ist wirklich eine »Weltstadt mit Herz«.

Seite 12–33

Münchner Lebensart

Wozu sich aufregen? Morgen ist auch noch ein Tag! Die Münchner schätzen Geradlinigkeit, können ihre Bewunderung für eine gesunde Portion Schlitzohrigkeit aber nicht verhehlen. Einen durchtriebenen Menschen nennen sie »Schlawiner«, und das ist durchaus als Kompliment gemeint.

Münchens »gute Stube« von oben betrachtet: aufgeräumt, übersichtlich, überschaubar.

Der berühmteste Münchner Schlawiner ist der Franz Münchinger aus Helmut Dietls Kult-Fernsehserie »Monaco-Franze – Der ewige Stenz«, unvergesslich verkörpert von dem 1997 verstorbenen Schauspieler Helmut Fischer, der selbst ein im Stadtteil Neuhausen aufgewachsenes Münchner Urgewächs war. In der Stadt der Biergärten und der schönen Münchnerinnen erscheint ihm nichts wirklich unmöglich. Ein herzliches »Servus« und ein Blick aus braunen Dackelaugen genügen, und er kommt (fast) immer ans Ziel. Getreu dem Motto: »A bisserl was geht immer«.

Münchner Italophilie

Dass er »Monaco-Franze« heißt, ist der irrigen Annahme zu danken, München sei die nördlichste Stadt Italiens. Als Indiz dafür wird immer

die Unmenge an italienischen Cafés angeführt, in denen Münchner sich gern einen Latte Macchiato bestellen, als hätten sie das Italienische mit der Muttermilch eingesogen. Aber die Münchner Italophilie hat Tradition: Schon König Ludwig I. (reg. 1825–1848) machte München zum »deutschen Firenze«. Ludwigstraße, Residenz und Alte Pinakothek schwelgen in italienischer Renaissance. Ende des 19. Jh.s war die Stadt so von italienischer Leichtigkeit durchdrungen, dass der Kunsthistoriker Heinrich Wölfflin erklärte, München sei die »erste italienische Stadt Deutschlands«.

Südliches Licht und ...

Für Italo-Stimmung sorgt auch der von den Alpen wehende Föhn. Die Luft wird durchsichtig, der Himmel strahlt, die Stadt glänzt heller als alle ihre Konkurrentinnen südlich der Berge. Dafür nehmen Einheimische wie »Zuagroasde« gerne die oft durch ihn hervorgerufene nervöse Überreiztheit in Kauf.

... charmanter Grant

Grob sei er, der Münchner, grantig und verschlossen, heißt es. Doch wer das sagt, hat die bayerische Seele nicht verstanden. Das Bayerische kennt keine wirklichen Schimpfwörter: »Saupreiß!« ist eine ruppig-herzlich gemeinte Herkunftsangabe, ein hingeworfenes »Der Bazi, der!« kann durchaus als Kompliment gemeint sein, und der Zuruf »Hund!« ist nichts anderes als eine Adelung, spätestens seit die Doktrin der CSU für politisches Handeln ruchbar wurde: »Mir san Hund, die anderen san Hund, aber mir san die größeren Hund.«

Traditionen & Traditionelles

Wo ist jenseits von Biergärten und Oktoberfest noch jenes Flair zu spüren, das aus dem Global Player München ein im positiven Sinne traditionsverbundenes Millionendorf macht?

Gleich geht's los: beim Kocherlball am Chinesischen Turm.

Ein Sommersonntagmorgen um sechs am Chinesischen Turm: Damen in Rüschenhaube und Dienstbotenschürze über dem Biedermeierrock drehen sich mit Herren in Frack und Zylinder im Walzertakt. Es ist Kocherlball. Tanzfreudige Münchner kommen am 3. Julisonntag im Englischen Garten zusammen und lassen eine Institution wiederaufleben, die es Ende des 19. Jh.s tatsächlich gegeben hat: Weil die Münchner Hausangestellten (»Kocherl«) durch ihre Arbeitszeiten kaum Möglichkeiten hatten, sich zu treffen, verabredeten sie sich sonntags in der Früh' zwischen fünf und acht Uhr. Später nahm man diese Tradition wieder auf. Der Kocherlball hatte solchen Zulauf, dass sich in seinem Umfeld eine zweite Veranstaltung etablierte: Ein paar Tage vor dem Termin können Interessierte im Hofbräuhaus die richtigen Schritte für die Traditionstänze wie die Münchner Française oder den Zwiefachen lernen.

Gegen das Klischee

Womit wir schon beim Hort der Münchner Traditionsbewahrer wären, dem Hofbräuhaus. In diesem weltberühmten Gasthaus, in dessen Schwemme sich Japaner, Chinesen und Amerikaner im Anstoßen und Absingen bayerischer Märsche übertreffen, gibt's noch richtige Stammtische (über 100 an der Zahl) und einen offenen Musikantentreff. Bis zu dreimal im Jahr findet hier der Münchner Tanzboden statt, bei dem das fast durchgängig junge Publikum von Musikkapellen aus München und der Region begleitet wird. Letztere haben auch ihre eigene Plattform, besser gesagt: ihren »Hoagartn« (oder: »Hoagascht«). Darunter verstand man ursprünglich Treffen von Nachbarn und Freunden, die im Garten musizierten. Heute improvisieren Volksmusikanten einmal im Monat in verschiedenen Gaststätten beim offenen Hoagartn. Wer Lust hat, kann mitmachen.

Singen, tanzen, spielen

Mitsingen ist auch beim Turmsingen im Valentin-Karlstadt-Musäum gefragt. Mehrmals im Jahr an einem Dienstagnachmittag können Teilnehmer nach Herzenslust Münchner Liedgut schmettern. Eine Volksmusikveranstaltung mit Kultstatus sind die Fraunhofer Volksmusiktage im Januar: Hier treffen Traditionalisten und Aufmüpfige, Urbayern und Multikulti-Instrumentalisten auf ein begeistertes Publikum. Größen der Volks- bzw. Weltmusikszene wie La Brass Banda haben auf der Bühne des Fraunhofertheaters angefangen.

Als täppisches Herz-Schmerz-Klischee totgespielt galt lange Zeit das Bauerntheater. Diesem Trend trotzt die Iberl-Bühne seit Jahrzehnten. Chef Georg Maier ist mit seinem Ensemble so erfolgreich, dass er nach fast 50 Jahren sogar vom Traditionshaus im Münchner Süden in die Innenstadt gezogen ist. Übrigens macht die Münchner Renaissance der Tradition nicht einmal vor dem Oktoberfest halt: Dort gibt es neben dem schrillen Rummel die Oide Wiesn: typisch münchnerisch, gemütlich ... und stets gut gebucht.

Auf einen Blick

Termine für Tanzboden und Hoagartn: www.volkskultur-muenchen.de
Programm der Fraunhofer Volksmusiktage: www.fraunhofertheater.de
Iberl-Bühne: www.iberlbuehne.de

Karl-Valentin-Statue am Viktualienmarkt.

Im Biergarten

Ohne Bier ist alles nichts. Jedenfalls für den Bayern: Im Jahr 1539 wurde in München eine ungewöhnliche Brauordnung erlassen, deren Folgen bis heute die Münchner Lebensqualität und das Stadtbild prägen.

Mit dem Erlass wurde das Bierbrauen in den Monaten Mai bis September verboten, weil in dieser Zeit die Brandgefahr zu hoch sei. Da aber im Sommer weitaus mehr Bier getrunken wurde als im Winter, mussten die Brauereien nun auf Vorrat brauen und das Bier kühl lagern. Also legten sie unterirdische »Bierkeller« an, und um diese kühl zu halten, pflanzten sie darüber Kastanien. Schließlich kam man auf die Idee, das Bier hier auch gleich zu verkaufen, und stellte Bänke und Tische unter die Bäume. Ein Sturm der Entrüstung war die Folge, denn die Münchner Wirte witterten Konkurrenz. Legalisiert wurde der Biergartenbetrieb schließlich durch König Ludwig I., der um 1830 den Ausschank von Bier genehmigte, nicht aber den Verkauf von Speisen. Heute ist zwar auch das längst erlaubt – aber immer noch hat jeder richtige Biergarten einen Bereich, in dem die Gäste ihr mitgebrachtes Essen verzehren können.

A zünftige Brotzeit

Traditionell gehören in einen Münchner Biergartenkorb weißer Rettich (»Radi«), Wurstsalat, Emmentaler, Leberkäse, Butter und große Brezen, dazu eine karierte Tischdecke, Besteck, Salz und Pfeffer und ein scharfes Messer. – Eigenes Bier zum Nachfüllen mitzubringen übrigens gilt als extrem unsportlich!

Für jeden etwas

In München gibt es über 80 Biergärten. Familien mit Kindern ziehen am liebsten zum Hirschgarten, weil's dort gleich nebenan eine Spielwiese und Rehe zum Füttern und Streicheln gibt. Studenten treffen sich am Chinesischen Turm

Münchner Gastlichkeit im Grünen: Zum Flaucher, Augustinerkeller, Waldwirtschaft Großhesselohe, Seehaus im Englischen Garten (im Uhrzeigersinn von oben links).

und ältere Semester im Biergarten des Hofbräuhauses. Für alle gilt: Ein Biergarten, der auf sich hält, bleibt den Traditionen treu. Die Gäste sitzen an Holztischen, zu essen gibt's »Hendl« (Brathähnchen), »Schweinsbrodn« (Schweinebraten) und »Steckerlfisch« (Fisch vom Grill), ausgeschenkt wird Münchner Bier, und spätestens um 24, in Wohnvierteln um 23 Uhr werden Klappstühle und Sitzbänke unter den Kastanien geräumt.

Die fünfte Jahreszeit

Weil die traditionelle Fastenzeit zwischen Aschermittwoch und Ostern gar so lang ist und weil zumindest einmal im Jahr auch in München den Politikern die Leviten gelesen werden müssen, gibt's in der Stadt an der Isar die Starkbierzeit: Zum Anstich des Starkbiers im Paulaner am Nockherberg versammelt sich die Politprominenz, um sich »derbleck'n« (auf die Schippe nehmen) zu lassen.

Feste feiern

Das Oktoberfest ist das größte und berühmteste Volksfest der Welt – aber nicht der einzige Superlativ in Münchens Unterhaltungsangebot.

Sehen und gesehen werden: beim Münchner Oktoberfest auf der Theresienwiese, ...

Der Ausnahmezustand namens Oktoberfest beginnt am Samstag des vorletzten Septemberwochenendes, dauert 16 bis 18 Tage und heißt in München salopp »Wiesn«. Eröffnet wird es mit dem rituellen Anzapfen (»O'zapft is«) des ersten Bierfasses durch den Oberbürgermeister. Im Ursprung geht das Ereignis auf den Kronprinzen Ludwig zurück, der am 12.10.1810 die Prinzessin Therese von Sachsen-Hildburghausen heiratete. Eine Woche später ließ er auf einer Wiese zur Volksbelustigung ein Pferderennen abhalten. Im Jahr darauf wurde das Rennen wiederholt, danach regelmäßig zusammen mit einer landwirtschaftlichen Messe veranstaltet, und die Wiese bekam den

Namen der Prinzessin: Theresienwiese. Im Jahr 1869 eröffnete die Familie Schichtl ihr Illusionstheater auf der Theresienwiese; noch heute ist der Besuch beim »Schichtl« samt »Hinrichtung auf offener Bühne« der Höhepunkt des Schaustellerprogramms. Aber das Herz der Wiesn schlägt im Bierzelt, wo sich alle zum »Oans, zwoa, gsuffa« verbrüdern.

... im P1 im Haus der Kunst, im Pacha am Maximiliansplatz und auf dem Tollwood-Festival.

Multikulti, Zirkus und Show

Zum zweitwichtigsten gesellschaftlichen Event der Stadt nach der Wiesn mauserte sich das »Tollwood«, das in den 1970er-Jahren als freakiges Theaterfestival begann. Jeweils im Dezember und im Juni sorgt ein multikulturelles Programm in vielen Zelten einige Wochen lang für Unterhaltung, dazu gibt es einen alternativen Jahrmarkt (www.tollwood.de).

Fun-Areas

Herzstück der Innenstadt-Partyzone ist die sichelförmige Sonnenstraße, die ihrer Form wegen »Feierbanane« genannt wird. Sie verlängert sich mit Diskos, Lounges und Clubs nach Norden zum Maximiliansplatz hin und nach Süden in das Areal um die Müllerstraße. Hinzu kommen einige Satelliten wie das Nachtwerk (www.nachtwerk.de) westlich des Zentrums oder das Muffatwerk hinter dem Müllerschen Volksbad (www.muffatwerk.de). Wo und wann etwas los ist in der Partyszene verraten www.munichx.de oder www.in-muenchen.de/nightlife/.

Der Stern des Südens

Mit rund 300 000 Mitgliedern ist der FC Bayern der größte Sportverein der Welt. Gegründet wurde er am 27. Februar 1900 in München – sich selbst hat der Verein aber immer mehr als bayerischer »Stern des Südens« verstanden.

München und Fußball, das ist ein Thema von fast weltanschaulicher Bedeutung. »In München geht es nicht so sehr darum, für welchen Verein man ist, sondern gegen welchen« – dieser Ausspruch des Kabarettisten Ottfried Fischer bringt das Verhältnis der Münchner zu ihren beiden Traditionsclubs Bayern und 1860 München auf den Punkt. Über kaum etwas anderes können erwachsene Menschen so erbittert streiten wie über den jeweils gegnerischen Fußballverein. Wobei diesen Auseinandersetzungen die immer gleichen Vorurteile zugrunde liegen: Die Roten, also Bayern München, seien Großkopferte, heißt es, ein Millionärsverein, gepäppelt von der Politik, Prominenz und Sponsoren, während man den schwarz-blauen Sechzgern unterstellt, der etwas prollige Club des »kleinen Mannes« zu sein. Entsprechend dieser Kategorisierung outen sich vor allem jene als 1860-Fans, die ihr soziales Engagement und die Verbundenheit mit dem »einfachen Volk« betonen möchten. Ex-Oberbürgermeister Christian Ude (SPD) etwa war bekennender Sechzger. Bei den Meisterfeiern musste er gute Miene zu bösem Spiel machen – viel lieber hätte er die »Löwen« auf dem Rathausbalkon empfangen!

»Erlebniswelt FC Bayern«

Bayern München ist in München auch ein einflussreicher Wirtschaftsfaktor. Immerhin reisen alle zwei Wochen Tausende Fans zu den Heimspielen des FC Bayern in der Allianz Arena an und konsumieren in der Innenstadt. Alleine mit seinem futuristischen Stadion im Norden von München hat der FC Bayern in der Bauphase 29 000 und im laufenden Betrieb 2500 Arbeitsplätze geschaffen; nun wird in der Innenstadt investiert. An der Weinstraße, in unmittelbarer Nähe zum Dom, entstand eine Art »Erlebniswelt«, mit Fan-Shop und einer FC-Bayern-München-Gastwirtschaft.

Auf den Spuren von Kurt Landauer

Im Nationalsozialismus wurde der FC Bayern als »Judenclub« diffamiert: Über die frühe Geschichte des Vereins unter ihrem Präsidenten Kurt Landauer (1884–1961), der wegen seiner jüdischen Herkunft vor den Nazis flüchten musste und vier Wochen lang im Konzentrationslager Dachau interniert war, gibt es neben mehreren Büchern auch einen in Zusammenarbeit mit dem Münchner NS-Dokumentationszentrum entstandenen Dokumentarfilm (»Kick it like Kurt«) des Kreisjugendrings München-Stadt und den Fernsehfilm »Landauer – der Präsident«. Im Jahr 2013 wurde Kurt Landauer posthum zum Ehrenvorsitzenden ernannt, seit 2015 heißt der Platz vor der Allianz Arena, in der die Bayern ihre Heimspiele austragen, Kurt Landauer Platz. Auch die Fans des FC Bayern halten das Andenken an den Präsidenten in Ehren, vor allem mit der Kurt-Landauer-Stiftung, die in den Worten von Simon Müller, einem der Stiftungsgründer, sein Erbe weiterführen und zu einer weltoffenen, sich fortschrittlich und liberal gegen Rassismus und Ausgrenzung stellenden Gesellschaft beitragen will.

Eine runde Sache

Die Münchner Allianz Arena entstand nach einem Entwurf des Schweizer Architektenbüros Herzog & de Meuron und fasst je nach Wettbewerb 70 000 bis 75 000 Zuschauer. Das Großprojekt wurde ursprünglich vom FC Bayern gemeinsam mit dem TSV 1860 München finanziert; später waren die Sechziger nur noch Mieter, bis sie im Jahr 2017 endgültig auszogen.

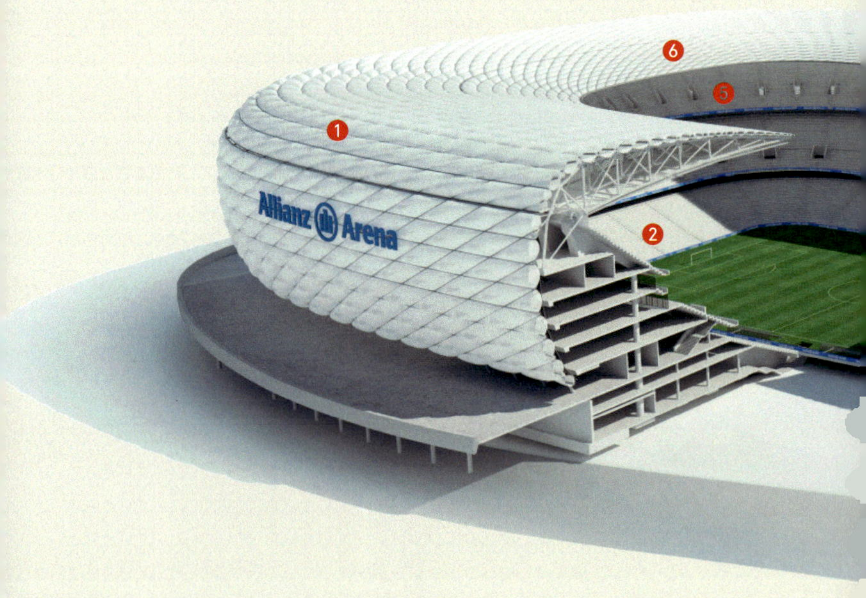

❶ Außenfassade: Das imposante Dachtragewerk verbirgt sich hinter 2760 rautenförmigen, mit Luft gefüllten Membrankissen. Die transparente Fassade der Arena besitzt ein integriertes Lichtsystem, das den Bau in die unterschiedlichsten Farbtöne tauchen kann.

❷ Nordkurve: Jeweils 10 000 Sitzplätze in der Nord- und Südkurve lassen sich durch Hochklappen in Stehplätze umwandeln, was die gute Stimmung noch beträchtlich befördern kann.

❸ Südkurve: Hier können sich Anhänger des FC Bayern München (für die es in der Arena eine eigene FC Bayern Erlebniswelt mit multimedialer Darstellung der ruhmreichen Vereinsgeschichte gibt) im Fan-Restaurant des Vereins auf ca. 1500 Plätzen versammeln.

❹ Unterer Rang: Der Rang gewährt den Zuschauern die größtmögliche Nähe zum Spielgeschehen.

❺ Mittlerer Rang: Durch einen Neigungswinkel von 30 Grad hat man von jedem Platz aus gute Sicht aufs Spielgeschehen.

❻ Oberer Rang: Wegen der extremen Neigung von 34 Grad kann man auf diesem Rang ausschließlich sitzen. Die oberste Sitzreihe der Allianz Arena befindet sich auf 39 m Höhe.

❼ VIP-Logen: Für prominente Stadionbesucher gibt es 106 Logen mit rund 1374 Plätzen.

©BAEDEKER

Nie vergessen!

Räterepublik, Hitlerputsch, »Hauptstadt der Bewegung« – mehrmals spielte das bürgerliche München in den unruhigen Jahren der Weimarer Republik und beim Aufstieg Hitlers eine unrühmliche Hauptrolle. Doch es gab auch Widerstand.

Am 7. April 1919 riefen Ernst Toller, Erich Mühsam und andere die »Münchner Räterepublik« aus: Arbeiterräte sollten die Politiker ersetzen, die Betriebe vergesellschaftet werden. Knapp einen Monat später, am 3. Mai, beendeten Freikorps das Experiment. Nach dreitägigen Kämpfen wurden mehr als 600 Tote gezählt. Da viele politische Köpfe der Räterepublik jüdischen Glaubens gewesen waren, richtete sich die Polemik national gesinnter Politiker und Parteien nun verstärkt gegen Juden.

Zusammen mit Erich Ludendorff und seiner Sturmabteilung SA besetzte Adolf Hitler am 8. November 1923 den Bürgerbräukeller, in dem die Landesregierung tagte, und erklärte sie sowie die Reichsregierung für abgesetzt. Am folgenden

Im Atrium des Hauptgebäudes der Ludwig-Maximilians-Universität am heutigen Geschwister-Scholl-Platz 1 wurden die Flugblätter der Weißen Rose verteilt.

Morgen marschierten Hitler und Ludendorff mit tausenden Anhängern zur Feldherrnhalle, um die Machtübernahme zu demonstrieren. Doch dieser »Hitlerputsch« scheiterte.

Das Konzentrationslager im Vorort Dachau wurde im Jahr 1933 eingerichtet. Zunächst inhaftierten die Nazis politische Gegner, nach der Reichspogromnacht kamen auch Juden hinzu sowie nach dem Kriegsbeginn noch Polen, Tschechen, Russen und Roma. Von den 200 000 Häftlingen überlebten 32 000 das KZ nicht – so die offizielle Zahl. Wie viele mehr tatsächlich an Erschöpfung, medizinischen Experimenten und Seuchen starben, ist ungewiss. Die US-amerikanischen Truppen befreiten die verbliebenen 67 000 Gefangenen des KZs am 29. April 1945.

Die Geschwister Hans und Sophie Scholl.

Im Juni 1938 wurde die Münchner Hauptsynagoge an der Herzog-Max-Straße abgerissen, in der »Reichspogromnacht« vom 9. auf den 10. November fielen die letzten jüdischen Gotteshäuser in der Herzog-Rudolf- und in der Reichenbachstraße den SA-Schergen zum Opfer. Erst im Jahr 2006 wurde am Jakobsplatz vor dem Stadtmuseum ein jüdisches Kulturzentrum geschaffen, das ein Museum, eine Begegnungsstätte sowie eine Synagoge beherbergt.

Am 29. September 1938 unterzeichneten Großbritannien, Frankreich, Italien und das Deutsche Reich das Münchner Abkommen, die Tschechoslowakei hatte damit die Sudetengebiete Deutschland zu überlassen. Hitler nahm das Abkommen als Freibrief für den Einmarsch in die Tschechoslowakei.

Am 8. November 1939 verübte Georg Elser im Münchner Bürgerbräukeller einen Anschlag auf Adolf Hitler, der scheiterte.

Die Weiße Rose

Hans Scholl studierte an der Ludwig-Maximilian-Universität Medizin, seine Schwester Sophie Biologie und Philosophie. Am 22. Februar 1943 wurden beide in Stadelheim enthauptet. Wenige Tage zuvor hatten sie mit »Die Weiße Rose« signierte Flugblätter in den Lichthof der Münchner Universität flattern lassen. Darin riefen sie zur Rüstungssabotage auf und prangerten die Verbrechen der Nationalsozialisten an. Direkt vor dem Haupteingang der Universität, am Geschwister-Scholl-Platz, erinnert heute ein Denkmal an die beiden. Zu sehen sind in den Boden eingelassene steinerne Flugblätter, Fotos, Texte und Gerichtsurteile.

Was Leib & Seele zusammenhält

Münchner Spezialitäten sind nicht gerade karlorienarm. Kein Wunder, dass der Münchner ob solch deftiger Verführer zur barocken Fülle neigt.

Deftig heißt allerdings nicht unkompliziert: Allein das Beispiel der Münchner Weißwurst zeigt, wie aufwendig das Regelwerk der Zubereitung und des richtigen Verzehrs sein kann. Dass sie mit Kalbfleisch, Zwiebeln und frischer Petersilie gefüllt sein muss, ist ebenso vorgeschrieben wie die Tatsache, dass sie immer stückweise und ja nicht paarweise bestellt wird. Ist die Wurst auf dem Teller, wird die Haut der Länge nach aufgeritzt und die Wurst halbiert. So schlüpft das Brät elegant aus der Pelle und kann mit süßem Senf und frischen Brez'n als Brotzeit genossen werden. Nach 12 Uhr sind Weißwürste übrigens tabu!

Eigentlich gab es ja schon im Frankreich des 14. Jh.s ähnliche Würste. Neu »erfunden« wurden die Weißwürste in München Mitte des 19. Jh.s zumindest insofern, als man bei den Bratwürsten den Kalbs- durch einen Schweinedarm ersetzte.

Braten und Knödel

Kartoffel- und Semmelknödel begleiten in München viele Fleischgerichte wie den »Schweinsbrodn«, der nur dann als gelungen gelten kann, wenn seine Kruste richtig kross ist. Eine »Schlachtplatt'n« besteht aus verschiedenen Würsten, Sauerkraut und natürlich Knödel. Echt ist sie aber nur, wenn auch Blut- und Leberwürste dazu gereicht werden.

Münchner Kronfleisch gibt's als Brotzeit und als Hauptgericht: Das grobfaserige, gekochte Rindfleisch harmoniert hervorragend mit frisch geriebenem »Kren« (Meerrettich).

Der Sauerbraten ist ein beliebtes Festtagsgericht. Das fein säuerliche

Kulinarische Delikatessen gibt's beim Käfer (oben links/unten rechts) und im Dallmayr (oben rechts). Zu einer zünftigen Münchner Brotzeit gehören Weißwürste und Brezen.

Aroma spült man idealerweise mit frisch gezapftem Bier hinunter.

Helles, Weizen, Bock

Bier brauten die Augustinermönche in München schon seit 1328. Knapp 160 Jahre später, 1487, erließ Herzog Albrecht IV. den »Preu Aid« (Brau-Eid), der als Münchner Reinheitsgebot in die Geschichte der Bierbraukunst einging – übrigens das älteste Lebensmittelgesetz der Welt. Seitdem darf das Münchner Bier nur aus Gerste, Hopfen und Wasser hergestellt werden. Seinen guten Ruf verdankt es u. a. der Münchner Brauerfamilie Sedlmayr, die im 19. Jh. auf ihrem Gebiet Pionierarbeit leistete. Gabriel Sedlmayr jr. betrieb seine Brauerei als erste mit Dampfkraft, tüftelte mit Carl von Linde an der Kühlung des Biers und korrespondierte mit Louis Pasteur über die Gärung. Er war ein Streiter für das untergärige, weil besser haltbare Bier und brachte das dunkle malzige »Münchener« heraus, das heute in München kaum noch gebraut wird. Es wurde vom herberen Hellen (11–12 % Stammwürzegehalt, 4 % Alkohol) als meistgetrunkenem Bier abgelöst. Sein spritziges Pendant ist das aus Weizen gebraute Weißbier oder Weizen. Das etwas dunklere Märzenbier (13 bis 14 % Stammwürzegehalt, ca. 5 % Alkohol) feiert als Oktoberfestbier alljährlich fröhliche Urständ. Spitzenleistungen sind auch die Münchner Doppelbockbiere, allesamt dunkel, mit ca. 7 % Alkoholgehalt und auf die Silbe »-ator« endend.

Brotzeit – die schönste Zeit

Eine unverzichtbare Säule der Münchner Brotzeit ist der Leberkäs', der weder mit Leber noch mit Käse etwas zu tun hat. Er besteht vielmehr aus gehacktem Rind- und Schweinefleisch, Speck und Zwiebeln, die im Ofen zu einem kompakten Laib mit knuspriger Kruste verbacken werden. Eine köstliche Sommerspezialität ist ein »Obatzda«: Ingredienzien sind reifer Camembert, Butter, klein gehackte Zwiebeln, Pfeffer, Salz, Kümmel und viel süßer Paprika. Beliebteste Münchner Brotzeitbeilage ist ein mit Salz bestreutes Weizenhefegebäck! Kennen Sie nicht? Eine Brez'n natürlich!

Auf einen Kaffee ins Café

Zur Blütezeit der Kaffeehauskultur gegen Ende des 19. Jh.s zählte man an der Isar 84 Cafés und konnte durchaus mit der Donaumetropole konkurrieren. Doch rund hundert Jahre später setzte das Münchner Kaffeehaussterben ein; Legenden wie Rottenhöfer und Kreutzkamm schlossen oder verkleinerten sich drastisch. Einer der wenigen Überlebenden ist das im Jahr 1888 gegründete Café Luitpold in der Brienner Straße 11. Hier verkehrten einst Franz Marc, Frank Wedekind und Loriot, dem angeblich im Café Luitpold die Idee für die »Herren im Bad« kam. Dank seines mit Palmen dekorierten Wintergartens ist es zu jeder Tageszeit und bei jedem Wetter Anlaufpunkt für elegante Damen nach dem Shoppingbummel in den Edelboutiquen rund um den Odeonsplatz. Im Gegensatz zum nahen Tambosi (Odeonsplatz 18) sucht der Gast im Luitpold eher Diskretion und Ruhe. Im Tambosi hingegen möchten er oder sie sich zeigen, am liebsten im Sonnenschein an den Tischen im Freien. Dieses Bedürfnis bewegt auch die Gäste des Cafés Münchner Freiheit (Münchner Freiheit 20), einer alteingesessenen Schwabinger Institution. Davor sitzen der Monaco Franze und sein Regisseur Helmut Dietl in Bronze an einem bronzenen Cafétisch und warten auf ihren Kaffee. Helmut Fischer verkörperte in seiner Rolle als »Monaco Franze«

Klein, aber fein sind die Cafés in den Szenevierteln Glockenbach (links das Mucki & Floyd in der Ickstraße 2) und Haidhausen (rechts die Fortuna Cafébar in der Sedanstraße 18/Eingang Metzstraße).

den klassischen Typ des Schwabinger Kaffeehausbesuchers: einen Bonvivant und Genießer, der immer ein Auge auf seine Zeitung und das andere auf die vorbeiflanierenden Mädchen wirft. Doch Kaffeehäuser, in denen das so entspannt möglich ist, werden rar. Nicht nur das Angebot an Heißgetränken hat sich mit veganem Macchiato oder Chai Latte verändert, auch das Interieur und die Machart sind anders: Kleine, mit Vintagemöbeln eingerichtete Cafés, eigentümerinnengeführt, individuell, mit selbst gebackenen Kuchen bestückt wie das Café Fräulein (Frauenstr. 11) haben einen stillen Eroberungszug durch München angetreten (unbedingt die Zimtschnecken probieren)!

Ein anderes Fräulein, Fräulein Grüneis (Lerchenfeldstr. 1a), ist ein beliebter, kultiger Anlaufpunkt im Englischen Garten, nicht weit von der Eisbachwelle: mehr Kiosk als Café, im Sommer mit Tischen unter Sonnenschirmen, im Winter mit Eckbank und Bollerofen. Zum Frühstück gibt es hier die angeblich besten Brownies Münchens.

Am anderen Ende der Innenstadt, in der Au und nicht weit weg vom Deutschen Museum, brüht eine junge Frau aus Island Kaffee nach nordischer Art und serviert dazu Skyr-Kuchen im Café Blá (Lilienstr. 58), das, wie der Name sagt, ganz in Blautönen gehalten ist.

Auch eine Zeitreise in das München der bewegten Jahre um 1900 ist möglich: Dahin schickt das Café am Beethovenplatz (Goethestr. 51) mit Kristalllüstern, holzgetäfelten Wänden, Marmortischen und üppigen Torten seine Gäste. Den Cappuccino gibt's auf Wunsch mit Sahnehaube und abends Musikbegleitung. Nostalgisch eben.

Mit Laptop & Lederhose

Mikrochips, Biotechnologie und schnelle Autos – München mag sich zwar bis heute seinen Charme als »Millionendorf« bewahrt haben, spielt aber als Hightechstandort ganz oben in der globalen Liga.

München gehört zu den bedeutendsten Hightechstandorten weltweit. Allein 4000 große und kleine Unternehmen dieser Branche sind im »Isar-Valley« angesiedelt, Microsoft, Google und Apple unterhalten Niederlassungen in München, Global Player wie Osram, Infineon, Siemens und BMW sind traditionelle Münchner Unternehmen. In den Forschungs- und Entwicklungsabteilungen arbeiten mehrere zehntausend qualifizierte Beschäftigte an neuen Entwürfen. Diese können dann praktischerweise auch gleich beim Europäischen Patentamt angemeldet werden, das wie das Deutsche Patent- und Markenamt in München residiert; mit Blick auf die Isar und die Museumsinsel.

In diesem verspiegelten Glasbau an der Isar können Erfinder oder Unternehmen für bis zu 38 europäische Staaten Patente anmelden.

Forschung und Fertigung

Von den schnellen Patentverfahren profitiert auch die Bio- und Pharmatechnologie. Ende der 1990er-Jahre erlebte München einen Gründungsboom in dieser Branche; heute arbeiten und forschen knapp 400 Unternehmen mit etwa 33 000 Mitarbeitern in diesem Bereich. Hinzu kommen weitere 10 000 Beschäftigte in der universitären Forschung und in Einrichtungen wie dem Max-Planck-Institut für Biochemie in Martinsried. Dank der Airbus Group sind München und sein Vorort Ottobrunn mit Forschung, Entwicklung und Produktion auch ein wichtiger Standort der Luft- und Raumfahrtindustrie. Hinzu kommt der IT-Bereich:

In keiner anderen Metropolregion Deutschlands gründen sich heute so viele »Netzwerk-Unternehmen« wie in der bayerischen Landeshauptstadt.

Innovation und Architektur

Soviel Bereitschaft zu Dynamik und Innovation sieht man der Stadt auf den ersten Blick nicht an. Keine Glastürme, sondern die Zwiebelhauben der Frauenkirche prägen die Stadtsilhouette, und bei allen diskutierten Hochhausplänen gilt nach wie vor das Gesetz, dass dieses Bild der Altstadt keinesfalls gestört werden darf. Erst in den letzten zwei Jahrzehnten wurden Projekte angestoßen wie Helmut Jahns »Highlight Munich Business Towers« an der Stadteinfahrt der Nürnberger Autobahn, das »Münchner Tor« an der Berliner Straße oder »Uptown Munich« am Georg-Brauchle-Ring beim Olympiagelände. Allzu forscher Innovation sind allerdings auch Grenzen (des Bürgerwillens) gesetzt: So ringen Bürgerinitiativen und Investoren erbittert um zwei 155 m hohe Türme auf dem ehemaligen Gelände der Paketposthalle im Münchner Westen, die das Büro Herzog/de Meuron entworfen hat. Trotz aller Hightech-Seligkeit fehlt München bzw. Bayern beim Bauen der Mut. Deshalb steht zu fürchten, dass auch das renommierteste Projekt, das neue Konzerthaus München im Werksviertel, ein Opfer von Zaghaftigkeit und Knauserei wird. Den spektakulären Entwurf von Cukrowicz Nachbaur Architekten legte die Bayerische Staatsregierung kurzerhand auf Eis. Warum so viel Geld ausgeben, wenn die Münchner mit dem Provisorium, der »Isar-Philharmonie«, auch glücklich sind?

IBM und Fujitsu haben ihren Münchner Firmensitz in den Highlight Towers der Architekten Murphy/Jahn, gleich gegenüber der Deutschlandzentrale von Microsoft.

Ob Karlsplatz oder »Stachus«, wie die Münchner das dem Karlstor vorgelagerte Rondell auch gerne nennen: Das Areal ist ein idealer Ausgangspunkt für die Erkundung der südlichen Innenstadt.

Die südliche Innenstadt

Münchens »gute Stube« zwischen Stachus und Viktualienmarkt verführt zum Schauen, Staunen, Shoppen und Genießen.

Seite 34–61

Erste Orientierung

Lebhaft und nostalgisch zugleich, von historischen und modernen Bauten gesäumt sowie von drei mittelalterlichen Stadttoren eingerahmt zeigt sich Münchens Innenstadt von ihrer besten Seite. Vom Marienplatz aus lassen sich Märkte und Kirchen, Museen und Läden bequem zu Fuß erkunden.

Die Achse vom Isartor über Viktualienmarkt und Marienplatz zum Stachus ist die Einkaufsmeile für die Münchner und alle aus dem Umland. In der Fußgängerzone rund um den Marienplatz herrscht fast immer ein fröhliches Gedränge: Pantomimen und Musikgruppen zeigen ihr Können zwischen bummelnden Familien und hastenden Geschäftsleuten; peruanische Flöten spielen gegen bulgarische Akkordeons und italienische Geigen an; Einheimische wie Touristen lassen sich davon gerne verzaubern. Der bayerische Sinn für skurrilen Humor feiert im Valentin-Karlstadt-Musäum fröhliche Urständ. Auf dem Viktualienmarkt hinter dem Alten Peter duften Obst, Gemüse und Delikatessen aus der ganzen Welt um die Wette.

Architektonische Höhepunkte sind das Alte und das Neue Rathaus auf dem Marienplatz, der großartige gotische Dom und die Rokokokirche der Brüder Asam.

TOP 10

❺ ★★ Frauenkirche
❼ ★★ Marienplatz
❽ ★★ Viktualienmarkt

Nicht verpassen!

⓫ Stadtmuseum
⓬ Asamkirche

Nach Lust und Laune!

13 Synagoge & Jüdisches Museum
14 Isartor
15 Michaelskirche
16 MUCA
17 Sendlinger Tor

Lenbach-
platz
Karlsplatz
(Stachus)
Karlsplatz
Karlsplatz
(Stachus)
Maxburgstr.
Löwengrube
Kapellenstr.
Michaelskirche
15
5
Frauenkirche
Neuhauser Str.
Kaufingerstr.
Weinstr.
Dienerstr.
Neues
Rathaus
Herzogspital-
str.
Marienplatz
7
Altes
Rathaus
Herzog-
MUCA
16
Färbergraben
Fürstenfelder
Str.
Rosenstr.
Marienplatz
Kreuzstr.
Hotterstr.
Josephspitalstr.
Wilhelm-
Str.
Hacken-
str.
Rosental
Rindermarkt
St. Peter
Heiliggeist-
kirche
Tal
Sonnenstr.
Asamkirche
12
Sendlinger Str.
8
Viktualienmarkt
11
Stadtmuseum
Valentin-
Karlstadt-
Musäum
Westenriederstr.
14
Isartor
13
Synagoge &
Jüdisches Museum
Prälat-Zistl-Str.
Schrannenhalle
Frauenstr.
Sendlinger Tor
17
Oberanger
Sendlinger-Tor-
Platz
Sendlinger
Tor
Stadt-
verwaltung
Blumenstr.
Reichenbachstr.
Cornelius-
str.
200 m
200 yd
Blumenstr.
Müllerstr.

Mein Tag zwischen Kultur und Shopping

Ein Einkaufsparadies, einige kulturhistorische Highlights, viel Genuss entdecken Sie im Areal zwischen Stachus, Marienplatz und Sendlinger Tor – typisch München eben. Übrigens: Auf diesem Rundgang ziehen Sie von Häppchen zu Häppchen – »richtig essen« gehen Sie dann erst abends.

10 Uhr: Deutschlands belebteste Einkaufsmeile

Historie zum Auftakt: Das Karlstor und der Stachusbrunnen geben gleich die ersten schmucken Motive ab. Vor allem, wenn Sie sich trauen, wie die Münchner das gern an heißen Tagen tun, sich zwischen die Wasserdüsen des Brunnens zu stellen! Hinter dem Tor beginnt die Neuhauser Straße, und gleich links empfängt eines der edelsten Shop-in-Shop-Kaufhäuser Münchens Damen und Herren von Welt, »der« Oberpollinger. Lassen Sie sich inspirieren!

11 Uhr: Rendezvous mit dem Teufel

Dort, wo die Neuhauser Straße zur Kaufingerstraße wird, geht's links weg zur Münchner ❺ ★★Frauenkirche. Ihr Bau begann 1468 und wäre um ein Teufelshaar nie beendet worden, hätte Jörg von Halspach, der Architekt, nicht einen Pakt mit dem Beelzebub geschlossen, der schließlich vom Baumeister genarrt aus Wut einen Fußabdruck hinterließ. Also nichts wie hineinstellen in den Teufelstritt und sich nicht ärgern, sondern (be)wundern!

11.30 Uhr: Kling, Glöckchen, klingelingeling

Ein bisschen Glück brauchen Sie, um sich im Traditionscafé Glockenspiel am ❼★★Marienplatz einen Logenplatz am Fenster zu sichern, gegenüber dem Turm des Neuen Rathauses. Da geht's um 12 Uhr rund: Ritter kämpfen, Schäffler tanzen, Könige heiraten, ein Hahn kräht – ein sehr unterhaltsames Glockenspiel über eine legendäre Fürstenhochzeit. Dazu Zwetschgendatschi mit Sahne zum Kaffee oder Tee, das passt alles toll zusammen. Nach der Vorstellung bummeln Sie vorbei am Fischbrunnen und dem Alten Rathaus zum ❽ ★★Viktualienmarkt. Willkommen im prallen Münchner Leben!

Oben: Gleich nach dem Karlstor geht's in die Fußgängerzone. Rechts: am Viktualienmarkt.

12.30 Uhr: Marktweiber und Standln

Bummeln, riechen, schmecken – der Münchner Markt ist ein knallbuntes Universum der Genüsse. Sein Biergarten zählt zu den beliebtesten der Stadt. Bevor Sie sich niederlassen, bei einer Halben oder einem Prosecco zwischen Chinesen und Urbayern, steht Fitnesstraining auf dem Programm: 302 Stufen führen hinauf auf den 92 m hohen Turm des Alten Peter. Aber der Anstieg lohnt sich, das Bild des Marktes von oben ist einfach zu schön. Und die verbrauchten Kalorien holen Sie dann mit einer Leberkässemmel von einem der Metzger am Petersbergl leicht wieder rein.

13.30 Uhr: Monaco di Baviera, live und museal

Sollten Sie trotz der lässigen Lebensart der Münchner immer noch nicht glauben, dass München die nördlichste Stadt Italiens ist – ein Besuch in der Schranne belehrt Sie eines Besseren. Die gusseiserne Markthalle ist fest in italienischer Hand. Hier bekommen Sie von geräuchertem Ricotta bis zur Salsiccia einfach alles. Wenige Schritte weiter unterfüttert das ⓫ Stadtmuseum die Eindrücke mit historischen Exponaten.

15.30 Uhr: »Der Herr ist mein Fels«

Ein paar Schritte weiter, in der Sendlinger Straße, bildet das Bibel-

»Typisch München!« heißt die Ausstellung im Stadtmuseum. Ein »Muss« (und eine Freude) für Cineasten ist auch das dazugehörige Filmmuseum.

zitat in Gestalt echter Felsen einen Teil des barocken Dekors an der ⑫ Asamkirche der Brüder Cosmas Damian und Egid Quirin Asam: keine gebürtigen Münchner Kindl, aber begabt mit dem Münchner Hang zu üppiger Zurschaustellung.

17 Uhr: Seil oder Liebstöckel?

Die Sendlinger Straße und ihre Nebenstraßen haben Münchner Flair in die globale Einkaufswelt gerettet, deshalb macht es hier auch Spaß, shoppen zu gehen. Zum Beispiel im Kräuterhaus Lindig (Blumenstr. 15), wo Kräuter und Gewürze aus aller Welt um die Wette duften. Oder in der Seilerei Kienmoser (Sendlinger Str. 36), falls Sie etwas zum Festbinden brauchen. Kein Weg vorbei führt am seit bald 100 Jahren bestehenden Traditionshaus Radspieler (Hackenstr. 7), der ein zeitlos elegantes Sortiment vom Tischset über die Küchenschürze bis zum Kaschmirpullover präsentiert.

19.30 Uhr: Münchner Abend mit Absacker

Endlich Zeit für ein gutbürgerliches bayerisches Abendessen – etwa mit Kalbspflanzerl und Bier im Augustiner (Neuhauser Str. 27, Eingang auch von der Herzogspitalstraße). Und als Kontrastprogramm für den Drink danach: Das plüschige Oma-Szene-Café Mozart in der Pettenkoferstr. 2, unweit vom 17 Sendlinger Tor.

❺ ★★ Frauenkirche

Warum?	Münchens bedeutendster Sakralbau
Was?	Gotik bewundern
Wie lange?	Eine halbe Stunde
Wann?	Am Vormittag, wenn die Sonne die Chorfenster strahlen lässt

Rund 2000 Menschen finden in diesem Sakralbau Platz, der meist nur Frauenkirche genannt wird, aber mit dem vollständigen offiziellen Namen »Dom zu Unserer Lieben Frau« heißt.

Kein Haus im Stadtzentrum darf den knapp 99 m hohen Bau überragen. Der Südturm, zu dem ein Lift hinaufführt, bietet einen fantastischen Rundumblick.

Gestiftet wurde die Frauenkirche von Herzog Sigmund, nur hatte der kein Geld, um sie auch zu bauen. Trotzdem lag am 9. Februar 1468 der Grundstein, denn während sich der Herzog mit Frauen und Löwen vergnügte und die Kirche nur gute Worte gab, sammelten die Münchner Geld und Baumaterial. Über die Isar gelangten 140 Flöße mit 2100 Stämmen in die Stadt, für das Fundament besorgte man sich Steine vom Isarufer und einige Ziegel vom Abriss der kleinen, älteren Kirche. Die Arbeiter lebten oben im Gerüst in Buden, zu teuer wäre das dauernde Absteigen für die Pausen geworden.

Auf Sünden erbaut

Dennoch ging das Geld wieder aus. Endlich sprang die Kirche ein, sie erwirkte von Papst Sixtus IV. einen acht Tage dauernden Ablass, 250 Geistliche nahmen die Beichte ab. Dieser und zwei weitere Ablässe ließen 124 000 sündenfreie, wenngleich etwas ärmere Menschen zurück. Die Freisprechung kostete pro Nase eine Woche Lebensunterhalt. Nach nur 20 Jahren Bauzeit war das Wahrzeichen Münchens fertig.

Schlichtheit und Strenge

Rote Ziegel bestimmen das Äußere. Die beiden Türme sind unterschiedlich hoch: Der Nordturm misst 98,57 m, der Südturm nur 98,45 m. Sie nehmen das Hauptportal in ihre Mitte und entwachsen ab der Traufe der Schiffe oktogonal dem quadratischen Unterbau. Über das westliche Hauptportal gelangen Sie am »Teufelstritt« (S. 44) vorbei ins fast schmucklose Innere. Den Kirchenraum mit seinem Sternrip-

Die beiden Zwiebelhauben des Baus passen nicht recht ins Bild; sie wirken »welsch« (fremd), weshalb sie auch »Welsche Hauben« genannt werden. Unten von links: der »Teufelstritt«, das neogotisch umgestaltete Innere und das Grab Ludwigs IV.

pengewölbe teilen 22 schlanke, achteckige Säulen in drei Schiffe. Gleich rechts im ersten Joch des Seitenschiffes prunkt das Grabdenkmal (1622) Kaiser Ludwigs des Bayern; seine Gebeine befinden sich in der Fürstengruft unter dem Chor. Schwarzer Marmor fasst die spätgotische rötliche Grabplatte ein, auf der Kaiser Ludwig neben den Herzögen Albrecht III. und Ernst zu sehen ist. Bronzefiguren der Wittelsbacher Albrecht V. im Herzogornat und Wilhelm IV. als Ritter des Goldenen Vlieses wachen mit vier Fahnenträgern über das Grab. Das Glasbild Münchner Kindl in einer der Kapellen des südlichen Seitenschiffes wurde im Jahr 1573 angefertigt.

KLEINE PAUSE

Im **Café zur Mauth** (Neuhauser Str. 2) gibt's immer frische Croissants und guten Kaffee.

210 A5 Frauenplatz 1
089 290 08 20
www.muenchner-dom.de

tgl. 7.30–20.30, Winter bis 20 Uhr; Südturm Mo–Sa 10–17, So 11.30–17 Uhr, 7,50 € Marienplatz

Die Herrlichkeit des Himmels …

… erlebbar machen soll der »Dom zu Unserer Lieben Frau«: Das Wahrzeichen der bayerischen Metropole ist seit 1821 die Kathedrale des Erzbistums München und Freising.

Der im Inneren helle, lichte Bau besticht durch seine klare Gliederung. Beeindruckend sind allein schon die Ausmaße des 1494 geweihten dreischiffigen Backsteinbaus mit umlaufendem Kapellenkranz: Dieser ist 109 m lang, 40 m breit und 37 m hoch. Im Eingangsbereich fällt am Boden ein Fußabdruck ins Auge: der »Teufelstritt«. Der Legende nach soll der Baumeister Jörg von Halspach mit dem Teufel einen Pakt geschlossen haben: Wenn die Kirche keine Fenster erhielte, wollte ihm der Beelzebub beim Bau helfen. Als die lichtdurchflutete Kirche fertig war, forderte der Teufel hämisch die Seele des Baumeisters. Doch der führte ihn zu jener Stelle am Eingang, von der aus kein einziges

Fenster zu sehen ist. Enttäuscht stampfte der Teufel auf – und hinterließ den »Teufelstritt«. Noch heute, so heißt es in München, wütet der Gottseibeiuns mit mächtigen Fallwinden um den Dom – betreten hat er die Kirche nie wieder.

1 Prunk-Hochgrab: Das von Hans Krumper im 17. Jh. gestaltete Marmorgrab für Kaiser Ludwig den Bayern (1283–1347) zieren Bildnisse von Herzog Wilhelm IV. und Herzog Albrecht V. sowie Genien mit den kaiserlichen Insignien.

2 Chor: In der Chorhauptkapelle befindet sich die Schutzmantelmadonna »Maria im Ährenkleid«.

3 Scharfzandfenster: Die Glasgemälde der Chorfenster sind die einzigen, die noch aus der Erbauungszeit stammen.

4 Sieben-Schmerzen-Kapelle: Hier befindet sich die Gnadenfigur »Mater dolorosa« aus dem 17./18. Jh.

5 Gruft: Sie birgt die ältesten Gräber der Wittelsbacher in München.

6 Welsche Hauben: Aus Geldmangel konnten die charakteristischen »Hauben« erst um 1525 (36 Jahre nach Vollendung der Kirche) angebracht werden. Lukas Rottaler, ein Schüler des im Jahr 1488 gestorbenen Architekten Jörg von Halspach, orientierte sich dabei am (islamischen) Felsendom in Jerusalem.

❼ ★★Marienplatz

Warum?	Münchens gute Stube
Was?	Glockenspiel, Architektur, Shopping und Flair
Wie lange?	Eine halbe Stunde
Wann?	Am Vormittag, das Glockenspiel spielt um 11 und 12 Uhr
Was noch?	Eine Münze in den Fischbrunnen werfen bringt Glück

Verspielt gibt sich das Neue, würdig das Alte Rathaus. Die umgebenden Bürgerhäuser beherbergen Restaurants und Geschäfte, dazwischen tummeln sich Besucher aus aller Welt.

Im Turm des Alten Rathauses ist das Spielzeugmuseum des Karikaturisten und Sammlers Ivan Steiger untergebracht.

Hier fühlen sich alle wohl: shoppende Teenies und fotografierende Touristen, feiernde Fußballfans, lärmende Straßenmusikanten und promenierende Damen. Der Marienplatz ist das unbestrittene Herz der Stadt und ihre schönste Bühne. Das Alte Rathaus schließt mit seiner spätgotischen Giebelfassade den Osten des Marienplatzes ab. Ab 1470 baute Dombaumeister Jörg von Halspach es unter Einbeziehung eines Stadttores. Der Zweite Weltkrieg hinterließ eine Ruine. Bis 1972 wurde der Bau rekonstruiert und schließlich mit einer von Verona geschenkten bronzenen *Julia* geschmückt, die Liebespaaren Glück bringen soll. Am 56 m hohen Ratsturm sind die Stadtwappen Münchens zu sehen, im Alten Ratssaal zog man im 18. Jh. die Lottozahlen.

Mit seiner fast 100 m langen Fassade beherrscht das Neue Rathaus den Marienplatz. Über 40 Jahre plante und überwachte der Grazer Architekt Georg von Hauberrisser ab 1867 den Bau. Die Fassade ist in das rechte Gebäude mit Mittelgiebel und in das linke mit dem 80 m hohen, mit dem »Münchner Kindl« geschmückten Rathausturm unterteilt. Durch die reichen Verzierungen und die durchlaufende Arkade mit den darüber liegenden Terrassen gelang es dem Architekten, dem asymmetrischen Bau optisch Einheitlichkeit

Im Spielwerkserker des Neuen Rathauses erklingt täglich ein Glockenspiel.

zu verleihen. Mit dem Lift geht es zur Aussichtsplattform in 60 m Höhe. Kleiner und Großer Ratssaal im Neuen Rathaus können bei öffentlichen Sitzungen besichtigt werden. An der Turmfassade dreht sich das Glockenspiel auf zwei Etagen. Oben feiern Wilhelm V. und Renata von Lothringen 1568 Hochzeit, darunter tanzt die Schäfflerzunft gegen die Pest an – um 11 und um 12 Uhr (März–Okt. auch um 17, Nachtspiel um 21 Uhr).

Patrona Bavariae in Gold

Das Musikprogramm des Glockenspiels bzw. die Walze im Spielwerkserker des Neuen Rathauses wird sechsmal im Jahr gewechselt.

Von der Mariensäule aus erstreckt sich das geodätische Netz Bayerns bis in die hintersten Landeswinkel. Als München 1632 von Schweden besetzt war, schwor Kurfürst Maximilian, nach deren Abzug ein Denkmal zu errichten. Im Jahr 1638 holte man die 1593 von Hubert Gerhard geschaffene goldene Himmelskönigin vom Hochaltar der Frauenkirche und stellte sie auf die korinthische Marmorsäule. Zu ihren Füßen bekämpfen geharnischte Engel die Allegorien von Pest, Hunger, Krieg und Ketzerei. Die Patrona Bavariae schwingt das Zepter und wiegt den Reichsapfel, Symbol für die Macht, die der Kurfürst aus ihren Händen erhielt.

Sollten Sie am Aschermittwoch hier sein, waschen Sie Ihren Geldbeutel am Fischbrunnen aus. Den Rest des Jahres haben Sie dann angeblich keine Geldsorgen mehr. Auch der Oberbürgermeister frönt dem 600 Jahre alten Brauch und macht das – egal, ob das Stadtsäckel gut gefüllt oder leer ist. Der Brunnen wurde im Jahr 1866 gegossen. Im Krieg ging ein Teil der Bronzen verloren, sodass beim Wiederaufbau des Brunnens 1954 nur noch wenige Originalteile verwendet werden konnten. Die Figurengruppe ruft die Erinnerung an den »Metzgersprung« wach, als die Fleischergesellen ihre Freisprechung mit einem Bad im Brunnen feierten.

KLEINE PAUSE

Vom **Café Glockenspiel** aus genießen Sie die beste Sicht auf die tanzenden Figuren am Rathausturm gegenüber.

ℹ

210 A4/5 Marienplatz

Neues Rathaus Marienplatz 8
www.muenchen.de, Kalender öffentlicher Sitzungen unter https://risi.muenchen.de Mai–Sept. tgl. 10–19 Uhr, Okt.–April Mo–Fr 10–17 Uhr
Rathausturm 6,50 €

❽ ★★Viktualienmarkt

Warum?	Der schönste Markt der Stadt
Was?	Buntes Markttreiben mit Biergarten und Café
Wie lange?	Ganz nach Lust und Laune
Wann?	Vormittags ist am meisten los, schön ist es den ganzen Tag
Was noch?	Die Peterskirche und ihre Aussichtsplattform

Münchens größter und ältester Lebensmittelmarkt ist morgens ein besonders reizvolles Ziel: An den Marktständen treffen sich Nachtschwärmer und Frühaufsteher. Ein Glas Prosecco, ein Weißbier oder frisch gepresste Säfte geben die nötige Bettschwere oder Kraft für den Tag.

Auf »allerhöchste Entschließung König Max' I.« verlegte der Magistrat im Jahr 1807 den Getreidemarkt, »Schrannenmarkt« genannt, vom Marienplatz auf das heutige Areal, nun kurz und bündig »Marktplatz« genannt. Als wichtigster Markt Süddeutschlands wurde der Platz mehrfach zu klein; durch Abrisse schuf man neuen Raum, auch das Heiliggeistspital, in dem die Pestepidemie von 1340 ihren Ausgang nahm, wurde abgetragen. Die Heiliggeistkirche im

Seit mehr als 200 Jahren werden hier »Viktualien« (Lebensmittel) verkauft, wozu in Bayern traditionell auch das Bier gehört.

Ob Gemüse, Wein oder mediterrane Köstlichkeiten – auf dem Viktualienmarkt findet jeder etwas.

Norden des Platzes erhielt dafür ein längeres Schiff und ihr neubarockes Innenleben.

Ein Gegengewicht zu den Großmärkten auf der grünen Wiese hat der Viktualienmarkt zu sein, sagen die Stadtväter. Und so darf beileibe nicht jeder einen der Holzstände oder eines der Steinhäuschen pachten und irgendwas in die Auslagen legen. Lang ist die Warteliste, nur »g'standene« Frauen und Männer werden zugelassen, und das Angebot soll möglichst breit sein. Schließlich will man Münchner Charme zeigen. Zwar wachsen in Oberbayern weder Carambolas noch Tamarillos, doch wer sie auf dem Viktualienmarkt in die Tüten packt, ist ein bayerisches Gewächs. Auch die im Flugzeug importierten Austern kommen mit einem bayerischen »an guad'n« (»Lassen Sie es sich schmecken«) auf den Tresen. Die Schranne, die ehemalige Markthalle, wurde 1851 errichtet und brannte 1932 ab, aber das gusseiserne Gerippe wurde gerettet. Man hat sie südlich des Viktualienmarkts wiedererrichtet und an den italienischen Gastronomiekonzern und Lebensmittelhändler Eataly (www.eataly.net) verpachtet.

Morgenstund' hat Gold im Mund

Auf einer Gesamtfläche von rund 20 000 m² räumen über 100 Händlerinnen und Händler ab 6 Uhr morgens Lebensmittel in die Auslagen. Wenn alles wohl arrangiert rund um den schönen Maibaum Spalier steht, ist es Zeit, sich in der Schmalznudel (S. 59) mit rundem Schmalzgebäck, den sogenannten Ausgezogenen, zu stärken, bevor die ersten Käufer kommen und sich von der umfangreichen Auswahl tiefe Löcher in den Geldbeutel reißen lassen.

Früher war der Viktualienmarkt von Bächen durchzogen. Warum also nicht Brunnen aufstellen und mit ihnen der beliebtesten Münchner Volksschauspieler gedenken? Sechs Stück sind über den Platz verteilt und mit Statuen der Komiker und Sänger in Bronze geschmückt.

Auf der westlichen Seite des Marktes befindet sich seit 1815 in den Fundamentvorbauten der Peterskirche die Metzgerzeile – echte Münchner nennen die darin arbeitenden Verkäufer noch immer »Petersberglmetzger«, auch wenn das »Bergl«, auf dem die Kirche steht, minimal ist. Die Peterskirche ist die älteste Pfarrkirche Münchens. 1278 bis 1294 wurde sie errichtet, im 14. Jh. brannte sie ab. Seither wurde sie mehrmals umgebaut und nach Bombenschäden im Zweiten Weltkrieg originalgetreu rekonstruiert.

Am Faschingsdienstag tanzen die Marktfrauen ab 11 Uhr auf dem Viktualienmarkt.

KLEINE PAUSE

Leicht wird die kleine Pause an den **Imbissständen** zur großen. Versuchen Sie doch mal einen Sauerkrautsaft oder ausgepresste Karotten gemischt mit Sellerie.

---

210 A5 Marienplatz
52 Viktualienmarkt

Peterskirche ☎ 089 210 23 77 60
Mo–Fr 9–17.30, Sa, So 10–17.30; Turmbesteigung Winter Mo–Fr 9–18.30, Sa, So 9–19.30, Sommer tgl. 9–19.30 Uhr, letzter Einlass 30 Min. früher
Turmbesteigung 5 €

⓫ Stadtmuseum

Warum?	Ein Querschnitt durch die Geschichte Münchens
Was?	Ausstellung »Typisch München«, Moriskentänzer, historisches Stadtmodell
Wie lange?	Eine Stunde bis drei Stunden
Wann?	Jederzeit
Was noch?	Das Stadtcafé und der Laden servus.heimat

Das Museum in Marstall und Zeughaus aus dem 15. Jh. führt Sie einmal durch die Münchner Geschichte und die kulturellen Besonderheiten des »Millionendorfs«.

Das Stadtmuseum mit seinen Sammlungen sind in einem größeren Gebäudekomplex untergebracht, zu dem das ehemalige Zeughaus, der rekonstruierte frühere Marstall und ein moderner Erweiterungsbau gehören.

Das Haus gliedert sich in vier – immer mal wieder um Sonderthemen erweiterte – Dauerausstellungen: Musik, Nationalsozialismus in München, Puppentheater/Schaustellerei, Typisch München! Letztere geht in fünf historisch gegliederten Abschnitten sehr unterhaltsam der Frage nach, was seit wann und vor allem warum typisch für München ist, wobei die Ausstellungsmacher ausdrücklich »Zustimmung und Widerspruch« erwarten. Die kostbarsten Exponate des nach dem Krieg wiedererrichteten Gebäudekomplexes sind die Moriskentänzer, die im Parterre in einem eigenen Gewölbesaal ausgestellt werden. Zehn Stück existieren noch von den einst 16 Holzfiguren, die Erasmus Grasser, inspiriert von einer nordafrikanischen Tanztruppe, um 1480 im Auftrag der Stadt für das Alte Rathaus geschnitzt hat.

München im Wandel der Zeit(en)

Im Erdgeschoss zeigt ein Modell der Stadt im 16. Jh. die drangvoll aneinander geschmiegten Häuschen um die fast monströs wirkende Frauenkirche. Gemälde geben die Stadtansichten über die Jahrhunderte wieder, Fotos dokumentieren die Zerstörungen der schönsten Gebäude im letzten Krieg, aber auch die Aufbauleistung im Frieden. Mit einem Bestand von über 850 000 Fotografien gehört die Sammlung Fotografie zu den führenden ihrer Art. Ein Muss ist die umfangreiche Puppentheater-Ausstellung in der 2. Etage. Rund 1600 Musikinstrumente aus Afrika, Asien, Amerika und Europa sind in der 4. Etage ausgestellt. Die Ausstellung Nationalsozialismus in München präsentiert mit der Geschichte der »Hauptstadt der Bewegung« auch bewegende Zeugnisse des Widerstands. Ab dem Jahr 2025 soll das Museum grundlegend saniert und restrukturiert werden.

Ebenfalls am Sankt-Jakobs-Platz befindet sich das Ensemble des Jüdischen Zentrums mit der Neuen Jüdischen Hauptsynagoge Ohel Jakob und dem Jüdischen Museum.

KLEINE PAUSE

Ins **Stadtcafé** (S. 59) kommen neben den Museumsbesuchern Studenten, Filmemacher und Passanten auf einen Espresso.

210 A4 St.-Jakobs-Platz 1 089 23 32 23 70 www.muenchner-stadtmuseum.de Di–So 10–18 Uhr Sendlinger Tor 52 Blumenstraße 7 €

⓬ Asamkirche

Warum?	Ein außergewöhnliches Mini-Gotteshaus
Was?	Kirche als Schatzkästchen, konsequent umgesetzt
Wie lange?	So lange es Ihnen gefällt
Wann?	Morgens mit dem besten Lichteinfall

Eigentlich heißt das prachtvolle sakrale Meisterwerk ja »Johann-Nepomuk-Kirche«, doch die Münchner ehren mit dem Namen die Erbauer, die Brüder Cosmas Damian und Egid Quirin Asam.

Fürstliches Entrée: Über dem Portalgiebel des Eingangs an der Sendlinger Straße wacht die von Engeln flankierte Statue des heiligen Nepomuks.

Beide waren handwerklich universal begabt – Baumeister, Bildhauer, Maler, Stuckateure in einem. In den Jahren 1733 bis 1746 schufen und stifteten sie sich hier ein herausragendes Denkmal. Gleich links von der Kirche steht das Wohnhaus der Familie Asam, rechts das Pfarrhaus.

Von Engeln begleitet

Aus naturbelassenem Fels erwächst die schmale Kirchenfassade in schönstem Barock an der Wende zum Rokoko mit Statuetten und floralen Mustern. Das Portal ist von zwei Säulen gerahmt, seine Architektur wiederholt sich am darüber angebrachten Fenster, im Giebel darüber erkennt man die göttlichen Tugenden Glaube, Liebe, Hoffnung.

Vom Grundriss her klein und überschaubar (28 x 9 m), erweitert die Innenausstattung mit vielen dekorativen Elementen und illusionistischen Tricks das Schiff zu einem Festsaal von fürstlicher Größe. Stuck und Schnitzereien, Vergoldungen, Marmorskulpturen und Fresken lassen dem Auge keinen Halt. Die Brüder Asam haben, von mäkeligen Bauherren unbeeinflusst, alles gegeben, was ihnen ihr im Zenit stehendes künstlerisches Können eingab. Der umlaufende Balkon teilt den Hochaltar in zwei Etagen. Im unteren Bereich befindet sich der gläserne Sarkophag des hl. Nepomuk. Marmorsäulen schrauben sich in den Himmel und leiten zum Deckengemälde über, auf dem Trompe-l'Œil-Pfeiler den Saal weiter erhöhen. Unterhalb des Deckengemäldes scheint das Kreuz im freien Raum zu schweben: Manifest des Absoluten in einer Grotte des irdisch Vergänglichen.

Barocke Pracht: Das Innere des Sakralbaus ist ein übermäßig mit Stuckaturen und Ornamenten geschmücktes Meisterwerk auf kleinstem Raum.

Das Wohnhaus der Familie Asam

Im Jahr 1729 kaufte Egid Quirin das Haus, baute es 1733 um und stattete die Fassade mit reichen Stuckverzierungen aus. Die linke Seite erhielt Stuckaturen im Stil oberbayerischer Lüftlmalerei und zeigt den Aufstieg des Strebsamen in den griechisch-klassischen Himmel, wo ihn Apoll empfängt. Die rechte Seite schmücken Allegorien der Künste.

KLEINE PAUSE

Ziemlich oho ist das Angebot an Tapas und Mini-Burgern im **Der kleine Flo** (Josephspitalstr. 4, https://derkleineflo.de), wenige Schritte von der Asamkirche. Kreative Kombis wie »Altstadt Weißwurst Burger« sind ideal für den kleinen (Mittags)-Hunger.

ⓘ

✛ 209 E4
✉ Sendlinger Str. 62
☎ 089 23 68 79 89
◑ Sa–Do 9–18, Fr ab 13 Uhr, keine Besichtigungen während der Gottesdienste
Sendlinger Tor

Nach Lust und Laune!

13 Synagoge & Jüdisches Museum

Die im Jahr 2006 eingeweihte Neue Jüdische Hauptsynagoge Ohel Jakob ist zusammen mit dem Jüdischen Museum und der Israelitischen Kultusgemeinde Teil des in unmittelbarer Nachbarschaft zum Münchner Stadtmuseum gelegenen Jüdischen Zentrums. Die Dauerausstellung »Stimmen_Orte_Zeiten« legt ein Schwergewicht speziell auf die Münchner Geschichte und das aktuelle Kulturleben der jüdischen Gemeinde, Besichtigungen der Synagoge sind nur mit Führung und nach Voranmeldung möglich.

210 A4 · St.-Jakobs-Platz 16
089 23 39 60 96; Anmeldung für Führungen in der Synagoge unter 089 202 40 01 00
www.juedisches-museum-muenchen.de
Di–So 10–18 Uhr · Sendlinger Tor
62 St.-Jakobs-Platz · 6 €

14 Isartor

Das Osttor der Stadtbefestigung wurde im Jahr 1314 am östlichen Ende des ehemals vom Marienplatz nach Osten abfallenden Tales in die Umwallung eingefügt. 1337 und 1499 fanden Umbauten statt, das Fries an der dem Zentrum abgewandten Seite stammt aus dem Jahr 1835. Auf Geheiß Ludwigs I. wurde damit des 1322 in der Schlacht von Ampfing siegreichen Ludwigs IV. des Bayern gedacht. Das Valentin-Karlstadt-Musäum zeigt im Südturm u.a. eine geschmolzene Schneeplastik und einen mit Pelz mundwarm gehaltenen Winterzahnstocher. So skurril bis verschroben wie ihr 1882 im Stadtteil Au geborener Schöpfer Karl Valentin sind auch die anderen Exponate. 1908 begann mit dem Monolog »Das Aquarium« Karl Valentins Komikerkarriere, 1913 stieß seine Dauerpartnerin Liesl Karlstadt dazu. Nach dem Zweiten Weltkrieg blieb der Erfolg aus. Valentin starb 1948 an einer Lungenentzündung.

210 B4 · Tal 50 · 089 22 32 66
www.valentin-musaeum.de
Do–Di 11–18, So ab 10 Uhr
Isartor · 2,99 €

15 Michaelskirche

Im Jahr 1583 legte Wilhelm V. der Fromme den Grundstein der Jesuitenkirche St. Michael, drei Jahre später war Richtfest. 1590 brach der Turm zusammen, erst 1597 wurde die Kirche mit dem nach dem Petersdom in Rom zweitgrößten Tonnengewölbe geweiht. Die Giebelfassade mit den Ahnen des Stifters als Nischenstatuen wendet sich der Fußgängerzone zu. Zwischen den Portalen sticht St. Michael Satan nieder – eine von Hubert Gerhard im Jahr 1592 geschaffene Bronze. In der Fürstengruft westlich des Chors steht u.a. der Sarkophag des bayerischen »Märchenkönigs« Ludwig II.

209 E5 · Neuhauser Str. 52 · 089 231 70 60 · Kirche tgl. 7.30–19, So bis 22 Uhr; Gruft Mo–Sa 10–12.30, 14–17.30, Sa nur bis 16.30 Uhr · Karlsplatz · Eintritt Fürstengruft 2 €

Magischer Moment

Meine geheime Terrasse

Bummel durch das Edelkaufhaus Oberpollinger, zwischen Gucci-Handtaschen, Hermès-Seidentüchern, Käthe-Kruse-Puppen & Co. Im 5. Stock dann Le Rooftop, Feinkost und Essen für die Shopping Queen. Nun drehen Sie dem Rummel den Rücken, treten auf die Terrasse, und München liegt Ihnen zu Füßen. Ganz ohne Prosecco oder Sushi. Vielleicht mit einem Cappuccino. Einfach München.

Oberpollinger, Neuhauser Str. 18, Mo–Sa 10–20 Uhr, Terrasse in der 5. Etage

16 MUCA

Das von Stephanie und Christian Utz schon vor einem Vierteljahrhundert, 1998, gegründete Museum of Urban and Contemporary Art mischt die Altstadt bereits von außen mit Graffiti von Stohead auf. Thema der wechselnden Ausstellungen ist die urbane Kunst des 21. Jhs., ein Schwerpunkt die Kunstvermittlung bei spannenden Führungen.

209 E4 Hotterstr. 12 089 215 52 43 10 www.muca.eu Mi–So 10–18, Do bis 20 Uhr Marienplatz, Sendlinger Tor 9 €, abends 20/10 €

17 Sendlinger Tor

Im Jahr 1175 erhielt München einen ersten Stadtmauerring, das schnelle Wachstum machte ab 1300 einen neuen Ring für die zweite Stadterweiterung notwendig. Um 1310 entstand das heute die Altstadt von der Isarvorstadt trennende Sendlinger Tor mit einem mittleren Torturm, zwei sechseckigen Flankentürmen und drei Durchgängen als dessen südlichem Stadtausgang. Im Jahr 1808 trug man den Torturm ab.

209 E4 Sendlinger Tor

Wohin zum … Essen und Trinken?

Preise für ein Essen (z.B. ein Tages-/Hausmenü, im Regelfall inkl. Getränk):

€	unter 25 €
€€	25–60 €
€€€	über 60 €

RESTAURANTS

Altes Hackerhaus €–€€

Ein Wirtshaus, wie es sie früher häufiger gab, Holztäfelung macht das Sitzen in den Nischen oder im Schäfflergewölbe gemütlich. Das Essen ist deftig, der Schweinsbraten mit Knödel und Krautsalat ein Erlebnis, bestens auch die Dampfnudel mit Vanillesauce.
209 F4 Sendlinger Str. 14 089 260 50 26 www.hackerhaus.de 11–23 Uhr Sendlinger Tor

Café Glockenspiel €€

Bester Blick aufs Glockenspiel des Rathauses bei mediterraner Küche oder auch nur einem Kaffee. Abends ist Essen Pflicht, aber dann schlafen die Schäffler am Glockenspiel gegenüber sowieso, nur der Nachtwächter taucht um 21 Uhr für zwei Minuten auf.
210 A4/5 Marienplatz 28 089 26 42 56 www.cafe-glockenspiel.de Mo–Sa 9–23, So 10–18.30 Uhr Marienplatz

Gürmet €–€€

Es muss nicht immer die Leberkäsesemmel sein, auch die vegetarischen und veganen Appetithappen am Gürmet-Standl, Meze, munden köstlich! Dazu gibt es eine feine Auswahl türkischer Weine.
209 F4 Viktualienmarkt, Abt. IV, Laden 9 www.gürmet.de Di–Fr 10–17, Sa bis 18 Uhr Marienplatz

Max Pett €€

Wenn zwei überzeugte und überzeugende Veganer ein Lokal aufmachen, kann nur Gutes dabei herauskommen. Die Einrichtung bietet auch was fürs Auge, und auf der Terrasse lässt sich hervorragend veganes Eis lutschen. Die Karte ist ausgesprochen abwechslungs- und einfallsreich.
209 E4 Pettenkoferstr. 8 089 55 86 91 19 www.max-pett.de Di–Do 17–23, Fr ab 11.30, Sa, So ab 10 Uhr Sendlinger Tor

Schneider Bräuhaus €–€€

Weißbier zu brauen, war Fürstenprivileg, 1872 löste die Familie Schneider es ab und braute als erste bürgerliche Familie selbst. Ihr Stammsitz war und ist das Weiße Bräuhaus – die Schneider-Weiße ist das vielleicht beste Weißbier der Welt – und urbayerisch das, was die Küche verlässt.
210 B4 Tal 7 089 2 90 13 80 www.schneider-brauhaus.de 9–23.30 Uhr Marienplatz

Zum Augustiner €€

Es lohnt alleine schon, die verschiedenen »Säle« zu erkunden: die Bierhalle, den Muschelsaal, den Arkadenhof … Die Küche hält sich an bewährte bayerische Rezepte, auch Vegetarisches wird aufgetischt.
209 E5 Neuhauser Str. 27 089 23 18 32 57 www.augustiner-restaurant.com tgl. 10–24 Uhr Stachus

Zum goldenen Kalb €€

Fleischesser finden hier die Pforte zum (mit den besten Steaks, Burgers, Ribs und einem Holzkohlegrill ausgestatteten) Paradies.
210 A4 Utzschneiderstr. 1 089 23 54 22 90 www.zum-goldenen-kalb.de Di bis Sa 17-1 Uhr, Tram 16, 18, 19 Reichenbachplatz

Gasthaus Waltz €€

Wie wäre es mit Speis und Trank aus dem Nachbarland? Holzgetäfelt-gemütlich, österreichisch-charmant und ebenso gehaltvoll wie lecker, die Kürbiskerngrammelknödel beispielsweise!
209 F2 Ickstattstr. 14 089 90 42 98 47 www.waltz-gasthaus.de Do–Mo ab 18 Uhr Fraunhoferstrasse

CAFÉS

Mozart

Die heutigen Besitzer haben im ehemaligen Omacafé einen Großteil der Einrichtung

belassen, und so sitzt man entweder an Holztischen oder bequem im Lehnstuhl und auf dem Sofa. Die Nähe zu den Uni-Kliniken bestimmt einen Großteil des Publikums: Ärzte, Studenten, Krankenschwestern.
✈ 209 D4 ✉ Pettenkoferstr. 2 ☎ 089 59 41 90 ⊕ www.cafemozart.info ◐ 10–24, Fr/Sa open end, So bis 22 Uhr 🚋 Sendlinger Tor

Schmalznudel/Café Frischhut
Hier treffen Nachtschwärmer auf Frühaufsteher. Kaffee, eine Schmalznudel (»Ausgezogene«), Krapfen und Dampfnudeln halten die Seele beisammen. Statt Bier gibt's Prosecco und Champagner in gemütlicher Atmosphäre.
✈ 209 F4 ✉ Prälat-Zistl-Str. 8 ☎ 089 26 82 37 ◐ Mo–Sa 9–17 Uhr 🚌 52 Viktualienmarkt

Stadtcafé
Etwas abgenutzt ist die Einrichtung inzwischen, doch das stört die vorwiegend jungen Gäste am Abend nicht (tagsüber sitzt man eh draußen). Man kommt wegen der legeren Atmosphäre, dem Cappuccino oder zum Espresso und für einen der guten Kuchen. Auch die Kleinigkeiten aus der Vitrine schmecken dem studentischen Stammpublikum und den Besuchern des Kinos im Filmmuseum. Wer sich am salopp-selbstbewussten Auftreten des Personals nicht stört, ist hier goldrichtig!
✈ 209 F4 ✉ St.-Jakobs-Platz 1 ☎ 089 26 69 49 ⊕ www.stadtcafe-muenchen.de ◐ Di–Sa 11 bis 23, So 11–18 Uhr 🚌 52 Blumenstraße

Turmstüberl
Wer ins Café will, muss im Valentin-Karlstadt-Musäum Eintritt zahlen; dafür nimmt er bleibende Eindrücke mit hinauf in den achteckigen Turm. Der Betreiberin des Cafés mit dem schönen Namen Bernadette Obergrußberger macht der tägliche Aufstieg samt Kuchen und Weißwürsten nichts aus, denn sie ist gestählt von ihren Wanderungen im Himalaja. Ab und an gibt es auch Veranstaltungen, jeden letzten Sonntag im Monat z. B. »Das Lied zum Sonntag« – pünktlich um 11.01 Uhr.
✈ 210 B4 ✉ Tal 43 ☎ 089 29 37 62 ⊕ www.turmstüberl.de ◐ Do–Di 11.01–17.29, 🚋 Isartor

Wohin zum … Einkaufen?

Zwischen Marienplatz und Glockenbachviertel treffen unterschiedliche Einkaufswelten aufeinander: Rund um den Marienplatz finden sich Kaufhäuser und Bekleidungsgeschäfte, wie es sie auch in anderen Metropolen gibt. Entlang der Sendlinger Straße sind Outdoor-Modefirmen und Geschäfte mit allerlei Schnickschnack zum Dekorieren und Einrichten versammelt. Der Viktualienmarkt und die umliegenden Geschäfte bilden ein Paradies für Gourmets auf kulinarischer Weltreise. Die Läden im Glockenbachviertel rund um den Gärtnerplatz sind die angesagtesten der Stadt und ändern sich so schnell wie die Moden.

ZWISCHEN MARIENPLATZ UND STACHUS

Im 1861 gegründeten Münchner Modetempel und »Kaufhaus der Sinne« **Ludwig Beck** (Marienplatz 11) findet sich in der 5. Etage eine der bestsortierten Musikabteilungen für Klassik, Folklore und Jazz. Das Bekleidungsgeschäft Hirmer (Kaufingerstr. 28) ist laut Eigenwerbung das größte Männermodehaus der Welt.

UM DEN VIKTUALIENMARKT

Bei **Kamm Weninger** (Viktualienmarkt 2) kauft die Münchnerin von Welt schon seit dem Jahr 1936 alles rund ums Haar.
Etwas versteckt in der Utzschneiderstraße (Nr. 5) verkauft **Schrauben-Preisinger** genau das. Die Auswahl in dem 1921 gegründeten Geschäft ist ebenso phänomenal wie die Beratung.
Auf der anderen Seite des Viktualienmarktes duftet es im **Kräuterhaus Lindig** (Blumenstr. 15) nach exotischen Aromen. Kein Wunsch nach Heil- oder Duftpflanzen bleibt hier unerfüllt. Ein paar Schritte weiter gibt es Spezialitäten **Vom Fass** (Reichenbachstr. 2). Öl, Essig, Weinbrand, Grappa – alles wird frisch abgefüllt. Auf dem Markt selbst verkauft **Exoten Müller** Drachenfrüchte aus Vietnam und Guaven aus Kolumbien. Beim **Duftschmankerl**

gibt's Gewürzsträuße und Mobiles aus duftenden Zutaten. Etwas streng riecht es manchmal beim **Rottler**; das liegt am Sauerkraut vom Fass, den eingelegten Salzgurken, dem Senfgemüse und der Riesenauswahl an Gewürzen. Auch **Caseus** umgeben gelegentlich heftige Duftwolken, ist er doch der Käsehändler am Markt. **Poseidon** (Westenriederstr. 13) ist die Feinschmeckeradresse für Fischliebhaber, die hier auch einen schnellen Fischsnack an den Stehtischen genießen können. Zwei Häuser weiter verführt **Chocolate and more** (Westenriederstr. 15) mit köstlichen Lauenstein-Pralinés, verheißungsvoll duftender heißer Schokolade und hübschen Souvenirs zum enthemmten Kalorienshopping. Um Aromen und Düfte geht es schließlich nochmals im Pfeifen- und Zigarrenladen von **Pfeifen Huber** (Tal 22). Holztäfelung und aufmerksame Beratung schaffen eine exquisite Atmosphäre.

ZWISCHEN SENDLINGER STRASSE UND GÄRTNERPLATZ

Bei **Kienmoser** (Sendlinger Str. 36) kauft man Seile aus Naturfasern von 1–50 mm Durchmesser in gewünschter Länge sowie Netze, Gurte und sonst alles, was eine Seilerei herstellt. Ein echtes Traditionshaus ist **Radspieler** (Hackenstr. 7): Hier findet die Münchnerin von Welt immer schicke Mode, Stoffe, Möbel und Accessoires.
Müssen es Kult-Stiefel von **Dr. Martens** sein? Die martialischen Treter sind angesagter denn je! Der Concept Store in der Sendlinger Straße führt ein Riesen-Sortiment (Sendlinger Str. 23).
Im **Optimal** (Kolosseumstr. 6) im Glockenbachviertel dreht sich alles um die runden Scheiben aus Vinyl. Die vielleicht besten Pralinen Münchens verkauft das **Café Götterspeise** (Jahnstr. 30). **servus.heimat** (Brunnstr. 3) bietet T-Shirts mit heimatlichem Aufdruck von Gams über Breze bis Dackel, Heimatgeschirr (Flachmann mit dem Schriftzug »Heimat«) sowie die »gucki bayerisch-Diashow aus der Hand« und den beliebten Hirschkopf mit Geweih für die Wand daheim (in den Farben Grün, Orange und Pink – für depressive Stunden auch in Schwarz).

Wohin zum ... Ausgehen?

Willkommen auf der »Feier-Banane«: Jener Teil der südlichen Innenstadt, der entlang der Sonnen- und der Müllerstraße einen Bogen bildet, ist die Ausgeh-Location in München. Neben Szene-Diskos und Partyvolk finden sich hier aber auch entspannte Lokale, Off-Theater und Musikbühnen.

BARS MIT ESSEN

Die **Buena Vista Bar** (Am Einlass 2a, Tel. 089 26 02 88 11, http://buena-vista-bar.de, Di–So 18–1, Fr/Sa bis 3 Uhr, Küche bis 24 Uhr) gibt sich kubanisch; ihr portugiesischer Besitzer reist ständig auf Castros Insel, bringt kostbare Bilder mit und hängt sie an die unverputzten Wände. Angeschlossen ist eine kleine Avantgardebühne, das Team-Theater. Vor und nach den Vorstellungen bricht der Service manchmal zusammen, dafür ist es hier sehr stimmungsvoll. Am Wochenende fährt spät abends die Salsa vom Plattenteller in die Knochen der Gäste, und in den Gängen bzw. zwischen den Tischen tanzen alle mit. Das **Baader Café** (Baaderstr. 47, Tel. 089 201 06 38, http://baadercafe.de, tgl. 10–24 Uhr) ist eine der ältesten Szenekneipen im Gärtnerplatzviertel und nach wie vor eine der beliebtesten: der ideale Ort, den Abend bei Bier, Wein, knackigen Salaten oder kleinen italienischen und österreichischen Köstlichkeiten zu verbringen.

BARS

Perfekt ausgeleuchtet schmecken die kreativen Drinks in der Mini-Bar **55 Eleven** (Blumenstr. 25, www.55eleven.wtf, Mi–Fr 17–1, Sa 10–1, So 10–17 Uhr) nochmal so gut. Im Sommer hat sie einen hübschen Schanigarten. Ins **Flushing Meadows** (Fraunhoferstr. 32, Tel. 089 55 27 91 70, http://flushingmeadowshotel.com, Di–So 17–24 Uhr) geht, wer nicht nur gesehen werden möchte, sondern selbst auf gute Aussicht steht. Die Bar besitzt die tollste Dachterrasse der Stadt. Dazu schwenkt man bayerisch-internationale Drinks.

LIVEMUSIK

Das **Strom** (Lindwurmstr. 88, Tel. 089 25 20 57 11, http://strom-muc.de, Konzerte ab 21, Party ab 23 Uhr) ist einer der Clubs, der der Avantgarde der jungen Musikszene den Weg bereitet und ihr ein Forum verschafft. Aber nicht nur unbekannte Indie-, Rock-'n'-Roll- und Brit-Pop-Gruppen treten hier auf. Manchmal kommt ganz was Spezielles auf der Bühne wie die Musik von Ami Warning und ihrer Band oder Adrian Held und Tobias Rieser, den Protagonisten von Klangkarussel. Im **Milla** (Holzstr. 28, Tel. 089 18 92 31 01, www.milla-club.de, ab 20.30 Uhr, je nach Veranstaltung), einem anerkannten Fackelträger der livemusikbegeisterten Münchner Clubszene, stehen viele Newcomer auf der Bühne vor dem überschaubaren Zuschauerraum. Es gibt auch Veranstaltungsreihen wie den Song Slam und ein eigenes Plattenlabel: Millaphon. Wenn keine Livemusik ist, legen DJs auf.

DISKOTHEKEN

Die Münchener Partyszene ist mit der **Milchbar** (Sonenstr. 27, Tel. 089 45 02 88 18, http://milchundbar.de) alt geworden. Wirklich erstaunlich, dass sich das Lokal (korrekt: Milch und Bar) in den letzten knapp 20 Jahren gefühlt 100-mal neu erfunden hat, diesmal an der Feierbanane. Musik querbeet für jeden Geschmack.
Legendenstatus hat sich auch das **Harry Klein** schräg gegenüber der MilchundBar erarbeitet, aber 2023 war nach vielen kreativen Jahren in der Elektro- und House-Szene Schluss. Als Ersatz bringt sich der **Legal Club** (Thalkirchner Str. 2, www.instagram.com/legal.dance/, Mi-Sa, Party Fr, Sa) in seinem Keller in Stellung. Erstmal beschränkt bis Ende 2024, aber was nicht ist, kann schließlich noch werden! Roman Sladek, dessen Jazzrausch Bigband viele Jahre lang regelmäßig im Harry Klein auftrat, ist inzwischen neben seinen vielfältigen Engagements als Bandleader auch als Artistic Director des im Westen der Stadt, in München-Aubing, neu entstehenden Kunstkraftwerk **Bergson** (Rupert-Bodner Straße 5, 81245 München https://bergson.com) aktiv.

THEATER

Das **Staatstheater am Gärtnerplatz** (Gärtnerpl. 3, Tel. 089 21 85 19 60; www.gaertnerplatztheater.de) spielt Opern, Operetten, Ballettabende und Musicals. Das **Team-Theater Tankstelle** (Am Einlass 2a, Tel. 089 260 43 33, www.teamtheater.de) zeigt von der Szene viel beachtete moderne Stücke nationaler wie internationaler Autoren. Ins **Theater im Fraunhofer** (Fraunhoferstr. 9, Tel. 089 26 78 50, www.fraunhofertheater.de) geht bunt gemischtes Publikum, um die Kabarettaufführungen mit Kleinkunstcharakter zu erleben. Danach setzt man sich in der Kneipe **Fraunhofer** und lässt den Abend bei Bier, einem bayerischen »Schmankerl« und Diskussionen ausklingen. Josef Leonhard »Papa« Schmid gründete im Jahr 1858 mit Graf Franz von Pocci das **Marionettentheater** (Blumenstr. 32, Tel. 089 26 57 12, www.muema-theater.de), seither unterhält es mit Kinder- wie mit Erwachsenenprogrammen Generationen von Puppentheater-Fans.

KINOS

Das bereits im Jahr 1913 eröffnete **Filmtheater am Sendlinger Tor** (Sendlinger-Tor-Platz 11, Tel. 089 55 46 36, www.filmtheatersendlingertor.de) zeigt die neuesten Produktionen in einem glücklicherweise nicht auf Wohnzimmergröße heruntergebrochenen Saal. Wer rechtzeitig da ist, erhält einen der vier Plätze in der »Königsloge« und genießt den Film ganz exklusiv und abgehoben. Das für seine filmkonservatorische Arbeit weltbekannte **Filmmuseum** (St.-Jakobs- Platz 1, www.muenchner-stadtmuseum.de) im Stadtmuseum bringt u.a. Retrospektiven aus seinem Archiv, Klassiker der Filmkunst und Avantgarde aus aller Welt. Häufig sind Regisseure und andere Filmschaffende zu Gast, um mit dem Publikum zu diskutieren. Das **Werkstattkino** (Fraunhoferstr. 9, Tel. 089 2 60 72 50, http://werkstattkino.de) ist Münchens schrägstes, von Cineasten hoch geschätztes Filmtheater mit einem wüsten Programm von Filmen zwischen B-Picture-Horror und argentinischem Porno – sowie ganzen 60 Plätzen.

Münchner Frühlingsgefühle: Blick vom Hofgarten auf die Theatinerkirche.

Die nördliche Innenstadt

Rund um die Residenz präsentiert sich das Millionendorf mondän, mit Oper, eleganten Boutiquen und dem urigen Hofbräuhaus.

Seite 62–89

Erste Orientierung

Elegante Boutiquen, vornehme Restaurants – und im Mittelpunkt die Residenz der bayerischen Könige: Im Edelquartier rund um Theatiner-, Residenz- und Maximilianstraße bummeln die Münchner nicht, sie promenieren. Fürs Kontrastprogramm sorgt das urbayerische Hofbräuhaus.

Im Verlauf ihrer Geschichte entwickelte sich die Stadt von einer Siedlung der Mönche über die glanzvolle Residenz der Wittelsbacher hin zu einer international hoch angesehenen Metropole des 21. Jahrhunderts. Den oft zitierten Charme eines »Millionendorfes« hat München dennoch nie ganz verloren, auch wenn es rund um die Residenz etwas mondäner zugeht und die minimalistisch-eleganten Fünf Höfe mit ihren schicken Geschäften dem ansonsten architektonisch eher konservativen Teil des Stadtzentrums ein modernes Glanzlicht aufsetzen. Generell achtet man hier doch sehr auf eine ausgewogene Balance zwischen Tradition und Moderne, nicht nur in den zahlreichen Theatern und der Oper. Der Respekt vor dem Bewährten geht so weit, dass an der Maximilianstraße potemkinsche Fassaden errichtet wurden, um die dahinter liegenden futuristischen Maximilianshöfe zu kaschieren. Schein und Sein spielen rund um die Theatinerstraße also in vielerlei Hinsicht eine besonders wichtige Rolle. Auch deshalb schlägt hier das Herz der berühmt-berüchtigten Münchner »Bussi-Gesellschaft«.

TOP 10

❷ ★★ Residenz
❿ ★★ Hofbräuhaus

Nicht verpassen!

⓲ Odeonsplatz
⓳ Nationalmuseum

Nach Lust und Laune!

20 Alter Hof
21 Max-Joseph-Platz
22 Museum Fünf Kontinente
23 Fünf Höfe & Hypo Kunsthalle
24 Cuvilliéstheater
25 Haus der Kunst

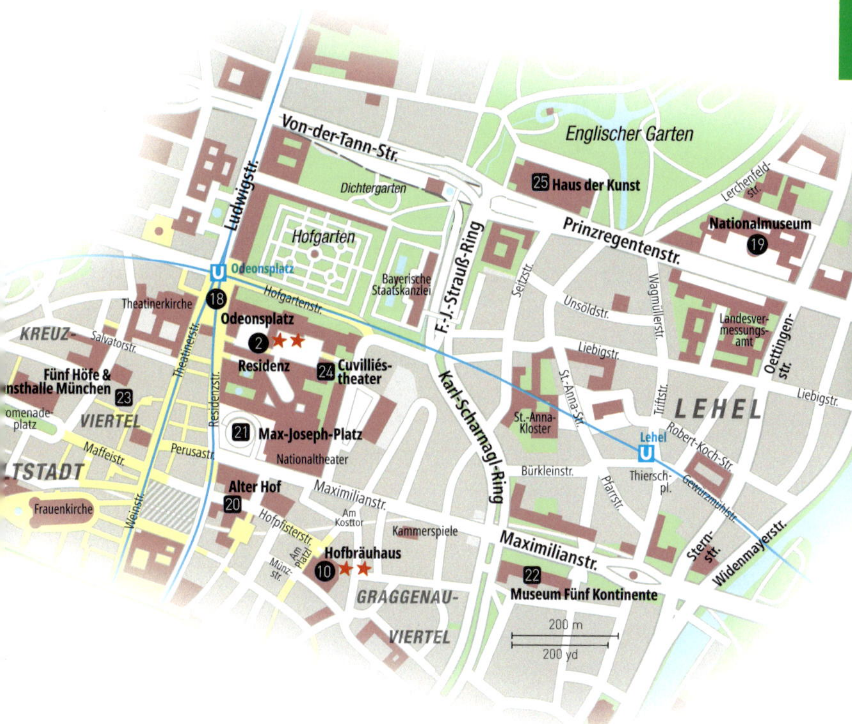
Englischer Garten
Von-der-Tann-Str.
Ludwigstr.
Dichtergarten
25 Haus der Kunst
Lerchenfeld-str.
Hofgarten
Prinzregentenstr.
Nationalmuseum 19
Odeonsplatz
F.-J.-Strauß-Ring
Bayerische Staatskanzlei
Seitzstr.
Wagmüllerstr.
Unsöldstr.
Hofgartenstr.
Theatinerkirche
18
Odeonsplatz
KREUZ-
Salvatorstr.
Theatinerstr.
2
Residenz
24 Cuvilliés-theater
Karl-Scharnagl-Ring
Liebigstr.
Landesvermessungsamt
Oettingenstr.
Fünf Höfe &
nsthalle München 23
Residenzstr.
St.-Anna-Str.
Triftstr.
LEHEL
Liebigstr.
omenade-platz
VIERTEL
21 Max-Joseph-Platz
St.-Anna-Kloster
Lehel
Robert-Koch-Str.
Maffeistr.
Perusastr.
Nationaltheater
TSTADT
Alter Hof
20
Maximilianstr.
Bürkleinstr.
Pfarrstr.
Thiersch-pl.
Gewürzmühlstr.
Frauenkirche
Weinstr.
Hofpfisterstr.
Am Kosttor
Kammerspiele
Maximilianstr.
Stern-str.
Widenmayerstr.
Am Platzl
Münz-str.
Hofbräuhaus
10
22
GRAGGENAU-
VIERTEL
Museum Fünf Kontinente
200 m
200 yd

Mein Tag auf den Spuren der royalen Stadt

Von der mittelalterlichen Veste zur königlichen Residenz, vom Hofschranzen-Café zum bayerischen Landtag: Im Edelquartier rund um Theatiner-, Residenz- und Maximilianstraße manifestieren sich Geld und Macht historisch wie aktuell.

10 Uhr: Wo alles begann

Auch München hat klein angefangen, das zeigt der 20 Alte Hof, die mittelalterliche Herzogresidenz. Wenn Sie Manufactum-Fan sind, sollten Sie sich die Adresse für später vormerken – hier hat das »Warenhaus der guten Dinge« einen seiner Läden. Aber jetzt folgen Sie erst einmal den royalen Spuren weiter zum 21 Max-Joseph-Platz.

10.30 Uhr: Schatzkammer & Co.

Anders als an diesem elegant-übersichtlich angelegten Paradeplatz mit Denkmal (König Max I. Joseph), Oper, Residenztheater und der Südfassade des Königsbaus, ist es in der 2 ★★ Residenz nicht ganz einfach, sich zu orientieren: erstens, weil sich die Anlage über mehrere hundert Jahre Bauzeit in ein Labyrinth verwandelt hat, und zweitens, weil nicht alles zur gleichen Zeit (manches wegen Renovierung auch gar nicht) zugänglich ist. Es braucht also planerisches Geschick und Konzentration aufs Wesentliche, als da wären: Schatzkammer, Antiquarium und 24 Cuvilliéstheater. Oder auch die Ahnengalerie? Ihnen bleibt die Qual der Wahl, doch wir empfehlen Ihnen:

12.30 Uhr: Im Café des Kammerdieners

14.30 Uhr: Die Welt zu Gast

Teilen Sie's auf zwei Besuche auf und machen Sie eine Mittagspause.

12.30 Uhr: Im Café des Kammerdieners

Scheint die Sonne (auch bei Minustemperaturen), setzten Sie sich natürlich wie waschechte Möchtegernmünchner sonnenbebrillt (und notfalls in Decken gewickelt) an einen der nach Süden gerichteten Tische vors Tambosi am Hofgarten, bestellen einen Teller Pasta und genießen den Ausblick auf den eleganten ⓲ Odeonsplatz. Guiseppe Tambosi, Spross von Einwanderern vom Gardasee, war Kammerdiener bei Ludwig I.; einer seiner Verwandten pachtete dann das Kaffeehaus. Auch die Alternative bei schlechtem Wetter, die Pfälzer Weinstuben in der Residenzstr. 1, kann mit königlicher

Oben: Wo einst Kaiser residierten, laden heute im Alten Hof exquisite Läden zum Bummeln ein. Rechts: Im Jahr 1607 geweiht wurde die Reiche Kapelle mit ihrer kostbaren Reliquiensammlung.

Gunst punkten. Sie residieren in den Räumen der Residenz.

13.30 Uhr: Kultur contra Shopping

Nun ist Zeit für die zweite Runde in der Residenz. Oder Sie shoppen ein bisschen. Die Residenzstraße ist ein teures, aber schönes Einkaufsrevier mit Geschäften, in denen sich Münchner Tradition mit Weltläufigkeit verbindet, so das Modehaus Bogner in der Residenzstr. 14/15) oder das Trachtengeschäft Gössl (Residenzstr. 14).

14.30 Uhr: Die Welt zu Gast

Entlang der Maximilianstraße nach Osten gehend begegnen Sie Menschen aus aller Welt, die eines vereint: Sie schleppen schwer an den Shopping Bags von Prada & Co. Hier bummelt man nicht, man promeniert. Dieser Teil der Münchner Innenstadt ist auch das Lieblingsrevier mehr oder weniger adeliger Häupter aus den Emiraten bzw. deren Ehefrauen. Vorbei an den Kammerspielen, Münchens mit Theaterpreisen überhäufter, ambitionierter Bühne, laufen Sie auf den Neorenaissancebau des Maximilianeums am Isar-Hochufer zu. Er ist Sitz des Bayerischen Landtags, in dem der heutige Prinzregent unter seinem Inkognito als CSU-Ministerpräsident das Sagen hat.

15 Uhr: An der schönen blauen Isar

Die Maximilianstraße endet an der Isar. Am Fluss entlang spazieren Sie nach Norden. Eine Bank für eine

Shoppen in der Residenzstraße (oben), »Surfin' Munich« auf der Eisbachwelle (unten).

kleine Atempause kommt gerade recht, dann kreuzen Sie die Prinzregentenstraße mit dem ⓳ Nationalmuseum. König Maximilian II. gründete die Sammlung, um die hohe Kunst historischer Kunsthandwerkstechniken zu bewahren und als Vorbild für zeitgenössisches Handwerk auszustellen. Gotische Skulpturen, neapolitanische Krippen, Gobelins aus Feenhänden – eine Wunderwelt tut sich auf.

17.30 Uhr: Zu den Königen der Flusssurfer

Gedränge am Eisbach bei jedem Wetter: Die Surferszene beweist ihr Können an der weltberühmten Eisbachwelle. Geduldig Anstehen, Brett ins Wasser, ein kurzer Ritt – der nächste. Das ist Kult! Surf-Kings wie der Brasilianer Adriano de Souza sind auf ihr geritten, Anfänger werden nicht geduldet. Lange genug zugeschaut? Dann geht's zum Aperitif in die Goldene Bar, an deren güldenen Tresen oder auf die Terrasse, vor der der Englische Garten im Abendlicht leuchtet – ein Geschenk des Kurfürsten Karl Theodor.

19 Uhr: Zum Dinner ins ...

... Museum, und zwar wortwörtlich: »Museum« heißt nämlich das junge schicke Restaurant des Nationalmuseums, in dem Reimer Röbel ambitioniert aber nicht überteuert kocht. Ein bisschen skandinavisch, ein bisschen deutsch, etwas asiatisch und mediterran – moderne Küche mit viel Esprit und dank der Räume auch tollem Flair.

❷ ★★ Residenz

Warum?	Ein Sammelsurium kostbaren Dekors, feinster Ausstattung und unermesslicher Schätze
Was?	Schatzkammer, Antiquarium, Cuvilliéstheater und, und, und ...
Wie lange?	Von zwei Stunden bis zu einem Tag
Wann?	Beachten Sie die unterschiedlichen Öffnungszeiten der einzelnen Highlights
Was noch?	Danach ein Spaziergang durch den Hofgarten

Als »Herzkammer Bayerns« fungierte ein halbes Jahrtausend lang die am Nordostrand der Altstadt gelegene Residenz der bayerischen Herzöge, Kurfürsten und Könige, an deren Ausbau namhafte Architekten beteiligt waren.

Im Jahr 1385 wurde den Wittelsbachern die Alte Veste – der Alte Hof (S. 82) – zu eng, und sie ließen sich die Neuveste am späteren Max-Joseph-Platz, der auch »Opernplatz« genannt wird, errichten.

Königliche Bauwut

Umbauten und Erweiterungen unter Herzog Wilhelm V. und seinem Sohn Maximilian I. machten den ursprünglich gotischen Bau im 16. Jh. zu einer Renaissanceresidenz. Hans Simon Reifenstuel aus Gmund am Tegernsee gilt als Baumeister. Peter de Witt, genannt » Candid «, war für große Teile der Innendekoration zuständig. Den letzten Umbau verantwortete Leo von Klenze: Das ursprüngliche Renaissanceportal an der Residenzstraße mit dem Bronzeguss der Patrona Bavariae, der Muttergottes als Schutzpatronin Bayerns, war König Ludwig I. nicht repräsentativ genug. Deshalb wurde in den Jahren 1826 bis 1835 der Königsbau mit klassizistischer Schaufassade und neuem Hauptportal zum Opernplatz hin errichtet – das Vorbild des in seiner grundsätzlichen Anlage Filippo Brunelleschi zugeschriebenen Palazzo Pitti in Florenz ist unverkennbar. Die rund 130 Räumlichkeiten wurden von

Leo von Klenze, König Ludwigs I. Hofarchitekt, entwarf auch die sich elegant nach oben schwingende »Königin-Mutter-Treppe«.

den besten Künstlern und Kunsthandwerkern ihrer Epoche mit wundervollem Mobiliar, kostbaren Tapisserien und Bildern ausgestattet.

Nach der Besichtigung der Residenz mit Schatzkammer, Ahnengalerie und Brunnenhof bietet sich der Hofgarten zu einer kleinen Verschnaufpause an.

Wo's glitzert und glänzt

Vom Opernplatz gelangen Sie durch den Haupteingang des Königsbaus zum ersten Hof und zur Kasse. Die wichtigste Sammlung, die Schatzkammer, ist gleich nebenan. Mehr als 1200 Exponate herzöglicher und königlicher Insignien, sakrale Kunst und Schmuckstücke glitzern und funkeln in den Vitrinen, unter ihnen ein um das Jahr 890 entstandener goldgeschmiedeter Altaraufsatz und eine Statuette von St. Georg auf einem aus Achat und Chalzedon geschnittenen Pferdchen mit rubingeschmücktem Sattel vom Ende des

16. Jh.s. Beachten Sie auch die prächtigen Reliquiare, die einst die Hofkapellen der Residenz schmückten.

Treppauf, treppab

Zwischen dem Küchenhof hinter der Kasse und dem Brunnenhof mit dem Wittelsbacher-Brunnen liegt einer der Prachtsäle der Residenz – das Antiquarium aus dem 16. Jh. Herzog Albrecht V. brachte darin seine Antikensammlung unter, das mächtige Tonnengewölbe schmückte Friedrich Sustris mit Allegorien, Grotesken, Stadtansichten und Landschaften Bayerns. Über die Treppe gelangen Sie in die erste Etage, in den Schwarzen Saal mit seiner illusionistischen Deckenmalerei und zur Ostasiensammlung mit 500 Stücken fernöstlichen Porzellans in den Vorräumen der Kurfürstenzimmer am Brunnenhof, in denen bis 1599 die Bibliothek untergebracht war. Danach bewohnte sie der Kurprinz und spätere Kurfürst Max III. Joseph. Nächste Station: die Charlottenzimmer, die Prinzessin Charlotte Auguste, die Tochter König Max I. Josephs, als Wohnung nutzte. Heute sind sie im Stil höfischer Wohnkultur des 19. Jh.s eingerichtet.

»München ist ein Dorf, in dem Paläste stehen« (Heinrich Heine).

Was nun? Was tun?

Jetzt müssen Sie sich entscheiden, ob Sie den kurzen Rundgang unternehmen und direkt zu den Reichen Zimmern gehen oder die Besichtigung ausweiten wollen. Die Trierzimmer waren Gästeappartements und Ratszimmer. Im Kaisersaal aus dem beginnenden 17. Jh., zu seiner Zeit der prächtigste Festsaal der Residenz, sehen Sie Gobelins aus der Hand von Hans van der Biest und Deckengemälde von Peter Candid. Der Vierschimmelsaal leitet zu den Steinzimmern über, die ihren Namen wegen der prächtigen Marmorausstattung erhielten. Der Kaiser des Heiligen Römischen Reiches residierte in ihnen, wenn er in München war. In der Silberkammer ist u.a. das aus 502 Teilen bestehende Tafelservice König Max I. Josephs zu bewundern.

Ein Höhepunkt zum Schluss

Über die 1607 geweihte Reiche Kapelle, der private Gebetsraum von Maximilian I., gelangen Sie nun zu den Reichen Zimmern. Diese machen ihrem Namen alle Ehre: Kurfürst

Das in den Jahren 1568 bis 1571 für die herzögliche Sammlung antiker Skulpturen errichte Antiquarium ist der älteste erhaltene Raum der Münchner Residenz.

Max Emanuel ließ sie erbauen, sein Sohn Karl Albrecht beauftragte François Cuvilliés mit der Umgestaltung im Rokokostil. Vergoldete Schnitzereien und Stuckarbeiten prunken miteinander um die Wette. Ein weiterer Höhepunkt ist das Miniaturenkabinett am Ende der Zimmerflucht. Es zeigt zierliche Gemäldeminiaturen, eingelassen in die vergoldete Holztäfelung der Wände. Über einen Durchgang erreicht man die sogenannten Päpstlichen Zimmer, den Wohnbereich der Schwiegertochter Maximilians, Kurfürstin Henriette Adelaide. In ihnen nächtigte Papst Pius VI., der als erster amtierender Stellvertreter Christi im Jahr 1782 München besuchte. Nun verlassen Sie die erste Etage und kommen zuletzt in die Ahnengalerie. In dem lang gestreckten Saal hängen 121 Porträts bayerischer Fürsten und ihrer Familien.

KLEINE PAUSE

Lassen Sie sich verführen: Das **Café Maelu** (Theatinerstr. 32) serviert feinen Kaffee und zuckersüße Genüsse mit Macarons in allen Farben des Regenbogens (https://maelu.de).

---

206 B1 Residenzstr. 1 ☎ 089 29 06 71 www.residenz-muenchen.de April–15. Okt. 9–18, sonst 10–17 Uhr, letzter Einlass jeweils 1 Stunde vorher Odeonsplatz Residenzmuseum und Schatzkammer je 9 €, Kombikarte 14 €

Festsäle hinter Prachtfassaden

Als politischer und kultureller Mittelpunkt des Landes entwickelte sich die Münchner Residenz im Lauf der Jahrhunderte zu einer riesigen Anlage. Mit einer Grundfläche von etwa 250 x 200 m ist sie heute eine der größten ihrer Art.

1 Festsaalbau: Den Hofgarten flankiert der klassizistische Festsaalbau, den König Ludwig I. zusammen mit Königsbau und Allerheiligen-Hofkirche durch Hofbaumeister Leo von Klenze errichten ließ.
2 Altes Residenztheater: Als schönstes Rokokotheater in Deutschland gilt das »Cuvilliés« des Hofarchitekten François Cuvilliés d. Ä. An der Ausstattung wirkten auch Künstler wie Johann Baptist Straub mit.
3 Brunnenhof: Der im Jahr 1610 angelegte Hof mit dem Wittelsbacherbrunnen ist als einziger diagonal zum Grundriss der Anlage ausgerichtet. Die Fassaden sind mit Scheinarchitektur bemalt.
4 Antiquarium: Der größte profane Raum der Renaissance nördlich der Alpen dient heute u. a. als festliche Kulisse für Staatsempfänge.
5 Schatzkammer: Klenzes Königsbau bestimmt die Front der Residenz zum Max-Joseph-Platz hin. Die Innenräume des Traktes sind von klassizistischer Kühle geprägt.
6 Königsbau: Glanzstücke sind u.a. das Gebetbuch Kaiser Karls des Kahlen, das Kreuzreliquiar von Kaiser Heinrich II. und die bayerische Königskrone von 1806.

❼ Spiegelkabinett: Der Stuck, der den Raum einst zierte, wurde nach der Zerstörung im Zweiten Weltkrieg rekonstruiert.

❽ Miniaturenkabinett: Die 129 Miniaturen, jeweils kaum größer als ein Briefbogen, wurden von deutschen, französischen und niederländischen Künstlern im 16. bis 18. Jh. geschaffen.

❾ Silberkammern: Im einstigen Zimmer des Stadtrats und im Hartschiersaal wird wertvolles Silber präsentiert, darunter das umfangreiche Tafelsilber des Hauses Wittelsbach.

❿ Alte Residenz: Der Bau entstand unter Kurfürst Maximilian I. in der Spätrenaissance (1611–1619). In der streng gehaltenen Front zur Residenzstraße öffnen sich zwei prächtige Portale aus Rotmarmor, flankiert von Bronzelöwen (Hubert Gerhard, um 1595), deren Nasen zu reiben Glück bringen soll.

⓫ Steinzimmer: Die prunkvolle Ausstattung umfasst Mobiliar, Gobelins, Gemälde sowie eine Majolikasammlung.

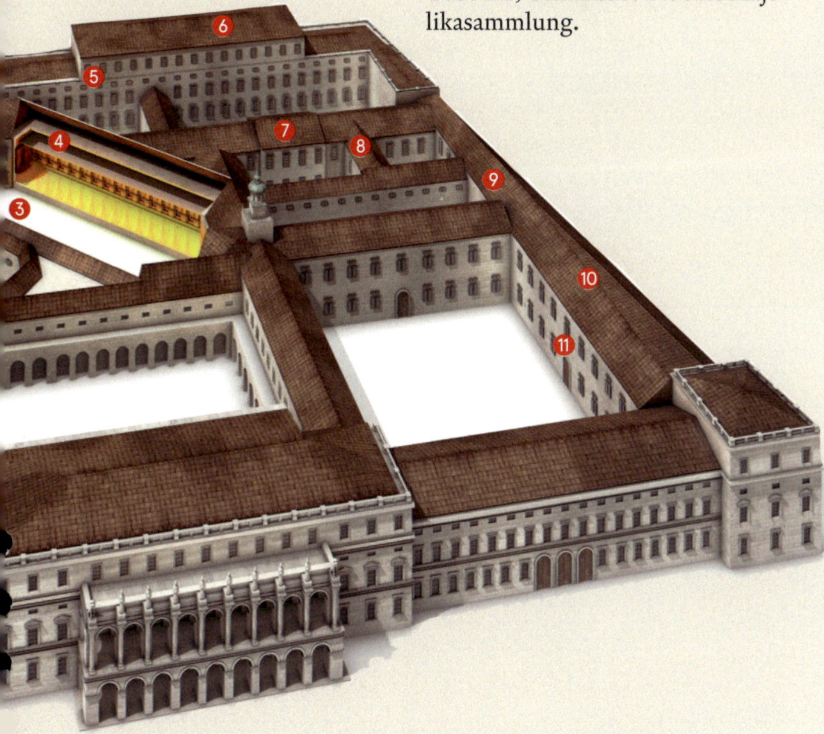

©BAEDEKER

⑩ ★★ Hofbräuhaus

Warum?	Trotz vieler Touristen ein Beispiel Münchner Lebensart
Was?	Zuprosten, Biertrinken, Schunkeln, Mitsingen
Wie lange?	So lange es Spaß macht
Wann?	Tagsüber ist es ruhiger, abends tobt der Bär
Was noch?	Davor oder danach übers Platzl bummeln

Alle lieben das legendäre Gasthaus, dem sogar ein eigenes Lied gewidmet ist und in dem auch ein original-bayerischer Engel seinen Stammtisch hat.

Im 16. Jh. tranken die adeligen Damen und Herren lieber Wein als Bier. Da der importierte Rebensaft Herzog Wilhelm V. aber teures Geld kostete, ließ er 1589 das Hofbräuhaus bauen, um seinen Hofstaat mit Bier versorgen zu können. Im Jahr 1607 braute der Staat am Platzl weiter und verkaufte von dort an die Gaststätten. Erst 1828 wurden die ersten Gasträume in den Brauereigebäuden eingerichtet. 1897 öffnete der heutige Biertempel am Platzl seine Tore und wurde alsbald Legende. 6000 Liter Bier fließen täglich aus den Fässern, Maßkrug um Maßkrug tragen die Bedienungen zu den Gästen.

Ein Platzl mit Münchner Herz

Der kleine Platz (bayer. »Platzl«), an dem das Hofbräuhaus steht, wurde Ende des 19. Jh.s im Stil der Neorenaissance umgestaltet. Vor einiger Zeit sind die Gebäude rundum renoviert worden, wobei man sich um die Erhaltung architektonischer Details bemüht hat. Besonders gelungen ist die Restaurierung des Orlandohauses an der Nordseite des Platzes, das Architekt Max Littmann 1900 im Stil der Neo-Renaissance erbaute. Er plante auch die Fassade des Hofbräuhauses schräg gegenüber, das für Touristen die Hauptattraktion darstellt. Dessen großer, rustikal eingerichteter Gastraum mit seinen Holztischen im Erdgeschoss heißt Schwemme. Hier

Macht einfach Spaß: gemütlich bei Volksmusik eine Maß im berühmtesten Wirtshaus der Welt zu trinken.

kocht die Stimmung abends manchmal so hoch, dass man sie durchaus mit der auf dem Oktoberfest vergleichen kann. Dann lassen sich sogar die Stammtischler vom Überschwang anstecken und prosten den »Zuagroasden« zu. Wie viele Stammgäste das Hofbräuhaus hat, zeigen die als »Stammtisch« ausgewiesenen Tische, an denen sich in alter Tradition Herren- und gelegentlich auch Damenrunden einmal in der Woche treffen. Manche Stammgäste haben sogar einen eigenen Bierkrug, den sie bis zum nächsten Besuch im »Maßkrugsafe« wegsperren. Eleganter als die Schwemme sind die Gaststuben und der Historische Festsaal in der ersten und zweiten Etage. Im Festsaal spielt die Blasmusik ab 19 Uhr auf. Noch ein Tipp: Selbst viele Münchner wissen nicht, dass das Hofbräuhaus einen wunderschönen schattigen Biergarten hat!

Dicht gedrängte Bürgerhäuser, Kopfsteinpflaster und ein weltberühmter Biertempel kennzeichnen das alte München am Platzl.

Ein Prosit auf den Aloisius

Sehen Sie den »Grantler« mit der blauen Dienstmütze in der Ecke? Das ist der Engel Aloisius, als Alois Hingerl ehemals Dienstmann in München, dessen Geschichte Ludwig Thoma erzählte: Ein Schlaganfall raffte den Alois dahin, und so landete er als Engel Aloisius im Himmel. Kreuzunglücklich, weil's dort statt Bier nur »Manna« gab, begann er zu randalieren. Also ernannte Gott ihn zum Boten, der die himmlischen Ratschlüsse der bayerischen Regierung überbringen sollte. Doch gleich mit dem ersten Brief landete Aloisius im Hofbräuhaus – und da sitzt er noch immer, weshalb die bayerische Regierung bis heute auf göttliche Eingebung wartet.

KLEINE PAUSE

Sie sind kein Freund von Bierseligkeit? Um die Ecke sorgt ab 18 Uhr **Grapes Weinbar** im Cortiina Hotel (Ledererstr. 8) für Kontrastprogramm – Design pur mit passenden Gästen.

---

210 B4 Platzl 9
089 290 13 61 00
www.hofbraeuhaus.de
11–24 Uhr Marienplatz

⑱ Odeonsplatz

Warum?	Elegant, architektonisch interessant und sehr münchnerisch
Was?	Ideal fürs Posen vor schönster Kulisse
Wie lange?	Eine halbe bis zwei Stunden
Wann?	Jederzeit – abends ist es besonders romantisch
Was bleibt?	Münchens heitere Seite

Vorhang auf für Münchens schönste Bühne der Eitelkeiten: König Ludwigs I. Hofbaumeister Klenze und Gärtner besorgten die klassizistische Kulisse, ein Italiener namens Tambosi begründete die Kaffeehaustradition – und Generationen von Münchnern den Brauch, vor dem Café in der Sonne zu sitzen.

Oben: Blick über den Odeonsplatz mit Feldherrnhalle und Theatinerkirche auf die Münchner Altstadt. Unten: Boule-Spieler im gleich an den Platz angrenzenden Hofgarten.

Das Tambosi bietet den besten Blick auf die Feldherrnhalle, die nicht zufällig so wirkt, als hätte ihr Architekt Friedrich von Gärtner die Florentiner Loggia dei Lanzi kopiert. Im Jahr 1844 feierte man Einweihung, knapp 80 Jahre später versuchte sich Adolf Hitler hier vergeblich als Putschist. Später postierte er SS-Wachen neben der Feldherrnhalle und zwang Passanten zum Hitlergruß. Wer nicht grüßen wollte, umging die Wache durch die Viscardigasse, weshalb diese den Spitznamen »Drückebergergasserl« bekam.

Ein bisschen Isar-Florenz

Drehen die Tambosi-Gäste ihren Kopf nach rechts, fällt ihr Blick auf eines der auffälligsten Münchner Gotteshäuser: die barocke Front der Theatinerkirche, flankiert von zwei kühn gen Himmel strebenden Türmen. Gestiftet wurde St. Kajetan, wie die Stiftskirche offiziell heißt, von der Kurfürstin Henriette Adelaide von Savoyen – zum Dank dafür, dass sie endlich den ersehnten Thronfolger gebar: 1662 war es soweit, und weil sich die Kurfürstin nach heimatlichen Formen und Farben sehnte, engagierte sie italienische Baumeister. Zuerst kam ein Barelli, dann ein Spinelli, danach der vielerorts in München tätige Enrico Zuccalli und zuletzt Giovanni Viscardi, der vom Drückebergergasserl. Als das Gotteshaus Ende des 17. Jh.s. fertig war , war die Kurfürstin längst verstorben. In der Fürstengruft ruhen Wittelsbacher Könige samt Gattinnen und Kindern.

Winterstimmung vor der nach Florentiner Vorbild errichteten Feldherrnhalle.

Ein Park für jeden Geschmack

Ein Erbe des barocken 17. Jh.s ist auch der zur Residenz gehörende, streng geometrisch angelegte Hofgarten. Eingerahmt von der Nordfront der Residenz und eleganten Arkaden bildet er eine harmonische Ruheoase in der Innenstadt. Verändert wurde der Hofgarten häufiger – mit neuen Arkaden, neuen Wandfresken, neuen An- und Umbauten. Bereits im 19. Jh. öffnete sich der höfische Park zur Stadt: Leo von Klenze errichtete das an einen Triumphbogen erinnernde Tor zum Odeonsplatz. Anfang des 19. Jh.s wurden auch die Kastanienbäume gepflanzt.

Wo Kastanien sind, ist in München der Biergarten nicht weit – hier gehört er zum Tambosi und ist dementsprechend italisiert. Gelegentlich hört man von dort auch französische Rufe und Satzfetzen – sie stammen von den Boule- Spielern gleich nebenan, die seit Jahrzehnten im Hofgarten ihrem frankophilen Hobby frönen. Und wenn Ihnen die Stimmung im Park mal spanisch (oder besser: lateinamerikanisch) vorkommt, liegt das an den Tänzern im Diana-Pavillon – mal ist Tango angesagt, mal Salsa. Jeder kann mitmachen, wenn er sich traut.

KLEINE PAUSE

In der Brasserie **OskarMaria** am Salvatorplatz 1 im Literaturhaus gibt's Kaffee, Kuchen, Snacks und Zitate des bayerischen Original(genie)s Oskar Maria Graf.

---

i

206 B2 ✉ Theatinerstr. 22 ☎ 089 210 69 60 🌐 www.theatinerkirche.de 🕘 Kirche tgl. 7–20; Fürstengruft Mai–Okt. Mo–Sa 11.30–15 Uhr Ⓤ Odeonsplatz

⑲ Nationalmuseum

Warum?	Europäische Kunst und Kultur aus zwei Jahrtausenden
Was?	Flügelaltäre, Gobelins, Skulpturen, Krippen …
Wie lange?	Mindestens eine Stunde
Wann?	Zwischen November und Januar mit toller Krippenausstellung

Als in Nürnberg im Jahr 1852 das Germanische Museum gegründet wurde, reagierte König Maximilian II. auf diese Herausforderung der Franken mit dem Bau eines »vaterländischen« Museums in München. Heute beherbergt es eine der bedeutendsten kunst- und kulturgeschichtlichen Sammlungen Europas.

Ursprünglicher Sitz des Bayerischen Nationalmuseums war das heutige Museum Fünf Kontinente (S. 83), aber dort wurde der Platz schon bald zu eng, und so zog die Sammlung im Jahr 1900 in die neuen Räume an der Prinzregentenstraße. Gabriel von Seidl plante das Museum in Einklang mit den Exponaten: Wo Gotik ausgestellt werden sollte, wurde in gotischen Linien gebaut, Romanisches und Barockes erhielt einen ebensolchen Rahmen. Von außen wirkt das Museum deshalb recht uneinheitlich. Begeben Sie sich auf eine Entdeckungsreise und erforschen Sie Gemälde, Sakralkunst, Kunsthandwerk, Rüstungen, Waffen und Bauernstuben.

Vor dem Nationalmuseum steht ein Reiterstandbild des Prinzregenten Luitpold.

Preziosen aus Elfenbein und andere Kostbarkeiten

Zu den Glanzstücken der Sakralkunst gehören filigrane Elfenbeinreliefarbeiten wie die Reider'sche Tafel Christi Himmelfahrt (19×12 cm, 5. Jh.) und die Kreuzigung Christi von 870 (22×10 cm) sowie gotische Skulpturen z. B. von Tilman Riemenschneider. Kostüme, Möbel, kostbare Uhren, Pokale und Wandschmuck führen das höfische Leben des Barock und Rokoko vor. Aber auch Gegenstände aus Klassizismus, Historismus und Jugendstil sowie der bürgerlichen Welt sind zu sehen. Im Untergeschoss widmet sich die Volkskundeabteilung dem profanen Leben der einfachen Leut' in früheren Zeiten mit Bauernstuben und Gegenständen des täglichen Gebrauchs.

Versäumen Sie nicht das aus Lindenholz gefertigte Modell der Stadt in der Münchner Kunstkammer des Museums, das der Straubinger Drechslermeister Jakob Sandtner für Herzog Albrecht V. um das Jahr 1570 schuf. Und wundern Sie sich nicht: Die Neubauten des 17. Jh.s der Residenz wurden nachträglich eingefügt.

Ob Ritterrüstungen oder alte Krippenfiguren: Im Museum gibt es viel zu entdecken.

Ihr Kinderlein kommet

Einer der Höhepunkte des Museums ist die von November bis Januar geöffnete Krippenausstellung. Zu verdanken ist diese schöne Sammlung dem Münchner Kommerzienrat Max Schmederer, der sie gegen Ende des 19. Jh.s aufbaute. Stimmungsvoll arrangiert, scheinen die Szenen der Verkündigung an die Hirten, der Anbetung der Könige, der Herbergssuche oder der Flucht nach Ägypten von Leben erfüllt. Besonders schön ist ein neapolitanischer Markt von mehreren Metern Länge mit 38 cm hohen Figuren: Zu sehen sind Metzger und Bäcker, Marktfrauen und Passanten, die winzigen Körbe fein geflochten, das Mauerwerk weinumrankt. Solche Straßenszenerien, die auf den »historisch korrekten« Rahmen des Morgenlandes verzichten, sind typisch für die Krippenkunst Neapels bis zum Ende des 18. Jh.s.

KLEINE PAUSE

Gleich um die Ecke gibt's im Kiosk »Fräulein Grüneis« am Eisbach Kaffee, Kuchen und vegetarische Snacks.

---

207 D2 ✉ Prinzregentenstr. 3 ☎ 089 211 24 01 🌐 www.bayerisches-nationalmuseum.de 🕐 Di–So 10–17, Do bis 20 Uhr Lehel 100 Nationalmuseum/Haus der Kunst; Tram 16 7 €, bis 18 J. Eintritt frei

Nach Lust und Laune!

20 Alter Hof

Ein überwölbter Durchgang, ein kopfsteingepflasterter Hof, ein hoher, mit Rauten geschmückter Turm: Die ehemalige Residenz bezaubert mit mittelalterlichem Flair. Im späten 12. Jh. entstand die erste Festungsanlage an der Stadtmauer, 1328 zog Ludwig IV. der Bayer als Deutscher Kaiser ein. Ende des 14. Jh.s kam dann das Aus; die neu erbaute Residenz (S. 70 f.) war repräsentativer. Der Alte Hof ist nur von außen zu besichtigen, im Inneren sind heute staatliche und kulturelle Institutionen untergebracht, ein Teil wird von Geschäften und als Wohnungen genutzt.

206 B1 Burgstr. 8 Marienplatz

21 Max-Joseph-Platz

Das Bayerische Nationaltheater (S. 89) am Max-Joseph-Platz, der nach der darin residierenden Staatsoper auch Opernplatz heißt, stiftete König Max I. Joseph 1818, doch schon fünf Jahre später wurde es ein Raub der Flammen. Leo von Klenze rekonstruierte das Theater bis 1825. In dem klassizistischen Bau gibt es prunkvolle Säle und einen herrlichen Zuschauerraum samt Königsloge. Fünf Uraufführungen von Wagner-Opern finanzierte Ludwig II. in diesem Theater. Den Vorplatz ziert ein Denkmal von Max I. Joseph. Die Straße von der Residenz nach Osten ließ Maximilian II. ab dem Jahr 1852 von Friedrich Bürklein planen. Von prächtigen Fassaden flankiert, führt sie zum Maximilianeum (S. 132) am anderen Isarufer. Heute ist die Maximilian-

Die bayerische Staatsoper am Max-Joseph-Platz mit dem Denkmal des Königs Max I. Joseph.

straße die teuerste und exklusivste Einkaufsmeile Münchens; an ihr liegen das Luxushotel Vier Jahreszeiten und die renommierten Kammerspiele sowie die schicken Maximilianshöfe.

206 B1 Odeonsplatz
www.bayerische-staatsoper.de; Tram 19, 21 Nationaltheater

22 Museum Fünf Kontinente

Ursprünglich als Bau für die Sammlung des Bayerischen Nationalmuseums (S. 80) errichtet, beherbergt das maurisch inspirierte Gebäude heute einen Fundus mit mehr als 150 000 Exponaten, die in den ständigen sechs Ausstellungen über Afrika, Indien, Ostasien, Nord- und Südamerika, Ozeanien sowie den islamischen Orient immer wieder neu präsentiert werden. Sonderschauen nehmen sich der Gegenwart an und beleuchten Themen wie die zeitgenössische Kunst Afrikas oder den Boxsport auf Kuba. Ein »Bazar« mit exotischem Schmuck und Kleidung sowie Vortragsveranstaltungen ergänzen ergänzen das Programm.

210 C5 Maximilianstr. 42 089 10 13 61 00 www.museum-fuenf-kontinente.de Di–So 9.30–17.30 Uhr Lehel; Tram 19, 21 Maxmonument 5 €, So 1 € (Sonderausstellungen kosten extra)

23 Fünf Höfe & Hypo Kunsthalle

Nicht viele Einkaufspassagen finden den Weg in einen Reiseführer – diese schon. Denn die Verbindung von Architektur, Kunst und Kommerz ist dem Planungsbüro Herzog und de Meuron besonders gut gelungen. Über den lichtdurchfluteten Glasflächen und intimen Innenhöfen schweben die »Hängenden Gärten« der deutschen Künstlerin Tita Giese und die »Sphere« benannte Stahlkugel des Isländers Ólafur Elíasson; Cafés wie das der Kunsthalle oder des Emporio Armani-Shops laden zum Verweilen ein. In Geschäften mit eleganten Schreibwaren bis hin zu Couture aus Paris macht schon der Schaufensterbummel Spaß, und die Kunsthalle überrascht immer wieder mit hochkarätigen Themenausstellungen.

Architektur, Kunst, Kommerz in den Fünf Höfen.

210 A5 **Fünf Höfe** Theatinerstr. 15
www.fuenfhoefe.de unterschiedlich
Marienplatz, Odeonsplatz
Hypo Kunsthalle Theatinerstr. 8
Tel. 089 22 44 12 www.kunsthalle-muc.de tgl. 10-20 Uhr, Eintritt je nach Ausstellung Marienplatz, Odeonsplatz

Mit Lorgnon und Perücke

Zugegeben, das ist selten, und Karten dafür zu bekommen gleicht einer Lotterie. Aber wenn Sie zufälligerweise in München sind, wenn im Cuvilliéstheater ein Konzert oder eine Barockoper aufgeführt wird, und wenn Sie vorausschauend planen und tatsächlich Karten ergattern, dann werden Sie sich auf den roten Plüschstühlen oder (was für ein Glück!) in einer der Logen fühlen wie Theaterbesucher des 18. Jh.s. Einfach kitschig schön!

Karten und Programm bei Ticketportalen wie www.muenchenticket.de

24 Cuvilliéstheater

Deutschlands schönstes Rokokotheater schuf François Cuvilliés 1751 zusammen mit den besten Hofkünstlern seiner Zeit. 1781 wurde Mozarts Idomeneo darin uraufgeführt. Im letzten Weltkriegsjahr 1944 fiel das Theater dem Bombenhagel zum Opfer und wurde bis zum Jahr 1963 originalgetreu rekonstruiert. Von dem ursprünglichen Bau stammen heute nur noch die Holzverzierungen der Logen.

206 B1 ✉ Residenzstr. 1 ☎ 089 29 06 71 🌐 www.residenz-muenchen.de 🕐 April bis Juli und Mitte Sep.–Mitte Okt. Mo–Sa 14–18, So 9–18, Aug.–Mitte Sep. tgl. 9–18, Mitte Okt. bis März Mo–Sa 14–17, So 10–17 Uhr Odeonsplatz 5 €

25 Haus der Kunst

Zur Einweihung des von dem Architektenpaar Troost errichteten Baus am 18. Juli 1937 kam die ganze Führungsriege der NSDAP. Die darin abgehaltenen Ausstellungen widmeten sich bis Kriegsende dem, was die Machthaber unter »Deutscher Kunst« verstanden: pompös die Skulpturen, kantig die Gesichter auf den Gemälden, blond die Haare, blau die Augen. Heute zeigt das Museum ohne eigene Sammlung im Wechsel Ausstellungen der Klassischen Moderne sowie zeitgenössische Kunst. Damit soll nach Eigenaussage ein kritischer Kontext geschaffen werden, »um die historische Dimension des Zeitgenössischen zu untersuchen, zu definieren und zu vermitteln«.

206 C2 ✉ Prinzregentenstr. 1 ☎ 089 21 12 70 🌐 www.hausderkunst.de 🕐 Mi–Mo 10–20, Do bis 22 Uhr Lehel 100 Nationalmuseum/Haus der Kunst; Tram 16 14 €

Musentempel: Das Haus der Kunst liegt zwischen Prinzregentenstraße und Englischem Garten.

Wohin zum ...
Essen und Trinken?

Preise für ein Essen (z.B. ein Tages-/Hausmenü, im Regelfall inkl. Getränk):

€	unter 25 €
€€	25–60 €
€€€	über 60 €

RESTAURANTS

buffet Kull €€

Ein Hauch New York-Style, ein bisschen Pariser Brasserie, eng bestuhlt und immer gute Stimmung: Die Küche im buffet Kull hält sich an französische Standards wie Moules frites, Artischocken oder Steak Tartare, die Weinauswahl ist solide, und zum Abschluss katapultiert einen eine Tarte tatin in den siebten französischen Kulinarikhimmel.
⊕ 210 B2 ✉ Marienstr. 4 ☎ 089 22 15 09 ⊕ www.buffet-kull.de ◑ Di–Sa 18–23, So bis 22 Uhr Ⓤ Marienplatz

Conviva im Blauen Haus €€

Das Blaue Haus ist die Probebühne der Münchner Kammerspiele. Darin lockt das Conviva mit einem integrativen Gastronomieprojekt der beschützenden cooperativen Arbeitsstätten: Hier sitzt man kommunikationsfreundlich an langen Holztischen, das Personal rekrutiert sich zu mehr als 50 Prozent aus Münchnern mit Handicap. Die ausgezeichneten Gerichte sind mit frischesten Zutaten bereitet. Das Conviva bewirtschaftet auch die Theaterkantine.
⊕ 210 B4 ✉ Hildegardstr. 1 ☎ 089 23 33 69 77 ⊕ www.conviva-muenchen.de ◑ Mo–Sa 11 bis 1, So 17–1 Uhr Ⓤ Marienplatz; Tram 19, 21 Kammerspiele

Dallmayr €€€

Dallmayr ist eine der ersten Adressen für feine Lebensmittel aus aller Welt. Fine Dining gibt's im ersten Stock im Restaurant Alois Für höchste Qualität sorgt hier der österreichische Spitzenkoch Max Natmessnig.
⊕ 210 B5 ✉ Dienerstr. 14/15 ☎ 089 213 51 00; www.dallmayr.com ◑ Do–Sa mittags u. abends, Do 18.30–24 Uhr Ⓤ Marienplatz

Gandl €€

Feinkostladen mit feiner, mediterraner Küche: Seit Jahren empfiehlt sich das Gandl etwas abseits der Maximilianstraße als perfekter Ort für den Lunch oder ein inspirierendes Abendessen. Spielt mittags Italien die erste Geige, wechselt das Küchenteam abends kreativ nach La belle France. Bei Sonnenschein außerdem ein herrlicher Platz für den Nachmittags-Espresso!
⊕ 206 C1 ✉ St. Anna-Platz 1 ☎ 089 29 16 25 25 ⊕ www.gandl.de ◑ Di–Sa 10–1 Uhr Ⓤ Lehel

Le Stollberg €€

Das kleine, feine Restaurant ist noch ein Geheimtipp! In der Küche zaubert eine Meisterin ihres Fachs französische Klassiker mit modernem Touch. Ein tolles Dinner für den besonderen Abend oder aber ein herausragender Lunch – beides ist hier möglich.
⊕ 210 C4 ✉ Stollbergstr. 2, Tel. 089 24 24 34 50 ⊕ www.lestollberg.de ◑ Mo–Fr 11.30–14.30, 18–23, Sa. 12–23 Uhr Ⓤ Isartor

Les Deux €€€

Bistro und Bar-Café unten, elegantes Sterneküche-Restaurant oben – die Qualität hat im Les Deux schon ihren Preis, aber dafür wird man auch mit einem wahren Feuerwerk an Geschmacksnuancen verwöhnt.
⊕ 210 A5 ✉ Schäfflerhof (Maffeistr. 3a) ☎ 089 710 40 73 73 ⊕ www.lesdeux-muc.de ◑ Restaurant Mo–Fr 18.30–24, Brasserie auch 12–14.30 u. Sa 12–21 Uhr Ⓤ Marienplatz

Max Trenta €€€

Gut versteckt kuschelt sich das winzige italienische Lokal in den Hinterhof der Kammerspiele – im Sommer ein Idyll! Die Küche ignoriert die üblichen Standardgerichte des Italieners um die Ecke und setzt täglich wechselnde Kreationen wie Artischocken in Minzesud und Gemüsepolenta auf die Schiefertafel. Einziger Nachteil: Wer drinnen speist, bekommt es intensiv mit den Aromen aus der Küche zu tun – das mag nicht jeder.
⊕ 210 C5 ✉ Maximilianstr. 30, Rückgbd. ☎ Tel. 24 20 47 79 ⊕ www.maxtrenta.de ◑ Mo–Fr 12–15, 18–22, Sa 12–16.30 Uhr, Tram 19, 21 Kammerspiele

Pfälzer Residenz Weinstube €€
Bereits seit dem Jahr 1950 unterhält der »Landesverband der Pfälzer in Bayern« die Weinstube in den Räumlichkeiten der Residenz – mit dem besten, was die Pfalz kulinarisch aufzubieten hat: Von der deftigen Brotzeit über Flammkuchen bis zum Tellerfleisch mit Meerrettich. In den Gewölben lagern 60 000 Flaschen Wein!
206 B1 Residenzstr. 1 089 22 56 28 www.pfaelzerweinstube.de 10.30–0.30 Uhr Odeonsplatz

Pfistermühle €€
Die Räume sind geschichtsträchtig: Im 16. Jh. residierte hier die Hofpfisterei, die königliche Backstube. Behutsam wurden sie renoviert, und ähnlich präsentiert sich die Küche: Bayerische Tradition mit modernem Touch. Auch Vegetarier finden ein kreatives Angebot.
210 B5 Pfisterstr. 4 089 23 70 38 65 www.pfistermuehle.de Di–Sa 11.30–23 Uhr Marienplatz; Tram 19 Nationaltheater

Schreiberei €€–€€€
In einem der ältesten noch erhaltenen Wohnhäuser Münchens bespielt Sternekoch Tohru Nakamura im Obergeschoß das 2-Sterne-Gourmetrestaurant »Tohru« sowie in den Gewölben im Erdgeschoß die »Schreiberei«, die einen guten kulinarischen Eindruck dessen vermittelt, was oben zelebriert wird – und das zu zivilen Preisen. Japanisch/französisch/bayerisch in sehr angenehmem Ambiente – ohne Reservierung hat man allerdings keine Chance.
209 F5 Dienerstr. 20 089 21 52 91 72 https://schreiberei-muc.de Di–Fr 17-24, Sa 11.30–1 Uhr Marienplatz

Spatenhaus an der Oper €€
In den holzgetäfelten Räumlichkeiten sitzen die Gäste im Erdgeschoss in lauschigen Ecken oder an großen Tischen, im ersten Stock etwas eleganter. Bayerisch-rustikal ist die Küche mit großen Portionen, die in Windeseile serviert werden.
210 B5 Residenzstr. 12 089 290 70 60 www.kuffler.de/de/spatenhaus/ tgl. 11.30 bis 0.30 (Obergeschoss bis 0.00), Küche bis 23.00 Uhr; Tram 19, 21 Nationaltheater

CAFÉS

Bar Centrale
Gemütlich-holzgetäfeltes Ambiente mit bequemen Sesseln. In der angesagten Bar genießen junge Menschen und Geschäftsleute das Sehen und Gesehenwerden, bevor sie in die Clubs weiterziehen.
210 B4 Ledererstr. 23 089 22 37 62 www.bar-centrale.com 7.30–1, So ab 9.30 Uhr Marienplatz

Kreutzkamm
Das hell eingerichtete Café ist ideal für das Kaffeekränzchen älterer Damen, die an ihrem angestammten Tisch Platz nehmen und den besten Baumkuchen Münchens bestellen.
210 A5 Maffeistr. 4 089 29 32 77 http://shop.kreutzkamm.de Mo–Fr 8–18, Sa 10–18 Uhr); Tram 19, 21 Theatinerstraße

Schumann's Tagesbar
Charles Schumann ist ein stadtbekanntes Original, sein Tageslokal in den Fünf Höfen aber nicht nur deshalb, sondern wegen der wirklich guten Snacks, des hervorragenden Cappuccino und der angenehmen Atmosphäre zu empfehlen.
210 A5 Maffeistr. 6 089 24 21 77 00 www.schumanns.de Mo–Fr 8–21, Sa 9–19 Uhr Marienplatz

Wohin zum ... Einkaufen?

Abgesehen von der direkten Umgebung des Hofbräuhauses ist dieser nördliche Teil der Innenstadt der feinere und teurere Shoppingbereich in München. Internationale Designer und große (Marken-)Namen finden sich hier Tür an Tür.

RUND UMS HOFBRÄUHAUS

Im **Obacht** (Ledererstr. 17) gibt es Bayerisches zu 100 Prozent »heimatgemacht«, vom Pantoffel bis zum Untersetzer aus Filz, von der »Ois Easy«-Einkaufstasche bis zum weiß-blau-karierten Stoffdackel. Wer

Handschuhe braucht, ist bei Roeckl (Maffeistr. 1) richtig. »Ois, wos schnoad« (alles, was schneidet) – also Scheren, Messer und eine große Auswahl bayerischer Hirschermesser (mit einem Griff aus Hirschhorn) findet man im winzigen Laden von Elfriede Mertl: Terzi Stahlwaren (Orlandostr. 6). Fans jeglicher Couleur bietet der Fan-Shop (Orlandostr. 4) Trikots und Devotionalien ihrer favorisierten Fußballmannschaft. Wer ausschließlich Fanartikel »seines« Münchner Vereins sucht, betritt den Fanshop TSV 1860 gegenüber oder den FC-Bayern-Shop nebenan.

AN DER MAXIMILIANSTRASSE

Entlang Münchens Flanier- und Shoppingmeile für den gut gefüllten Geldbeutel zeigen D&G, Jill Sander und Ralph Lauren in perfekt gestylten Schaufenstern den jeweils nächsten Trend. In der Montblanc Boutique (Maximilianstr. 14) erhält man alles, was die tägliche Arbeit angenehm und den Erfolg vorzeigbar macht: Füllfederhalter und weiteren Luxus aus Hamburg. Elly Seidl (Am Kosttor 2) ist Spezialistin für Pralinés, und das schon seit 1918! Für ausgefallene, aber auch ganz traditionelle Delikatessen steht Dallmayr (Dienerstr. 14/15). VerehrerInnen von Carrie aus »Sex & the City« werden bei Christian Louboutin (Maximilianstr. 38) und seinen Rote-Sohle-Stilettos glücklich. Die Caravanserai (Maximilianstr. 42) versteckt sich in den Hallen des Museums Fünf Kontinente und verkauft Orientalika, sprich Schmuck und Textilien.

ZWISCHEN MAFFEISTRASSE UND RESIDENZ

Angefangen hat Lodenfrey (Maffeistr. 7) mit Trachten, inzwischen ist das Geschäft Münchens führendes Haus für Designermode und die Trachtenabteilung nach wie vor eine der besten in der Stadt.
Münchens ganzer Shoppingstolz gilt den Fünf Höfen, in denen Modeläden wie Oska, Strenesse und Emporio Armani, der Schuhpapst Camper und die Wellness-Lounge von Beauty Spy residieren. Was die wenigsten wissen: Gut versteckt im Tiefgeschoss residiert ein Supermarkt, in dem es den ganzen Alltagskram zu kaufen gibt, der in die gestylte Welt »oben« nicht so recht passt. Und im Hautnah – Becks Parfumladen in den Fünf Höfen – verwirren Düfte, Cremetiegel und Flacons die Sinne der Kunden. Sportliche Mode hat das Label von Willy und Sonia Bogner berühmt gemacht.
Das Bogner- Haus (Residenzstr. 14/15) zeigt die Vielseitigkeit von Willy Bogners Entwürfen. Schon seit 1596 ist die Familie Meier im Schuhmachermetier, und im herrlich nostalgischen Laden von Eduard Meier (Brienner Str. 10) wird die gute Tradition weiter gepflegt.
Yoga, Walking, Running und das alles in schickem Kanada-Design? Lululemon (Theatinerstr. 35) macht woke MünchnerInnen glücklich – zumindest diejenigen, die gerne sportlich unterwegs sind und dabei in diesen tollen Klamotten auch toll aussehen.
Im Amai (Neuturmstr. 2) kauft man die exotischsten Pralinen Münchens - alles frisch und deshalb nicht immer alles vorrätig, dafür gibt es aber auch immer wieder ganz unerwartete Geschmackssensationen.

Wohin zum … Ausgehen?

BARS MIT ESSEN

Schumann's (Odeonsplatz 6–7, Tel. 089 22 90 60, www.schumanns.de, Mo–Fr 9–2, So 17–2 Uhr): Im Domizil des Grand Homme der Barszene am Odeonsplatz kann man schmackhafte Snacks und exzellente Cocktails genießen. In der Kulisse (Maximilianstr. 26, Tel. 089 29 47 28, www.kulisse-restaurant.de, Mo–Sa 11.30–1 Uhr) treffen sich schon seit 50 Jahren die Schauspieler der umliegenden Theater nach getaner Arbeit und manchmal vor den Proben zum Frühstück, sonst: Shoppingpublikum für Kaffee, Cocktail oder eine Pasta. Die Bar Lehel (Karl-Scharnagl-Ring 68, Tel. 089 21 11 17 60, www.lehel-bar.de, Mo 11.30–15, Di–Fr 11.30–1, Sa ab 18 Uhr) ist tagsüber Lunch-Location, nachmittags ein Café, am früheren Abend wird ambitionierte Küche gereicht, und danach beginnt die Zeit des Clubbens.

BARS

In der traditionellen American Bar Pusser's (Falkenturmstr. 9, Tel. 089 22 05 00, www.pussersbar.de, Mo–Sa 18–2, So 19–2 Uhr) sind die Cocktails gut geschüttelt, das Publikum ist entspannt. Die älteste lateinamerikanische Bar Münchens, die Cohibar (Herzog-Rudolf-Str. 2, Tel. 089 22 88 02 89, www.cohibar-city.com, Do–Sa ab 20 Uhr), versteckt sich in einer kleinen Nebenstraße der Maximilianstraße. DJs sorgen regelmäßig mit Latinhouse, Salsa und Merengue für überbordende Stimmung, die nicht zuletzt auch von den ausgezeichneten »Cóceteles« beflügelt wird, die bis 21 Uhr zum Sonderpreis über die Theke wandern. Falk's Bar im Hotel Bayerischer Hof (Promenadeplatz 2–6, Tel. 089 212 09 56, www.bayerischerhof.de, 16–1/2 Uhr) begeistert mit Stuckdekor und relaxter Atmosphäre im 1839 eröffneten Spiegelsaal.

DISKOTHEKEN

Ganz gleich, wie viele Pachas neu eröffnen, das P1 (Prinzregentenstr. 1, Tel. 089 211 11 40, http://p1-club.de, Mi–Sa ab 21 Uhr) hält seine Spitzenstellung schon seit Jahrzehnten. Das mag am Geschick des Wirtes aus der Münchner Feinkost-Käfer-Dynastie liegen oder einfach daran, dass es hier wirklich ganz lässig zugeht – wenn man es denn schafft, am Türsteher vorbeizukommen. Trotz (oder wegen des) »Ibiza-Bonus« und internationaler DJs ist das Pacha (Maximilianspl. 5, Tel. 089 309 05 08 50, https://pacha-muenchen.de, Di ab 18, Do–Sa ab 22 Uhr) der ewige Zweite im Disko-Ranking der Stadt. Die Rote Sonne (Maximiliansplatz 5, Tel. 089 55 26 33 30, http://rote-sonne.com, Fr, Sa ab 23 Uhr) ist Münchens Techno-, House- und Elektrotempel – die besten internationalen DJs sind stolz, hier aufzulegen.

LIVEMUSIK

Der Night Club des Hotels Bayerischer Hof (Promenadeplatz 2–6, Tel. 089 212 00, www.bayerischerhof.de, 22–3 Uhr) überzeugt mit einem exzellenten Programm aus Jazz, Latin und Soul.

THEATER

Die Opern- und Ballettvorstellungen im Bayerischen Nationaltheater (Max-Joseph-Platz 2) sind meist schon lange vorher ausverkauft. Fragen Sie an der Theaterkasse (Marstallplatz 5, Tel. 089 21 85 19 20) nach oder versuchen Sie es online (www.staatsoper.de; hier gibt es auch eine Kartenbörse und Hinweise zu Führungen). Nebenan im Residenztheater (Max-Joseph-Platz 1) wird das exzellente Ensemble häufig gefeiert (Kartenvorverkauf beginnt jeweils am 1. des Monats der Vorstellung, Vorverkaufskasse am Marstallplatz 5, Tel. 089 21 85 19 40 oder unter www.residenztheater.de). Auf dem Programm: Klassiker des Sprechtheaters, Zeitgenössisches von internationalen Größen wie der französischen Autorin Yasmina Reza, deren Stück »James Brown trug Lockenwickler« hier 2023 in der Inszenierung von Philipp Stölzl seine Welturaufführung feierte, aber auch junge Autoren.
Zwischen Tradition und Avantgarde zeigen die ebenfalls exzellenten Ensembles der Münchner Kammerspiele (Maximilianstr. 26, www.muenchner- kammerspiele.de) ihr Können (Vorverkauf am 1. eines Monats für den Folgemonat, Maximilianstr. 28, Tel. 089 23 39 66 00).
Leichtere Kost – Boulevard und Komödie – gibt's in der Kleinen Komödie im Bayerischen Hof (Promenadeplatz 6, Tel. 089 29 16 16 33, www.komoedie-muenchen.de).
Hochklassiges Varieté-Theater steht im GOP (Maximilianstr. 47, Tel. 089 210 28 84 44, www.variete.de) auf dem Programm. Ganz nach Gusto gibt's davor ein 3-Gänge-Menü oder feine Snacks zur Show. Das Programm wechselt alle zwei Monate.

KINO

Theatiner Filmkunst (Theatinerstr. 32, Tel. 089 22 31 83; www.theatiner-film.de): Cineastische Kostbarkeiten (OmU) im originalen 1950er-Jahre Ambiente.

Blick aus dem Museum Brandhorst auf das Münchner Kunstareal in der Maxvorstadt.

Maxvorstadt & Schwabing

So viele Kunstmuseen in einem Quartier! Dazu das Flair der Schwabinger Boheme und der beliebteste Biergarten Münchens.

Seite 90–117

Erste Orientierung

Rund um die Universität, wo einst die Pflastersteine flogen, führen Studenten und Kunstbetrieb heute ein entspanntes Tête-à-tête. Das legendäre Alt-Schwabing ist eine der trendigsten Shoppingecken Münchens, und gleich nebenan lockt die grüne Oase des Englischen Gartens zu Sport und Erholung.

Kunst und Kultur konzentrieren sich im Münchner Kunstareal in drei Pinakotheken, dazu in Sammlungen moderner Kunst, expressionistischer Werke und griechischer Heroen. Da trifft es sich gut, dass das Studentenviertel rundherum voller Cafés und Kneipen ist, in denen die Studenten der hehren Kunst und Architektur ein buntes, quirliges Leben entgegensetzen. Auch Schwabings Flaniermeile, die Leopoldstraße, ist der ideale Ort des Müßiggangs: Zahllose Menschen sitzen hier in den Straßencafés und sehen dabei zu, wie hinter Sonnenbrillen versteckte Cabrio- und Geländewagenbesitzer die Straße auf und ab brausen, um nach hübschen Mädchen Ausschau zu halten. »Leopoldstraßen-Schick« nennen kritische Geister den hier vorherrschenden Hang zur Angeberei im Outfit und im Auftreten. Alt-Schwabing rund um die Münchner Freiheit ist ein klassisches Ausgehviertel: Hier gibt's die bissigsten Kabarettbühnen, die abgestürztesten Kneipen und die angesagtesten Läden; zumindest, was die Bedürfnisse der Hip-Hop-Szene angeht.

TOP 10

❹ ★★ Lenbachhaus
❻ ★★ Englischer Garten
❾ ★★ Museum Brandhorst

Nicht verpassen!

㉖ Königsplatz
㉗ Pinakothek der Moderne
㉘ Siegestor

Nach Lust und Laune!

29 Alte Pinakothek
30 Neue Pinakothek
31 Staatliches Museum Ägyptischer Kunst
32 Ludwigstraße
33 Leopoldstraße
34 Alt-Schwabing

400 m
400 yd
Krankenhaus Schwabing
Parzivalstr.
Leopoldstr.
BIEDERSTEIN
Sophie-Scholl-Gymnasium
Karl-Theodor-Str.
Rheinstr.
Dietlindenstr.
Bonner Platz
Dietlinden-str.
Ungererstr.
34 Alt-Schwabing
SCHWABING
Belgradstr.
HIRSCHAU
Schwabinger Bach
Hohenzollern-platz
Herzogstr.
Münchner Freiheit
Isarring
Feilitzschstr.
Hohenzollernstr.
Kleinhesseloher See
Isar
Elisabethstr.
Mandlstr.
Franz-Joseph-Str.
KLEINHESSELOHE
Kurfürstenstr.
Giselastraße
6 Englischer Garten
Adelheidstr.
Nordendstr.
Josephsplatz
Georgenstr.
33 Leopoldstraße
Alter Nordfriedhof
Arcisstr.
Adalbertstr.
Englischer Garten
Siegestor 28
Chinesischer Turm
Schellingstr.
Theresienstraße
Neue Pinakothek 30
Türkenstr.
Amalienstr.
Universität
MAX-VORSTADT
Theresienstr.
Ludwig-Maximilians-Universität
Monopteros
Gabelsbergerstr.
Museum Brandhorst 9
Alte Pinakothek 29
Barer Str.
4 Lenbachhaus
27 Pinakothek der Moderne
Ludwigstr.
Bayerische Staatsbibliothek
Eisbach
31
Kath.-v.-Bora-Str.
Königsplatz 26
Staatliches Museum Ägyptischer Kunst
Königsplatz
32 Ludwigstraße
Brienner Str.
Karlstr.
Hofgarten
Prinzregentenstr.
Odeonsplatz
Alter Botanischer Garten

Mein Tag zwischen spannenden Museen und entspannntem Biergarten

Selbst Kunstfanatiker werden das Münchner »Kunstareal« ob seines vielfältigen Angebots als Härtetest empfinden: Da bleibt nur, geschickt auszuwählen und aufzuteilen. Da die Museen dicht an- und nebeneinanderstehen, können Sie diesen Rundgang nach Gusto variieren: Vielleicht besuchen Sie lieber die Alten Meister als Twombly und Beuys?

9 Uhr: Antike trifft auf den Blauen Reiter

Sorry, heute geht es etwas früher los! Auf dem ㉖ Königsplatz begegnen Sie, umgeben von Glyptothek, Antikensammlung und Propyläen, der Antiken-Verliebtheit von König Ludwig I., die Architekt Leo von Klenze zu Beginn des 19. Jh.s genial zu bedienen wusste. Zumindest zu einem Sprung in die Glyptothek und zu ihrem Highlight, dem Barberinischen Faun, möchten wir Sie verführen – und wenn noch Zeit bleibt in die Antikensammlung gegenüber. Haben Sie jemals so bezaubernde Goldgehänge gesehen? Danach durchschreiten Sie die Propyläen und gehen ins ❹ ★★ Lenbachhaus, der historischen Villa des Malerfürsten Franz von Lenbach, zu den Werken der Künstlergruppe Blauer Reiter. Nach dem imaginären Zwiegespräch mit Gabriele Münter, August Macke

und Paul Klee haben Sie sich eine Pause mit einem Snack im Museumscafé »Ella« verdient – bis zum Mittagessen dauert es noch etwas.

11.30 Uhr: Ein Idyll mit brauner Vergangenheit

Die Sonne scheint, Studenten und Müßiggänger genießen sie auf den Stufen der pseudoantiken Bauten am Königsplatz, was für ein schönes Idyll! Dass hier ab dem Jahr 1933 Nazis aufmarschierten und fackelschwingend einem österreichischen Gefreiten huldigten, möchten manche gerne vergessen. Damit dies nicht geschieht, erinnert das NS-Dokumentationszentrum an Münchens Historie als »Hauptstadt der Bewegung«.

Oben: Rotunde in der Pinakothek der Moderne.
Rechts: Café im Uni-Viertel.

12.30 Uhr: Stunde der Entscheidung

Arcis- und Gabelsbergerstraße bringen Sie zur Grünanlage der 29 Alten Pinakothek oder aber schräg gegenüber zum postmodernen Riegel der 27 Pinakothek der Moderne. Beide sind unbedingt sehenswert. Als Entscheidungshilfe: Die Pinakothek der Alten Meister nimmt mehrere Stunden in Anspruch, also vielleicht besser als eigenes Tagesprogramm vornehmen? Die Moderne könnten Sie flott auch in eineinhalb Stunden besichtigen, und die Exponate wie die Architektur sind einfach toll!

14 Uhr: Fröhlich durchs Uni-Viertel

Zumindest von außen sollten Sie einen Blick auf das 9 ★★ Museum Brandhorst werfen, während Sie die Türkenstraße in Richtung Uni flanieren. Tolle, fröhliche Architektur dank der bunten Verschalung, nicht wahr? Ein paar Straßen weiter wird endlich auch der Hunger gestillt, im Kara Kazan (Adalbertstr. 32): Kumpir, türkische Ofenkartoffeln, bilden die Basis für leckeres Soulfood – mit diversen Toppings der balkan-vegetarischen Küche wie Karotten-Tarator, Hummus oder Tsatziki ein Genuss!

15.30 Uhr: Die schöne Münchnerin, ...

... die eine Münchner Boulevardzeitung jeden Sommer wählt, wird bevorzugt in einem flotten Sportwagen vor dem 28 Siegestor fotografiert. Sie haben – noch – keinen Porsche? Vielleicht stellt Ihnen einer der hier

Schlendern ist Luxus – und hier beim Monopteros im Englischen Garten auch eine wahre Lust.

auf- und abbrausenden Stenze (so nennt der Münchner die Möchtegern-Playboys aus der Vorstadt) seinen Flitzer zur Verfügung, und natürlich die passende Sonnenbrille.

16.30 Uhr: Auf- und Durchatmen im Englischen Garten

Durch Schack- und Königinstraße spazieren Sie zum 6 ★★ Englischen Garten. Aufatmen in Münchens grüner Lunge – einer der größten Parkanlagen der Welt! Machen Sie Pause am Monopteros, wo fast immer noch ein paar Unverwüstliche kiffen und auf ihren Bongos trommeln, oder leihen Sie sich ein Boot, um es den Enten und Schwänen auf dem Kleinhesseloher See gleich zu tun. Vielleicht möchten Sie sich ja auch mal wie eine Prinzessin fühlen? Dann mieten Sie sich doch (mit oder ohne Prinz) eine Kutsche für eine Rundfahrt durch den Landschaftspark (www.kutschen-muenchen.de). So gegen 17.30 Uhr ist Biergartenzeit, natürlich am Chinesischen Turm mit Blasmusik, bayerischen Schmankerln und Biertrinkern aus aller Welt.

20 Uhr: Zu guter Letzt – Lachmuskeltraining

Haben Sie schon mal vorsorglich ins Programm des Lustspielhauses (Occamstr. 8) gesehen und Karten bestellt? Hier präsentieret sich die neue Generation von politischem Kabarett und Comedy, dazwischen gibt es auch immer mal wieder spannende Musik-Acts. Ein Besuch lohnt immer!

4 ★★Lenbachhaus

Warum?	Blauer Reiter in Hülle und Fülle
Was?	Bilder von Franz Marc, Gabriele Münter, Paul Klee ... und eine »Malerfürsten«-Villa
Wie lange?	Mindestens zwei Stunden
Wann?	Möglichst nicht an den Wochenenden – da ist es oft zu voll!
Was noch?	Hübsches Museumscafé und ein – Tradition und Moderne geschickt miteinander verbindender – Erweiterungsbau

Wo einst der vor allem als Porträtmaler zu hohem Ansehen gelangte Franz von Lenbach residierte, findet man heute die weltweit größte Sammlung mit Werken des »Blauen Reiter«.

In der Villa Franz von Lenbachs im Museumskomplex »Lenbachhaus Kunstbau« findet sich neben den schönsten Werken der Künstlergruppe »Der Blaue Reiter« die größte Ausstellung an Kandinsky-Gemälden in Deutschland.

Franz von Lenbach (1836–1904) machte sich Ende des 19. Jh.s einen Namen mit Porträts berühmter Persönlichkeiten. Mehrmals war er in Rom gewesen, und auf dem Zenit seines Erfolges wollte er nun auch so einen italienischen Palazzo in München haben. Gabriel von Seidl erfüllte ihm im Jahr 1891 den Wunsch. Noch heute springt das Italienische den Museumsbesucher geradezu an – Fontänen plätschern, die Hecken sind gestutzt, marmorne Bänke laden zur Rast. Das repräsentative Palais sah rauschende Künstlerfeste und prominente Besucher. Reichskanzler Bismarck gefiel es so gut, dass er sich auf dem Balkon des Palais von den Münchnern feiern ließ. Seit dem Jahr 1994 ziert der Schriftzug »You Can Imagine The Opposite« des italienischer Konzept- und Lichtkünstlers Maurizio Nannucci als zeitgenössische Neon-Installation die Fassade.

Die Geburt des »Blauen Reiters«

In der Regierungszeit des Prinzregenten Luitpold (1886–1912) war München ein vitaler Hort der Künste und der Literatur. 1909 formierten sich hier lebende Künstler zur »Neuen Künstlervereinigung München« und organisierten Ausstellungen. Als Wassily Kandinskys Gemälde Komposition V für eine Ausstellung 1911 abgelehnt wurde, tat sich Kandinsky mit Franz Marc, Gabriele Münter, Alexej Jawlensky, August Macke, Paul Klee und anderen zusammen, um eine eigene Werkschau zu veranstalten: Der »Blaue Reiter« war geboren. In ihren Ateliers in Schwabing und in Gabriele Münters Haus in Murnau entstanden Meisterwerke des Expressionismus wie Franz Marcs Der Tiger, 1912, Alexej Jawlenskys Reife, 1912 und Kandinskys Impression III (Konzert), 1911.

Im Foyer des generalsanierten und erweiterten Museumsbaus hängt Ólafur Elíassons Installation »Wirbelwerk« von der Decke herab.

Einzug beim Malerfürsten

Die Großzügigkeit zweier Damen führte schließlich die Villa des Malerfürsten und den »Blauen Reiter« zusammen: 20 Jahre nach Lenbachs Tod entschloss sich seine Witwe, das Haus und einen Teil der Werke ihres Mannes an die Stadt München zu verkaufen. Damit war im Jahr 1924 der Grundstein für die Städtische Kunstgalerie gelegt. Spannend sind nicht nur die Werke des Blauen Reiters und seines Umfelds, sondern auch die wechselnden Sonderausstellungen: 2023/2024 beispielsweise William Turner gewidmet.

Frischer Wind für alte Mauern

So elegant die historische Villa Franz von Lenbachs wirkte, als Museumsgebäude war sie nicht unbedingt funktional. Deshalb wurde das Lenbachhaus bei einer umfassenden Sanierung um einen kühn-gelungenen Neubau erweitert, den das renommierte Architekturbüro Foster + Partners als golden verkleideten Kubus kongenial neben das dottergelbe Jugendstilensemble stellte. Hier befindet sich nun auch das Museumscafé und -Restaurant Ella.

Das Haus des »Malerfürsten« selbst weckt unübersehbar Erinnerungen an südliche Verhältnisse: Franz von Lenbach wollte partout in einer »italienischen Villa« wohnen.

KLEINE PAUSE

Auf der Terrasse des Café-Restaurants **Ella** (das war Kandinskys Kosename für Gabriele Münter) im Museumskomplex gibt es Kaffee und Kuchen mit Blick auf den Königsplatz.

---

205 D2/3 ✉ Luisenstr. 33 ☎ 089 23 33 20 00 🌐 www.lenbachhaus.de
Di–So 10–18, Do bis 20 Uhr
Königsplatz 10 €

Begegnung mit Beuys

Was wenige wissen: Das Lenbachhaus besitzt auch eine spannende Sammlung mit Werken von Joseph Beuys. Die erste Erwerbung aus dem Jahr 1980, das Environment »Zeige deine Wunde«, installierte der Meister noch persönlich. Es zeigt zwei Totenbahren, umgeben von verschiedenen, jeweils zweifach vorhandenen Gegenständen, die die Duplizität von Leben und Tod symbolisieren. »In diesem Konzert der Gegenstände spreche nicht ich, sondern die Dinge haben ihre eigene innere Sprache«, war Beuys' Kommentar dazu. Hören Sie's?

www.lenbachhaus.de

6 ★★ Englischer Garten

Warum?	Erholung von der städtischen Hektik
Was?	Park, See und schattige Wege
Wie lange?	Mindestens eine Stunde
Wann?	Am späten Nachmittag
Was noch?	Einkehr im Biergarten am Chinesischen Turm

Ende des 18. Jh.s angelegt und im Jahr 1808 der Öffentlichkeit übergeben, war der Englische Garten einer der ersten Volksparks Europas.

Der englische Physiker Sir Benjamin Thompson (1753–1814), in München besser bekannt als Graf von Rumford, überredete den Kurfürsten Karl Theodor, das Jagdgebiet nördlich der Residenz einem nützlichen Zweck zuzuführen, nämlich eine Veterinärstation des Militärs einzurichten. Friedrich Ludwig von Sckell (1750–1823) schuf daraus eine englische Gartenanlage. Rund 5 km lang ist der Park zwischen dem Haus der Kunst und dem Oberföhringer Stauwehr sowie ca. 1 km breit.

Schwäne, Nackerte und ein Teehaus

Drei Inseln dümpeln in dem künstlich geschaffenen Idyll des Kleinhesseloher Sees. Schwäne und Enten sehen den Münchnern im Sommer beim Bootfahren und im Winter beim Schlittschuhlaufen auf dem zugefrorenen See zu. Gartenvater Sckell erhielt hier auf einer Landzunge ein eher sprödes Denkmal, eine mit Pinienzapfen geschmückte Säule (1824 nach einem Entwurf von Klenze geschaffen). Gleich nebenan herrscht im Biergarten des eleganten Restaurants Seehaus (S. 115) Hochbetrieb, sobald sich die ersten Sonnenstrahlen zeigen. Wenn Sie den Kleinhesseloher See umrunden und dem westlichen Weg nach Süden folgen, kommen Sie vorbei am Rumfordhaus, einstmals als Offizierskasino gedacht. Unter alten Kastanien und Buchen überqueren Sie auf einem Brücklein den Entenbach

Sonne tanken: im Biergarten am Kleinhesseloher See.

Alt und Jung, Familien und Pärchen, Hundebesitzer und Radfahrer, Rollerblader und »g'standene« Bayern, elegante Damen und Punks – sie alle lieben diese grüne Oase mit Monopteros, Teehaus und jeder Menge »Freifläche« im Herzen der Stadt.

und erreichen jenen Teil des Englischen Garten, der für seine »Nackerten« berühmt ist: Am Schwabinger Bach dürfen seit 1982 die Sonnenanbeter alle Hüllen fallen lassen. Getan haben sie das auch schon vorher, aber weil's illegal war, stellten Polizisten ihnen Bußgeldbescheide aus, was immer wieder für lustige Szenen sorgte. Seitdem es erlaubt ist, macht's weniger Spaß – man sucht die Nackerten heute meist vergebens.

Am südlichen Ende des Englischen Gartens empfängt das Teehaus im Sommer am Wochenende Gäste zur Teezeremonie. Errichtet wurde es anlässlich der Olympischen Spiele in München 1972. Nur wenige Schritte entfernt, erinnert an der Einmündung der Königinstraße ein Stück der Berliner Mauer an das geteilte Deutschland bis 1989. Direkt neben dem Haus der Kunst (S. 85) springen wagemutige Surfer mit ihrem Brett in den Eisbach und tanzen auf der Stauwelle unter dem Applaus der Umstehenden.

Griechische Tempel und chinesische Pagoden

Zurück nach Norden, passieren Sie den auf einem Hügel stehenden Monopteros: ein ionisches Tempelchen (1836) und Treffpunkt der Jugend. Oft wird am Hügel Musik gemacht und gelegentlich auch nicht ganz legalen Genüssen zugesprochen. Der Chinesische Turm, bereits im Jahr 1790 als Holzpagode in den Park gestellt, ist Wahrzeichen für den beliebtesten Biergarten (S. 115) des studentischen Publikums.

Wo der Garten wild wird

Nördlich des Kleinhesseloher Sees führt eine Fußgängerbrücke über den Isarring in den nördlichen Teil des Englischen Gartens: Zukünftig sollte ein rund 390 m langer Tunnel den Stadtpark wiedervereinen, der hier durch den viel befahrenen Isarring geteilt wird. Doch diesem Tunnel unter dem Ring erteilte der Stadtrat im Jahr 2022 eine Absage.

Münchner Savoir-vivre im Ausflugslokal Aumeister.

Im nördlichen Teil des Parks können Sie durchaus noch Füchsen oder Rehböcken begegnen. In der Hirschau (S. 115) gibt's allerdings kein Rotwild, sondern einen gemütlichen Biergarten mit bayerischer Küche. An der Isar entlang oder über die sich vielfach verzweigenden Wege erreichen Sie schließlich das bei den Münchnern recht beliebte Ausflugslokal Aumeister (Sondermeierstraße 1, www.aumeister.de) am nördlichen Ende des Englischen Gartens.

KLEINE PAUSE

Wie wär's zwischendurch mal mit einer gemütlichen Runde **Bootfahren** auf dem idyllischen Kleinhesseloher See?

---

i

207 D4 Universität, Giselastraße, Münchner Freiheit

9 ★★Museum Brandhorst

Warum?	Eine grandiose Fülle zeitgenössischer Kunst
Was?	Picasso, Flavin, Warhol …
Wie lange?	Mindestens eine Stunde
Wann?	Nicht am Montag – da ist geschlossen
Was noch?	Ein Leuchtturm der Museumsarchitektur

Das Ehepaar Anette und Udo Brandhorst sammelte mehr als 1000 Werke wegweisender Künstler des 20. und 21. Jh.s. Einzelne Räume ihres Museums wurden speziell für bestimmte Werke konzipiert.

Kunst am Bau: 36 000 (in 23 verschiedenen Farben glasierte) Keramikkacheln lassen die Museumsfassade wie ein abstraktes Gemälde wirken.

Kernstück der Sammlung ist Picassos fast vollständiges buchillustratorisches Werk. Dazu gesellen sich Arbeiten von Andy Warhol, Sigmar Polke, Dan Flavin, Cy Twombly, Damien Hirst und Issac Julien. Die Stiftung ist finanziell so ausgestattet, dass weitere Neuerwerbungen einen Besuch immer wieder spannend gestalten.

Villa Kunterbunt

Beim Bau des Museums durfte das Büro Sauerbruch Hutton aus dem Vollen schöpfen und schuf eine irisierende Fassade aus Keramik, die je nach Sonneneinstrahlung und Blickwinkel gänzlich unterschiedlich wirkt. Im Inneren erstrecken sich mehr 3000 m² Ausstellungsfläche in großzügig dimensionierten Sälen auf drei Etagen.

KLEINE PAUSE

Gegenüber kann man **Ballabeni** (Theresienstr. 46) einfach nicht widerstehen – hier gibt es mit das beste Eis in der ganzen Stadt.

---

i

205 F3 Theresienstr. 35a
089 238 05 22 86
www.museum-brandhorst.de

Di–So 10–18, Do bis 20 Uhr
100 Pinakotheken; Tram 27
7 €, So 1 €

26 Königsplatz

Warum?	Einer der schönsten Plätze Münchens
Was?	Antike Statuen, sich sonnende Studenten
Wie lange?	Mindestens eine Stunde
Wann?	Am reizvollsten ist es an einem sonnigen Tag
Was noch?	Die dunkle Vergangenheit des Platzes im NS-Dokumentationszentrum
Was nehme ich mit?	Eine interessante Erkenntnis: München ist die nördlichste Stadt Griechenlands

Ein antikes Forum mitten in München? Genau: König Ludwigs I. Schwärmerei für die Antike und Leo von Klenzes architektonisches Genie schufen diesen unverwechselbaren Platz mit den Propyläen, der Glyptothek und den Antikensammlungen, an dem heute in den Sommermonaten auch gern Freiluftkonzerte und Kino-Open-Airs stattfinden.

In die Pläne des Baumeisters Leo von Klenze flossen auch Vorstellungen des Architekten Karl von Fischer ein, der den Königsplatz als Forum der Künste im Gegensatz zum »Forum der Wissenschaften« an der Ludwigstraße betrachtete. Erst fünf Jahrzehnte später waren die Bauarbeiten mit der Fertigstellung der Propyläen abgeschlossen.

In den Jahren 1933 bis 1935 wurde der Platz zur nationalsozialistischen »Akropolis Germaniae« umgestaltet. Die tempelartigen klassizistischen Bauten mutierten zur Theaterkulisse für Aufmärsche der Nationalsozialisten. Der einstige Führerbau an der Arcisstraße beherbergt die Hochschule für Musik und Theater. In dem einstigen NSDAP-Verwaltungsbau an der Katharina-von-Bora- Straße ist heute die Staatliche Graphische Sammlung untergebracht.

Ein zentraler Lern- und Erinnerungsort: das NS-Dokumentationszentrum.

Architektonischer Kontrapunkt in Zeit und Raum

An der Brienner Straße, wo in düsterster Zeit das Braune Haus

Blick durch die Propyläen am Königsplatz auf die Glyptothek, zu deren bedeutendsten Exponaten der 1,81 m hohe »Barberinische Faun« gehört und auf deren Stufen man auch gern einen Platz an der Sonne genießt: »Ich werde nicht ruhen, bis München aussieht wie Athen.« (König Ludwig I. von Bayern)

stand, setzt der weiße Kubus des vom Berliner Architekturbüro Georg Scheel Wetzel entworfenen NS-Dokumentationszentrums einen wichtigen architektonischen Kontrapunkt zu den wuchtigen Parteitempeln des Dritten Reichs. An historischem Ort entstand ein »offener und lebendiger Ort des Lernens, der Information, der Erinnerung, der kritischen Auseinandersetzung und der offenen Diskussion über die Geschichte des Nationalsozialismus«.

Besuch beim Faun

Kern der Ausstellung in der Glyptothek ist die berühmte Sammlung antiker Kunst von Ludwig I.; für sie errichtete

Antike goes underground: Repliken antiker Plastiken in der U-Bahn-Station am Königsplatz.

Hofbaumeister Leo von Klenze in den Jahren 1816 bis 1830 die Glyptothek in Form eines ionischen Tempels. In diesem sind heute Skulpturen und Tempelreliefs ästhetisch äußerst stimmungsvoll arrangiert: Provozierend lasziv räkelt sich da der um das Jahr 220 v. Chr. entstandene Barberinische Faun, der bereits in römischer Zeit aus Griechenland nach Italien gebracht wurde – Ludwig I. erwarb sie aus der Sammlung Barberini für die Glyptothek. Kühl und in klassischen Proportionen erstarrt erscheint dagegen der Apoll von Tenea (560 v. Chr.), äußerst lebhaft und scharf gezeichnet sind wiederum die Abbilder berühmter Persönlichkeiten wie des Kaisers Augustus (30 v. Chr.).

Hinter römischem Portikus

Den korinthischen Tempel gegenüber der Glyptothek errichtete Georg Friedrich Ziebland in den Jahren 1838 bis 1848. Darin zeigen die Staatlichen Antikensammlungen Kleinplastiken und Schmuck, von archaischen Stierplastiken der Kykladenkunst (3. Jt. v. Chr.) über Gefäße aus Mykene (14. Jh. v. Chr.) bis zur Dionysos-Schale aus dem 6. Jh. v. Chr. Versäumen Sie nicht im Untergeschoss der Antikensammlung den Goldkranz aus Armento (370 v. Chr.) und das Große Diadem aus Pantikapaion (300 v. Chr.). Auch hier bilden von Ludwig I. erworbene Exponate den Kern der Ausstellung.

KLEINE PAUSE

Münchens Italianitá – nirgendwo kommt sie so perfekt zur Geltung wie im **Museumscafé der Glyptothek!** Bei Sonne im idyllischen Innenhof, bei Regen zwischen antiken Heroen, und dazu gibt es den besten Cappuccino Münchens.

---

i

205 D2 Königsplatz
Antikensammlungen und Glyptothek
Königsplatz 1 und 3
ww.antike-am-koenigsplatz.mwn.de
Di–So 10–17, Glyptothek Do bis 20, Antikensammlung Mi bis 20 Uhr
6 € (beide Häuser)

NS-Dokumentationszentrum
Briennerstr. 45
089 23 36 70 00
www.ns-dokuzentrum-muenchen.de
Di–So 10–19 Uhr
frei

㉗ Pinakothek der Moderne

Was und warum?	Ein Who is who der klassischen Moderne und Gegenwartskunst: Malerei, Grafik, Skulptur, Installation
Wie lange?	Mindestens eine Stunde
Wann?	Nicht am Montag – da ist geschlossen
Was noch?	Das wohl coolste/kühlste Café Münchens

Um die Pinakothek der Moderne wurde in München lange gekämpft, weil dem Bayerischen Staat das Geld dafür fehlte. Private Förderer sprangen ein, und heute ist München stolz auf das bei der Eröffnung größte Museumsgebäude Europas mit seiner außergewöhnlichen Architektur und gleich mehreren Sammlungen von Weltruf.

Zwölf Jahre lang dauerte es, bis der Beschluss der Staatsregierung, eine dritte Pinakothek zu errichten, 2002 endlich realisiert wurde. Der rechteckige, eine zentrale Rotunde umschließende Bau mit seinen hohen Glasfassaden und lichtdurchfluteten Räumen geht auf den Entwurf des Architekten Stephan Braunfels zurück, der sein Architekturbüro 1978 in München gegründet hat. Als Problem dabei erwies sich die fugenlos gestaltete Rotunde des Museums, in der nur zehn Jahre später erste Risse auftraten. Diese führten zur Schließung des Gebäudes und zur Auslagerung der Sammlungen in ein Provisorium. Die erforderliche Sanierung des Baus dauerte fast ein Jahr und wäre während des laufenden Betriebs nicht möglich gewesen.

Außen klassisch-modern, innen (u.a.) moderne (Design-) Klassiker: die Pinakothek der Moderne.

Meister der (Post)-Moderne

Malerei, Plastik und neue Medien sind Themen der Sammlung Moderner Kunst im ersten und zweiten Obergeschoss. Hier finden sich Werke des Surrealismus und Expressionismus, darunter besonders eindrucksvolle Gemälde von Max Beckmann. René Magritte, Salvador Dalí und Pablo Picasso werden mit großen Werkgruppen vorgestellt. Die zweite Hälfte des 20. Jh.s vertreten Joseph Beuys, Andy Warhol und Georg Baselitz; die neuen Medien repräsentieren u. a. Videoprojektionen von Bruce Naumann.

Treppab zu den Göttern des Designs

Eine geschwungene Treppe führt von der Rotunde hinunter in den Designbereich: Hier sehen Sie, beginnend mit den Entwürfen Rudolf Thonets Mitte des 19. Jh.s über das Bauhaus bis zur Pop Art, einen ebenso bunten wie abwechslungsreichen und spannenden Überblick über die Entwicklung des Designs. Der berühmte Citroën DS 19 von 1955 ist ebenso vertreten wie Thonets klassische Stühle; Schmuckdesign von höchster Qualität können Sie in der »Danner-Rotunde« bewundern.

»Ein Haus, vier Museen«: Die Pinakothek der Moderne versammelt vier Sammlungen zu den Themen Kunst, Grafik, Architektur und Design unter einem Dach und gehört damit zu den größten Sammlungshäusern Europas.

Ein Blick für Architektur und Grafik

Deutschlands größte Sammlung für Architektur zeigt Zeichnungen und Modelle quer durch die Architekturgeschichte, angefangen bei den Bauten der Münchner Klassizisten Leo von Klenze und Friedrich von Gärtner über Le Corbusier bis hin zum Werk des im Jahr 2004 verstorbenen Otto Steidle. Viele Besucher behandeln diese Ausstellung stiefmütterlich, dabei hat sie ebenso spannende Exponate zu bieten wie die Wechselausstellungen der Graphischen Sammlung, die hier zum Beispiel Blätter aus ihrer umfangreichen Baselitz-Sammlung zeigt. Das Gesehene lassen Sie bei einem Cappuccino im (sehr) unterkühlten Museumscafé Revue passieren.

KLEINE PAUSE

Eine Münchner Institution ist die **Brasserie Tresznjewski** (Theresienstr. 72, www.tresznjewski.com). Hier haben schon Generationen von Museumsbesuchern bei einem Espresso frische Kraft getankt.

---

i
205 E3 ✉ Barer Str. 40 ☎ 089 23 80 53 60 🌐 www.pinakothek-der-moderne.de ◑ Di–So 10–18, Do bis 20 Uhr 🚌 100 Pinakotheken; Tram 27 🎟 10 €

㉘ Siegestor

Warum?	Ein gutes Fotomotiv
Was?	Triumphbogen für Bayernkönige bzw. deren Armee
Wie lange?	Ein paar Minuten
Wann?	Bei möglichst schönem Wetter – der Selfies wegen!
Was nehme ich mit?	Die Erkenntnis: Siege werden gefeiert, Niederlagen verdrängt

Ein Triumphbogen »zum Ruhme der bayerischen Armee« bildet den nördlichen Abschluss der Ludwigstraße. Dahinter begann früher das flache Land; heute schließt hier das lebhafte Schwabing an die Prachtstraße an.

Ein Triumphbogen (samt Quadriga) für München: das Siegestor.

König Ludwig I. hatte dieses Tor schon vor Augen, als er noch Kronprinz war, aber erst ein Jahr nach seiner Abdankung konnte es 1849 eingeweiht werden. Hofbaumeister Leo von Klenze plante es, doch den Auftrag erhielt Friedrich von Gärtner, der dem König eine Replik des Konstantinbogens in Rom vorschlug. So wurde das Tor dann auch realisiert, das den von Norden nach München Reisenden mit majestätischer Wucht empfing. Stadtauswärts gerichtet ist nicht nur die Inschrift für die bayerische Armee, sondern auch die von Löwen gezogene Quadriga mit der Bavaria, die im Jahr 1852 als krönender Abschluss des Siegestores hinzugefügt wurde. Heute blickt das Stein gewordene Symbol Bayerns auf die beiden umstrittenen Hochhaustürme des »Münchner Tors« (S. 33), die optisch den Schwabinger Himmel über der Leopoldstraße beherrschen.

KLEINE PAUSE

Das **CADU** (Café an der Uni, S. 115) stellt im Sommer Tische und Stühle in seinen idyllischen Innenhof.

---

206 B4 ✉ Ludwigstraße Ⓤ Universität

Nach Lust und Laune!

29 Alte Pinakothek

Die Alte Pinakothek birgt eine der bedeutendsten Gemäldesammlungen alter Meister in Deutschland. Alleine der lang gestreckte Bau, von Klenze in den Jahren 1826 bis 1836 nach klaren museumsarchitektonischen Kriterien wie dem optimalen Lichteinfall konzipiert und im Stil der Florentiner Renaissance errichtet, ist eine Sehenswürdigkeit für sich. Dank der Sammelleidenschaft der Wittelsbacher besitzt die Pinakothek viele Werke von Weltruhm, darunter Albrecht Dürers »Vier Apostel«, Albrecht Altdorfers »Alexanderschlacht« und Raffaels »Madonna Tempi«. Unbedingt sehenswert sind die Säle der Flämischen Malerei des 17. Jh.s mit Peter Paul Rubens' Medici-Zyklus.

✣ 205 E3 ✉ Barer Str. 27, Eingang Theresienstr. ☎ 089 23 80 52 16 ⊕ www.pinakothek.de ◑ Do–So 10–18, Di, Mi 10–20.30 Uhr Ⓤ Königsplatz, Theresienstraße 🚌 100 Pinakotheken; Tram 27 🎟 7 €, So 1 €

30 Neue Pinakothek

Henry Moores »Große Liegende« begrüßt die Besucher vor der Neuen Pinakothek. Die Sammlung mit Gemälden und Plastiken des 19. Jh.s würdigt Künstler des 19. Jh.s wie Goya, William Turner, Manet und Cézanne genauso wie die deutschen Romantiker. Das Haus ist über das Jahr 2025 hinaus wegen Renovierung geschlossen; ausgesuchte Werke werden bis dahin im Erdgeschoss der Alten Pinakothek (Ostflügel) und in der Sammlung Schack gezeigt.

✣ 205 E3 ✉ Barer Str. 29, Eingang Theresienstr. ☎ 089 23 80 51 95
⊕ www.pinakothek.de
◑ derzeit wegen Sanierung geschl.
Ⓤ Königsplatz, Theresienstraße
🚌 100 Pinakotheken; Tram 27

31 Staatliches Museum Ägyptischer Kunst

Ein modernes, interaktives Haus: Das Museum besitzt keine spektakulär große Sammlung, präsentiert aber seine ausgesuchten Kostbarkeiten in weiten Hallen und mit Stelen abgeteilten Räumen sehr attraktiv. Modernste Technik bringt mit Touchscreens und Filmen alt-ägyptische Lebenswelten nahe und schafft Verbindungen zwischen Wirtschaft, Alltagskultur und den spirituellen Sphären der Götterwelt.

✣ 205 E3 ✉ Gabelsbergerstr. 35 ☎ Tel. 089 28 92 76 30 ⊕ www.smaek.de ◑ Di 10–20, Mi–So 10–18 Uhr 🚌 100 Pinakotheken; Tram 27 🎟 7 €

32 Ludwigstraße

Die Prachtstraße für Ludwig I. zwischen Feldherrnhalle und Siegestor entspricht nicht ganz den Vorstellungen, die Architekt Leo von Klenze sich gemacht hatte: Seine Vorgabe lautete nämlich: kein Grün und wenige, aber große Fenster! Eine gerade, klassizistische Linie sollte die

»Present Continuous«: Skulptur von Henk Visch beim Staatlichen Museum Ägyptischer Kunst.

Straße werden mit dem Siegestor im Fluchtpunkt, aber die zukünftigen Besitzer und Mieter der Palazzi wehrten sich und forderten Nachbesserung. Mit dem eleganten Rondell der Universität und der klaren Fassade der Staatsbibliothek ist die Ludwigstraße unter Bauherr Friedrich von Gärtner doch noch gelungen.

✢ 206 B2 – B4 Odeonsplatz

33 Leopoldstraße

Die Fortsetzung der Ludwigstraße nach Norden ist ihr völliges Gegenteil: Von einer Pappelallee gesäumt, uneinheitlich bebaut, der Gehsteig gepflastert mit Straßencafés, wirkt sie lebhaft und lebendig. Vor der Uni-Mensa verkaufen Studenten und Händler antiquarische Bücher, weiter nach Norden schaufensterbummeln junge und ältere Semester entlang der Boutiquen. Unübersehbar auf Schwabings Flaniermeile ist die 17 m hohe Skulptur »Walking Man« von Jonathan Borofsky vor dem Gebäude der »Münchner Rück«.

✢ 206 C5 Giselastraße

34 Alt-Schwabing

Vom Platz mit dem Namen Münchner Freiheit gelangen Sie ins Herz des »alten« Schwabing, in die Feilitzsch-, Occam- und Haimhauser Straße oder zum Wedekindplatz. Keine explizite Sehenswürdigkeit ist hier zu entdecken, sondern die besondere Atmosphäre: ein bisschen Vorstadt, viel Jugend, zahllose Kneipen, Kinos, Cafés und Diskotheken. Ein Fokus ist das Café Münchner Freiheit am gleichnamigen Platz.

✢ 202 C1 Münchner Freiheit

Wohin zum ... Essen und Trinken?

Preise für ein Essen (z.B. ein Tages-/ Hausmenü, im Regelfall inkl. Getränk):

€ unter 25 €
€€ 25–60 €
€€€ über 60 €

RESTAURANTS

Alter Simpl €
Das Lokal ist eine Institution in der Maxvorstadt und vor allem beim jungen, studentischen Publikum beliebt, denn es gibt deftige, einfache Küche wie »Fleischpflanzerl« mit Pommes oder Schweinebraten mit Krautsalat.
205 E2 Türkenstr. 57 089 272 30 83 www.altersimpl.de Mo–Do ab 17, Fr–So ab 11 bis 24 Uhr Universität

Atzinger €
Studentisches Publikum liebt diese Eckkneipe seit Jahrzehnten, und nicht nur, weil hier das Essen relativ günstig ist. Der Atzinger ist einfach ideal gelegen als Treffpunkt zwischen den Vorlesungen oder nach dem Seminar.
205 F3 Schellingstr. 9 089 28 28 80 www.atzingermuenchen.de tgl. ab 12, Do–Sa bis 1, sonst bis 23 Uhr Universität

Cyclo €€
An diesem edlen Vietnamesen ist fast alles perfekt: Einrichtung, Blumenschmuck, wunderschön arrangierte Gerichte, diskret-aufmerksamer Service. Und das Essen? Perfekt! Ob Huhn mit Zitrone und süß-saurer Sauce oder Lammeintopf – immer gibt es einen köstlichen Basmatireis mit Safran als Beilage.
205 E3 Theresienstr. 70 089 28 80 83 90 www.cyclo-restaurant.de Mo–Sa 12–15, 18–23 Uhr 100 Universität; Tram 27

HeimWerk €–€€
Es ist ganz einfach: Gericht auswählen, Beilagen aussuchen, Größe bestimmen (Snack? Hauptspeise?), Bestellung aufgeben und sich dann frische, regionale Küche nach Maß servieren lassen. Vor allem die Schnitzel sind fantastisch! Bezahlt wird beim Rausgehen.
202 B1 Friedrichstr. 27 Tel. 089 21 89 61 04 www.heimwerk-restaurant.de tgl. ab 11.30, Fr, Sa bis 24, sonst 23 Uhr 53, 59, Friedrichstraße

Kaisergarten €–€€
Das rustikale bayerische Lokal in der hübschen Kaiserstraße hat einen schönen kleinen Biergarten. Gekocht wird nach bayerischen und österreichischen Rezepten, doch stets mit einer modernen Note, die den Speisen die Schwere nimmt.
202 B1 Kaiserstr. 34 089 34 02 02 03 www.kaisergarten.com Mo–Fr ab 12, Sa, So ab 10 Uhr Münchner Freiheit

Lemar €€
Auf bequemen Polstern liegt man fast mehr als dass man sitzt und studiert die Speisekarte mit den Rezepten des zwischen dem Iran und Pakistan gelegenen Landes. Hinweise auf die Schärfe der Gerichte erlauben auch sensibleren Gourmets ein Festmahl – nur von den Pfefferschoten sollte man die Finger lassen. Passende Begleiter zu Vor- und Hauptspeise sind die Getränke auf Joghurtbasis, ein Gedicht die Nachspeisen.
202 A1 Viktor-Scheffel-Str. 23 089 39 76 77 http://lemar-restaurant.de tgl. 17–24; Tram 27 Kurfürstenplatz

Le Refuge €€
Feine provençalische Küche in einem sympathischen Bistro-Restaurant. Die wenigen, häufig wechselnden Gerichte werden frisch zubereitet und schmecken authentisch. Guter Wein, charmanter Service.
205 F4 Neureutherstr. 8 Tel. 089 20 06 11 10 www.le-refuge.de Mi–So 18–1 Uhr; Tram 27, 28 Nordendstraße

Max Emanuel €€
Alteingesessene, aufgehübschte Studentenkneipe, sowohl das Design als auch die Speisekarte mit »Junge Ziege«, »Böfflamott« und »Heublumenschinken«. Schöner Biergarten: klein, gemütlich und immer noch studentisch!
206 A4 Nordendstr. 4 089 51 81 81 17 https://max-emanuel.de tgl. ab 12 Uhr Universität; Tram 27 Schellingstr

Osterwaldgarten €–€€
Ein idyllisches, kleines Wirtshaus in Alt-Schwabing mit hübschem Biergarten und wohlschmeckender bayerischer Küche.
203 D2 Keferstr. 12 089 38 40 50 40 http://osterwaldgarten.de 11–23 Uhr Münchner Freiheit

Seehaus €€–€€€
Elegant-bayerisches Ambiente und ebensolche Küche in unvergleichlicher Lage direkt am Kleinhesseloher See mit schöner Terrasse und angrenzendem Biergarten.
203 E1 Kleinhesselohe 3 089 381 61 30 www.kuffler.de tgl. ab 12 Uhr Münchner Freiheit

Sparkling Bistro €€€
Kaum eröffnet und schon ein Michelin-Stern. Das Gourmet-Lokal in der Amalienpassage verbindet Austria-Charme mit Haute Cuisine auf sehr entspannte und sympathische Art. Dazu gibt es kreative, tolle Weinempfehlungen.
206 B4 Amalienstr. 89 089 46 13 82 67 www.restaurantsparklingbistro.com Mi bis Sa ab 18 Uhr, Sa auch mittags Universität

Tantris €€€
Im »Tantris« arbeiten schon seit Jahrzehnten wahre Kochlegenden – seit der Wiedereröffnung mit neuem Küchenteam um Matthias Hahn und Benjamin Chmura ist man weiter auf Zwei-Sterne-Niveau unterwegs und bekam für das Zusatzrestaurant »Tantris DNA« auch gleich noch einen ersten Stern.
202 C3 Johann-Fichte-Str. 7 089 361 95 90 www.tantris.de Di–Sa 12–15, 18.30 bis 1 Uhr Dietlindenstraße

Werneckhof Sigi Schelling €€€
Hier dreht sich das Sternekarussell: 2 wanderten mit Tohru Nakamura (s. S. 87, Schreiberei) ab, 1 kam mit Sigi Schelling zu. Sie ist eine der wenigen Frauen, die es bis an die Spitze der Sterneküche geschafft hat – mit unnachahmlicher kulinarischer Eleganz! Zumindest den 3-Gänge-Business-Lunch sollten Sie sich gönnen!
206 C5 Werneckstr. 11 Tel. 089 244 18 91 90 https://werneckhof-schelling.de Mi–Sa 12–16, 18.30–24 Uhr Münchner Freiheit

BIERGÄRTEN

Chinesischer Turm €
In Münchens buntestem Biergarten treffen sich rund um die Holzpagode alle Nationalitäten und Altersstufen zum fröhlichen und entspannten Feiern auf 7000 Sitzplätzen.
207 D4 Englischer Garten 3 089 383 87 30 www.chinaturm.de 10–23 Uhr Giselastraße 54 Chinesischer Turm

Hirschau €–€€
Mit 1700 Plätzen ein überschaubarer, hübscher Biergarten im ruhigen Teil des Englischen Gartens nördlich des Isarrings.
203 F1 Gyßlingstr. 15 089 36 09 04 90 www.hirschau-muenchen.de 12–23 Uhr Münchner Feiheit

CAFÉS

CADU/Café an der Uni
Gegenüber dem Uni-Hauptgebäude an einem ruhigen Innenhof gelegen, ist dieses Café (mit Kaffee, Kuchen und günstigen Snacks) die erste Wahl bei den Studenten.
206 B3 Ludwigstr. 24 089 28 98 66 00 www.cadu.de tgl. 11-1, Sa, So ab 10.30 Uhr Universität

Morso
Was für eine Blitzkarriere! Gerade war da noch eines dieser vielen neuen, schicken Cafés, die in Schwabing/Maxvorstadt kaum noch zu zählen sind ... plötzlich standen lange Schlangen davor. Berühmt ist das Morso für seine Cornetti, original italienische Hörnchen, gefüllt mit Köstlichem wie Pistazien. Nichts wie hin!
206 5A Elisabethstr. 7 0171 307 54 66 http://morso-cafe.de tgl. 8–20 Uhr; Tram Elisabethplatz

Münchner Freiheit
Diese Torten! Diese Eisbecher! Das Café mit seinen fünf winzigen Etagen an der Münchner Freiheit ist nicht nur »der« Treff der Schwabinger, sondern auch eine kulinarische Offenbarung für alle Leckermäuler.

↟ 202 C2 ✉ Münchner Freiheit 20 ☎ 089 38 39 08 66 🌐 https://muenchner-freiheit.de
◑ tgl. 8–18 Uhr 🚇 Münchner Freiheit

Wohin zum … Einkaufen?

In der Maxvorstadt und in Schwabing dreht sich viel um Mode. Das Angebot richtet sich an das junge, studentische Publikum und an die modebewussten Schwabinger. Vor 10 Uhr macht hier kaum ein Laden auf.

RUND UM DIE UNIVERSITÄT

Das **Antiquariat J. Kitzinger** (Schellingstr. 25) ist eine Münchner Institution für Denker, Studenten, Literaten.
Bezaubernde Hüte und Mützen, viele davon handgefertigt, können Sie bei **Nicki Marquart** (Türkenstr. 78) anprobieren. Ungewöhnliche Schnitte und edle Materialien kennzeichnen die Mode von **elemente clemente** (Hohenzollernstr. 29); dazu passt auffälliger Schmuck. **Majola** (Amalienstr. 67) verkauft im Sommer Wander- im Winter Skiklamotten. Bei **Carta Pura** (Schellingstr. 71), dreht sich alles um feines Papier, das in Einzelbögen, aber auch en gros verkauft wird. **Kauf dich glücklich** (Schellingstr. 23) verkauft tolle Klamotten kleiner Label - macht wirklich glücklich!

RUND UM DIE MÜNCHNER FREIHEIT

Auf zwei Etagen Hosen, Sweatshirts, Mäntel, Blusen von **Carhartt**? – Dafür müssen Sie weder nach Sidney noch nach Shanghai, sondern nur in den Laden an der Münchner Freiheit Nr. 2. Und gleich daneben finden Fashionistas bei **Kickz Monaco** (Feilitzstr. 1) die coolsten Sneakers. Ein paar Straßen weiter lockt **Der Gewürzladen** (Haimhauserstr. 6) mit Orientalischem. Im **Leib und Seele** (Feilitzschstr. 15) wird tragbare Mode des eigenen Labels verkauft – aber auch Stücke von noch unbekannten Sternen am Modehimmel kommen an die Stangen. Dazu gibt's Kunst an den Wänden, und Musiker dürfen ihre Compilations anbieten.

Kunst & Spiel (Leopoldstr. 48) ist ein Spielzeug-, Spiele- und Kreativtempel (nicht nur) für anthroposophisch orientierte Menschen.

RUND UM DIE HOHENZOLLERNSTRASSE

Entlang der Hohenzollernstraße und in den Nebenstraßen geht's vorrangig um Mode – Strenesse, Hallhuber, COS, Buffalo und viele mehr sind hier angesiedelt, aber auch ungewöhnlichere Marken wie die mädchenhaft farbenfrohe Mode der Schwedin **Gudrun Sjodén** (Hohenzollernstr. 9), die schicke Öko-Konfektion von **Hess Natur** (Hohenzollernstr. 10) und die grau-braun-beige-schwingende Eleganz von **Oska Concept** (Wilhelmstr. 15). Eine eindrucksvolle Auswahl an Tees aus aller Welt bietet **Tea & More** (Hohenzollernstr. 36), und bei **DearGoods** (Friedrichstr. 28) staunt die begeisterte Kundin, wie schick Kleidung und Accessoires aus bio, veganer und fairer Produktion sein können. Eine Schwabinger Institution ist die **Strumpftante** (Hohenzollernstr. 45) mit einer Riesenauswahl klassischer und ausgefallener Seidenstrümpfe, Socken und Füßlinge sowie stets freundlichem Personal.
Ins **Kinderzimmer** (Kurfürstenstr. 55) gehen Sie besser allein, denn wenn Kinder dieses Zauberreich betreten, in dem es die schönsten Spielsachen der Welt gibt, sind Sie quasi gezwungen, ihnen etwas zu kaufen. Falls Sie noch Lust auf Gemüse oder Obst haben, bummeln Sie doch zum kleinen, aber feinen **Elisabethmarkt** (Elisabethplatz).

Wohin zum … Ausgehen?

BARS MIT UND OHNE ESSEN

In der **Brasserie Tresznjewski** (Theresienstr. 72, Tel. 089 28 23 49, tgl. 8–1 Uhr) fühlen sich manche Gäste besonders wichtig, aber davon abgesehen ist das gemütlich eingerichtete Lokal ein durchaus angenehmer Ort, um den Ausgehabend mit einem gepflegten Pils, einem knackigen Salat oder mit einer Pasta zu beginnen.

Wermut, Wodka, Pelmeni, Livemusik und Vernissagen, und das in einem Mini-Lokal: Dass der **Salon Irkutsk** (Isabellastr. 4, Tel. 0152 59 71 54 18, www.salonirkutsk.com, tgl. ab 17 Uhr) in der Maxvorstadt ein solcher Dauerbrenner wird, war nicht vorauszusehen – oder doch? Schließlich ist es hier urgemütlich! Bayerische Tapas gibt's in der **Bapas Bar** (Leopoldstr. 56 A).
Ganz traditionell gibt sich die **Wallace Bar** (Occamstr. 2) mit Messing und Holz, grün bespannten Barhockern, gut gemixten Cocktails, feinen Weinen, Funk und Soul aus den Boxen, gelegentlich auch DJs, die auflegen.
Call Soul (Biedersteiner Str. 6, www.call-soul-breakingbar.de, So bis Do 6–1, Fr, Sa bis 3 Uhr) nennt sich ein gut gehütetes Bar-Geheimnis direkt am Englischen Garten. Perfekte Bar-Atmosphäre für den perfekt gemixten Drink – an lauen Sommerabenden auf der Terrasse.
Billardfreunde kennen in der Maxvorstadt nur eins: ab in den **Schellingsalon** (Schellingstr. 54, Tel. 089 272 07 88, Do–Mo 10–1 Uhr). Hier herrscht eine derart abgestürzt-bayerische Atmosphäre, dass es fast schon wieder schön ist.
Lauer Sommerabend und keine Lust auf Biergarten? Dann nichts wie auf die Terrasse des **Tijuana** (Leopoldstr. 13, Tel. 089 33 04 07 24, 17–1, Fr/Sa bis 3 Uhr), um Tacos und einen Happy-Hour-Cocktail zu bestellen und dabei den aktuellen Jahrmarkt der Eitelkeiten zu goutieren.
Eine Münchner Institution ist das **Café Rialto** (Leopoldstr. 62, Tel. 089 23 17 00 33 60, www.rischart.de, Mo–Fr 7-19.30, Sa, So ab 8 Uhr) das vom Münchner Edel-Konditor Rischart geführt wird. Auch hier heißt's: Sehen und Gesehen werden.

BARS UND DISKOTHEKEN

Arg klein ist das barocke **Pomp** (Georgenstr. 50, Tel. 089 89 08 54 56, Do–Sa 21–5 Uhr) mit seinen roten Wänden, aber der Besuch lohnt sich, denn hier sind Cocktailkönner am Werk und die DJs erstklassig. Einen Hauch großstädtisches Thailand bringt das **Café Bangkok** an die Leopoldstraße (Nr 49): In Ziegelgewölben in Rot gepolsterten Nischen kuscheln oder unter lässig gespannten Stoffbahnen an exotischen Drinks nippen, während der DJ die Leute so langsam zum Tanzen bringt – das gefällt dem überwiegend jungen Publikum. Im **Crash** (Ainmillerstr. 10, Tel. 089 39 16 40, Mi 19.30–24, Do 20–1, Fr/Sa 21 bis 4 Uhr) treffen sich Altrocker mit Teens und Twens in der ältesten Disko der Stadt.
Die **Alte Galerie** (Kaulbachstr. 75, Tel. 089 34 98 87, Do–Sa 20–3 Uhr) punktet mit Einlass für 16-jährige bis 24 Uhr und günstigen Preisen.
Leopoldstraße und Alt-Schwabing locken Cocktailfreunde etwa mit dem **Cocktailhouse** (Feilitzschstr. 25, Tel. 089 39 80 19, So bis Do 19–1, Fr/Sa bis 3 Uhr), wo die gemixten Drinks in einem angenehm mit DJ-Sounds untermalten Ambiente oder im Sommer draußen auf der Terrasse genossen werden.

THEATER

Berühmte Komiker und Kabarettisten treten im **Lustspielhaus** (Occamstr. 8, Tel. 089 34 49 74, www.lustspielhaus.de) auf. In der **Schauburg** (Franz-Joseph-Str. 47, Tel. 089 23 33 71 61, www.schauburg.net) wird anspruchsvolles Theater für Jugendliche und Kinder gemacht. In der alten Szenekneipe **Heppel & Ettlich** (Feilitzschstr. 12, Tel. 089 388 78 20, www.heppel-ettlich.de) gibt's Theater, Kabarett & Co. Das **Vereinsheim** (Occamstr. 8, Tel. 089 33 08 86 55, https://vereinsheim.net, ab 18 Uhr) unterhält ebenfalls mit Kleinkunst, während im **TamS** (Haimhauserstr. 13A, Tel. 089 34 58 90, https://tamstheater.de) die Off-Theaterszene eine kreative Heimat gefunden hat.
Ein paar U-Bahn-Stationen nach Norden bis Freimann sind es zum **Metropoltheater** (Floriansmühlstr. 5, Tel. 089 32 19 55 33, www.metropoltheater.com), das als private Bühne das Münchner Kulturleben mit spannenden und kontroversen Stücken wie »Vögel« von Wajdi Mouawad aufmischt.

KINO

Die **Astor Film Lounge** (Türkenstr. 91, Tel. 089 38 89 96 64) bietet mit drei Sälen, neuester Filmtechnik, Riesenleinwand und Ledersesseln jede Menge Film-Komfort.

Die Isar als Freizeitrevier: Slacklining an der – die Innenstadt mit den Stadtteilen Bogenhausen und Haidhausen verbindenden – Luitpoldbrücke.

Rechts der Isar

Bogenhausen und Haidhausen setzen feine Kontraste, ergänzt durch die übersprudelnde Ausstellungsfülle des Deutschen Museums.

Seite 118–139

Erste Orientierung

Östlich der Isar trifft das große Geld (Bogenhausen) auf alternativen Lebensstil (Haidhausen), dazu gesellt sich mit dem »Werksviertel« Münchens jüngstes Zukunftsprojekt, das Feiern, Wohnen, Arbeiten und Kunst verbinden möchte.

»Glasscherbenviertel« hießen die Wohngebiete der kleinen Leute und Arbeiter jenseits der Isar früher; eine einzige Brücke, die Ludwigsbrücke, verband sie mit der Innenstadt. Dann nahmen Bogenhausen als Sitz von Maler- und Literaturfürsten wie Franz von Stuck und Thomas Mann sowie Haidhausen als Brennpunkt von Hausbesetzern und Bioläden ganz unterschiedliche Entwicklungen, die architektonisch noch gut erkennbar sind: Hier Jugendstilfassaden, elegante Villen und feine Restaurants, dort (mittlerweile) gutbürgerliches Wohnen mit alternativem Einschlag und viele Kneipen. Deutsches Museum und Villa Stuck bilden die großen Highlights, darüber hinaus ist kreatives Bummeln mit offenen Augen für Details und Stimmungen gefragt.

Fürs Kontrastprogramm sorgt das Werksviertel hinter dem Ostbahnhof. Sieht so Münchens Zukunft aus: urban, schick, trendy? Die Stadtplaner meinen ja.

TOP 10

1 ★★ Deutsches Museum

Nicht verpassen!

35 Villa Stuck

Nach Lust und Laune!

36 Müller'sches Volksbad
37 Maximilianeum
38 Friedensengel
39 Prinzregententheater
40 Bogenhausener Friedhof
41 Haidhausen
42 Werksviertel
43 Tierpark Hellabrunn

Bülowstr.
Denninger Str.
Montgelasstr.
Wehrlestr.
Richard-Strauss-Str.
40
Bogenhausener Friedhof
Donaustr.
Delpstr.
Ismaninger Str.
Maria-Theresia-Str.
Möhlstr.
Galilei-platz
Innstr.
Böhmerwaldplatz
Röntgenstr.
Friedensengel
38
Europa-platz
Lamontstr.
Possartstr.
Isar
35
Villa Stuck
Prinzregentenstr.
Bucknerstr.
Richard-Strauss-Str.
Maximilians-
39
Prinzregenten-theater
Prinzregenten-platz
Ismaninger Str.
Maximilianeum (Bayerischer Landtag)
Klinikum rechts der Isar
Prater-insel
37
Einsteinstr.
Einsteinstr.
anlagen
Wiener Platz
Max-Weber-Platz
Grillparzerstr.
400 m
400 yd
Kirchenstr.
Flurstr.
Müller'sches Volksbad
Innere Wiener Str.
Gasteig HP8, Tierpark Hellabrunn
Ludwigsbrücke
36
Kirchenstr.
43
Preysingstr.
Wörthstr.
Kellerstr.
Rosenheimer Str.
Elsässer Str.
41
Haidhausen
Orleansstr.
1
Deutsches Museum
Rosenheimer Platz
Hochstr.
Weißenburger Platz
Ostbahnhof
Rablstr.
Ost-bahnhof
Rosenheimer Str.
Orleansstr.
Franziskanerstr.
Werksviertel
42

Mein Tag zwischen Jugendstil, Gründerzeit und Postmoderne

Ein Wagner-Opernhaus, ein exzentrischer Malerfürst, bitterarme Herbergshäuschen und urbane Vitalität auf den Fundamenten einer Kartoffelknödelfabrik gestalten diesen Tag jenseits der Isar spannend und unterhaltsam.

9 Uhr: Bogenhausens Pracht

Das bezaubernde 39 Prinzregententheater, ursprünglich im Jahr 1901 nur für die Inszenierung von Wagner-Opern eröffnet, dient heute als Bühne für diverse Gastspiele und Rote-Teppich-Veranstaltungen – der geschwungene Aufgang ist halt zu fotogen!

10 Uhr: Frühstück bei Käfer's

Zugegeben, es ist nicht Tiffany's. Aber ein Champagnerfrühstück könnten Sie auch im Bistro von Käfers Feinkostladen (Prinzregentenstr. 73) bestellen. Um 11 Uhr öffnet die 35 Villa Stuck schräg gegenüber: Begegnung mit einem weiteren Münchner Malerfürsten.

12.30 Uhr: Isar-Miniaturen

Am 38 Friedensengel vorbei – errichtet im Jahr 1896, um 25 Jahre Frieden nach dem Deutsch-Französischen Krieg 1870/71 zu feiern – bummeln Sie hinunter zur Isar und folgen dem Fluss gen Süden. Vorbei am 37 Maximilianeum und der lang gestreckten Praterinsel, unter der Maximiliansbrücke hindurch und

auf dem schmalen Steg zwischen Isar und Auer Mühlbach entlang genießen Sie Wasser und Grün. Kurz das Muffatwerk umrundet – Münchens ehemaliges Jugendstil-Elektrizitätswerk mit Geschäftsführervilla, dann ist es Zeit für eine kleine Pause: bei schönem Wetter im ökozertifizierten Biergarten am Muffatwerk (www.muffatwerk.de). Wenige Schritte weiter bietet sich am 36 Müllerschen Volksbad die Gelegenheit, den prunkvollen Eingangsbereich des sehr schönen Jugendstil-

Oben: In seinem Aufbau erinnert das Maximilianeum an die englische Gotik, aber seine Zierformen, Rundbogen, Säulchen und büstengefüllten Nischen zeugen vom Einfluss der Renaissance.

bads mit seinem markanten Turm zu bewundern.

14 Uhr: Technikmuseum auf Pfählen

Ihren Besuch des ❶ ★★ Deutschen Museums sehen Sie für einen anderen Tag vor. Architektonisch versuchte Gabriel von Seidl, das Thema Technik durch klare Linien und Formen aufzunehmen. Das durch Pfähle im Schwemmgrund der Isar verankerte Museum zählte Anfang des 20. Jh.s zu den größten Eisenbetonbauten Deutschlands. Die Museum Lichtspiele (Lilienstr. 2) existieren seit 1910. Erinnern Sie sich an den Film »The Rocky Horror Picture Show«? Seit 1977 läuft das musikalische Spektakel hier ohne Unterbrechung jeden Freitag und Samstag um 23 Uhr in einem eigens dafür dekorierten Kinosaal.

14.30 Uhr: Kommt Ihnen hier etwas französisch vor?

Die Preysingstraße führt hinein in das Franzosenviertel, wie 41 Haidhausen wegen der vielen französisch benannten Straßen und seiner frankophilen Restaurants gerne genannt wird. Gründerzeithäuser flankieren die Straßen, nur ganz am Ende der Preysingstraße sind noch ein paar Herbergshäuschen erhalten, in denen früher die Ziegelarbeiter lebten, eng an eng in eine niedrige Stube gezwängt. Schräg gegenüber, an einem Tisch vor dem Gasthof Preysinggarten (Preysingstr. 69), haben Sie bei einer Holunderschorle einen schönen Blick darauf.

Links: beim Deutschen Museum. Oben: Bistro im »Franzosenviertel«. Unten: am Wiener Platz.

16.30 Uhr: Kartoffelknödel und Philharmoniker

Zugegeben, der Weg unter dem Ostbahnhof hindurch und über frisch bebautes oder noch zu bebauendes Industriegelände ist nicht attraktiv, aber er führt in Münchens Zukunft: Ursprünglich befanden sich hier die Pfanni-Werke (das sind die mit den Fertigknödeln). Nach deren Wegzug entstand in den leerstehenden Hallen des Areals der Kunstpark Ost. Dann beschlossen Pfanni- Erben und Stadt, das Gelände zu bebauen. Projekt: **42** Werksviertel. Tenor: Moderne Architektur trifft auf ehemalige Industriegebäude mit Charme. Sprich: Luxuswohnungen, Büro-Lofts, Event-Locations und Münchens neue Philharmonie. Ergebnis: Gentrifizierung.

18.30 Uhr: Edelklamotten und Biergarten

Letzte Station dieses Tages ist der Wiener Platz, auf dem tagsüber ein beliebter Markt abgehalten wird. Bis heute wirkt er fast kleinstädtisch, wäre da nicht der schicke Laden von Zuzann Moden (Wiener Platz 8) mit Kleidung und Accessoires toller kleiner Designer. Der Hofbräukeller wurde am Ende des 19. Jhs. im Neorenaissancestil erbaut. An heißen Tagen sind die Plätze im Biergarten ganz hinten, über dem Isarhang ein Tipp: Vom Fluss steigt kühle Luft nach oben. So kann der Tag ganz entspannt ausklingen – womöglich sogar bis um 23 Uhr im Museumskino die Rocky Horror Picture Show startet. Und falls es regnet: Auch drinnen ist es urgemütlich.

❶ ★★ Deutsches Museum

Warum?	Das größte Technikmuseum der Welt
Was?	Flugzeuge, Sternenhimmel, chemische Experimente, Oldtimer ....
Wie lange?	Je nach Kondition: drei Stunden oder auch ein ganzer Tag
Wann?	Möglichst früh – es schließt bereits um 17 Uhr
Was noch?	Dachterrassenbar »Frau im Mond«
Was bleibt?	Die Erkenntnis: Das war nicht mein letzter Besuch!

Bis zu 1,5 Mio. Besucher pro Jahr sprechen für sich: Das Deutsche Museum ist mit rund 28 000 Exponaten eines der führenden Museen seiner Art weltweit und macht auf spannende Weise Naturwissenschaft und Technik erlebbar.

Seit über 100 Jahren veranschaulicht das Deutsche Museum die Entwicklung der Naturwissenschaften und Technik, und regelmäßig kommen neue Ausstellungen hinzu. Oskar von Miller, der Gründer des Museums, hatte sich von Anfang an das Thema Interaktivität auf die Fahnen geschrieben, auch wenn es das Wort damals noch gar nicht gab: Ein Technikmuseum zum Anfassen, das obendrein Spaß macht – so lautete sein damals völlig neuartiges Konzept.

Allein auf der Museumsinsel stehen den Besuchern rund 25000 Quadratmeter Ausstellungsfläche zur Verfügung. Um alles zu besichtigen, müss(t)en 9 km Wege zurückgelegt werden.

Ohne Berührungsängte

Am 70. Geburtstag von Millers wurde der Bau im Jahr 1925 an seinem heutigen Standort auf der Isarinsel eingeweiht. Die Feierlichkeiten nutzte der gerade erst gegründete Bayerische Rundfunk symbolträchtig zur Einführung einer da-

mals nahezu unglaublichen Neuerung: der ersten Liveübertragung im Radio! Den 65 m hohen Turm des Museums, in dem übrigens in Foucault'scher Tradition ein Pendel die Erdrotation sichtbar macht, sah von Miller als ein Münchner Wahrzeichen; von seiner Aussichtsplattform blickt man über die Stadt und die Isarauen bis zur Alpenkette. Nach dem Krieg, als 80 Prozent der Gebäudesubstanz und 20 Prozent der Exponate beschädigt oder zerstört waren, verlagerte sich der Schwerpunkt, den Forschungstendenzen folgend, auf die Naturwissenschaften. Seit den 1990er-Jahren zeigt man auch gegenüber den schöngeistigen Bereichen keine Berührungsängste, sondern sucht sogar den Kontakt zur Kunst. Teile der Sammlung wurden ausgelagert: Die Flugwerft Schleißheim konzentriert sich auf die Historie der Fliegerei, das Verkehrszentrum in den historischen Hallen auf der Schwanthaler Höhe widmet sich allen Aspekten der Mobilität.

Auf Knopfdruck: »Bitte berühren«

Von Millers konzeptionelle Vorstellungen prägen noch heute die Ausstellung. »Bitte berühren« heißt das Motto: Auf Knopfdruck spielen verkleinerte Wellen Gezeiten und demonstrieren damit die Sandverfrachtung, eine riesige Modelleisenbahn beweist, dass sich Züge auch an Fahrpläne halten können. Im Projektionsplanetarium jagt ein monströser computergesteuerter Roboter Sterne und Planeten über den Mini-Himmel, im Bergwerk schieben verschmutzte Kumpel schwere Loren, und maßstabsgetreue Modelle illustrieren die Entwicklung von Brücken- und Straßenbau. Vom begehbaren Schiffsdeck mit Sonnenstühlen fällt der Blick bei Möwengeschrei auf Helgoland, Dioramen lassen an den ersten Flugversuchen der Gebrüder Wright teilnehmen, und der Seenotrettungskreuzer »Theodor Heuss« liegt im Freigelände auf dem Trockenen. Vieles ist für Jung und Alt spannend; andere Abteilungen, beispielsweise der Werkzugbau oder die Drucktechnik, wenden sich an speziell Interessierte.

Probieren geht über Studieren: Pendelversuch »Der elastische Stoß«.

Den modernen Entwicklungen trägt die Auseinandersetzung mit zukunftsträchtigen Wissenschaftsbereichen wie Pharmazie und Medizintechnik Rechnung. Die bereits im Jahr 2002 eröffnete Abteilung Gentechnik war da eine konsequente Folge. Dort kann man sogar durch eine »begehbare Zelle« spazieren.

Wie der Traum vom Fliegen wahr wurde – auch davon erzählt das Deutsche Museum.

Zu den weiteren Attraktionen gehören eine Nachbildung der Altamira-Höhle in Spanien mit ihren prähistorischen Zeichnungen, Musikinstrumente von der Äolsharfe bis zur Zither, ein Modell der Raumstation »Spacelab« in Originalgröße. Täglich um 11, 14 und 16 Uhr entfesseln die Mitarbeiter in der Hochspannungsanlage im Erdgeschoss ein Gewitter, dessen Blitzeinschläge ein Freiwilliger in der metallummantelten Kugel des Faraday'schen Käfigs unversehrt überlebt: (Hoch-)Spannung pur! Kein Wunder, dass dieses erfolgreiche Museumskonzept schon oftmals kopiert wurde.

Zukunftsinitiative Deutsches Museum

Sowohl das Gebäude als auch viele Abteilungen sind in die Jahre gekommen, tiefgreifende Maßnahmen zur Sanierung der maroden Bausubstanz wurden nötig. Seit 2006 wird umgebaut, modernisiert und zeitgemäß gestaltet; aktuelle Themen wie Robotik oder KI finden Eingang. Die Arbeiten dauern mindestens noch bis 2028, aber schon 2022 konnten 19 neue Ausstellungsbereiche eröffnet werden! Was gerade zugänglich ist und was nicht, steht auf der Homepage des Museums (s. u.).

KLEINE PAUSE

Das Dachterrassencafé **Frau im Mond** und das **Café Exponat** im Museumsshop sind auch ohne Ticket zugänglich. Im ersten Stock lädt ein **Picknickbereich** zur Rast mit mitgebrachten oder am Automaten gekauften Snacks.

---

210 B/C 3
Museumsinsel 1 ☎ 089 217 91
www.deutsches-museum.de

tgl. 9–17 Uhr
Isartor; Tram 18 Deutsches Museum
15 €, Familienkarte 31 €

㉟ Villa Stuck

Warum?	Gesamtkunstwerk in Jugendstil
Was?	Dekor, Mobiliar, Gemälde, Skulpturen, Architektur
Wie lange?	Eine Stunde
Wann?	Nicht zu früh – öffnet erst um 11 Uhr
Was noch?	Faszinierende Ausstellungen zeitgenössischer Kunst

Franz von Stuck (1863–1928) ist nicht zuletzt für sein zu vielfältigsten Interpretionen anregendes Werk »Die Sünde« (1893) berühmt, das man in seiner Villa ebenso bewundern kann wie die historischen Wohnräume und attraktive Wechselausstellungen im ehemaligen Atelierflügel.

Klassizistische Formen, Mosaiken, Gemälde, selbst entworfenes Mobiliar, Teppiche und Accessoires im Schnörkellook der damaligen Zeit – von Anfang an war die in den Jahren 1897/1898 errichtete Villa Stuck als Gesamtkunstwerk konzipiert. In den historischen Räumen fällt das Bild »Der Wächter des Paradieses« auf, Stucks erster Erfolg als Maler. Unübersehbar ist zudem das wegen seiner erotischen Ausstrahlung einst heftig umstrittene Bild »Die Sünde« aus dem Jahr 1893; ein weiblicher Halbakt mit Schlange, den Kunsthistoriker als »symbolistisch-diabolisches Gegenbild« zur Mona Lisa gedeutet haben. Aus dem golden gerahmten Bild sticht ein blasser, durch dunklen Stoff nur teilweise verhüllter Frauenkörper heraus, für den Anna Maria Brandmaier Modell gestanden haben soll, die Mutter von Stucks Tochter Mary.

An der Fassade des Haupthauses sind die Bezüge zur Antike unverkennbar.

Ein Hauch von Pompeji und ein Himmel voller Sterne

Imposant ist auch die Wandbemalung in den historischen Räumen: Farbton, stilistische Elemente und nicht zuletzt die Figuren erinnern an die Dekoration römischer Villen, wie sie in Pompeji gefunden wurden. Auffallend ist zudem das Deckengemälde im direkt an den Empfangssalon anschließenden Musiksalon: Der gemalte Sternen-

Ein Edelmix aus klassizistischen Elementen und verspieltem Jugendstil dominiert das ehemalige Wohn- und Atelierhaus des Malerfürsten. Die modern gestalteten Ausstellungsräume befinden sich im Ostflügel der Villa Stuck. Im hübschen Gartencafé kann man die verschiedenen Eindrücke Revue passieren lassen.

himmel zeigt eine Planetenkonstellation, wie sie in der Augustnacht des Jahres 1895 am Himmel stand, als Stucks Tochter Mary gezeugt wurde.

KLEINE PAUSE

Im Künstlergarten des **Cafés Antoní** (Tel. 089 45 55 51 66) sitzt man angenehm ruhig und lauschig, abseits vom Verkehr der Prinzregentenstraße und mit Blick auf Kunstinstallationen. Es gibt hausgemachte Suppen und Kuchen.

---

211 E5 ✉ Prinzregentenstr. 60
☎ 089 455 55 10 🌐 www.villastuck.de
Di–So 11–18, erster Freitag im Monat bis 22 Uhr Max-Weber-Platz, Prinzregentenplatz 🚌 100; Tram 16 Friedensengel 9 €

Nach Lust und Laune!

36 Müller'sches Volksbad

Die Anlage des Ingenieurs Karl Müller gilt als eines der schönsten Jugendstilbäder weltweit. In der in den Jahren 1879 bis 1901 »hauptsächlich für das unbemittelte Volk« erbauten Badeanstalt spiegeln sich orientalische und römische Bädertraditionen, kunstvoll überhöht mit Stuck, Goldreliefs, dekorativen Geländern und Schnörkeln im Stil der damaligen Zeit. Ein Blick auf das eindrucksvolle Innere ist nur im Rahmen eines Badebesuchs möglich – aber Schwitzbad, Dampfbad, finnische Sauna, Solarien, Massagen und das letzte Münchner Wannen- und Brausebad versprechen ein Rundum-Wohlfühl-Erlebnis (siehe »Magischer Moment«, rechte Seite).
Übrigens: Der wuchtige Klotz schräg gegenüber heißt Gasteig, war Sitz diverser Münchner Kulturinstitutionen und soll in den nächsten Jahren runderneuert werden.

> ✢ 210/211 C/D3 ✉ Rosenheimer Str. 1
> ☎ 089 23615050 🌐 www.swm.de ◑ Di bis So 7.30–23; Tram 16 Deutsches Museum 🎟 5 €

37 Maximilianeum

Es war die Idee Maximilians II., »auf der Isarhöhe ... einen großen Nationalbau« zur »Hebung des monarchischen nationalen Volksgeistes« zu errichten. Der monarchische Volksgeist ist entgegen anderslautenden Aussagen auch in Bayern längst verschwunden, der symmetrische Prachtbau mit seinen offenen Arkaden aber bildet bis heute den optischen Abschluss der exklusiven Maximilianstraße. Seit 1949 tagt im Maximilianeum Bayerns Parlament. Besucher können nach Vorlage von Personalausweis oder Pass beim Pförtner während der Sitzungsperiode das parlamentarische Geschehen verfolgen. Ein Flügel ist den Maximilianeums-Stipendiaten vorbehalten: Bayerische Abiturienten mit der Traumnote 1,0 bekommen hier die Möglichkeit, nach bestandener Aufnahmeprüfung bei freier Kost und Logis ihr Studium zu absolvieren.

> ✢ 211 D4 ✉ Max-Planck-Str. 1
> ☎ 089 41260 🌐 www.bayern.landtag.de
> 🚇 Max-Weber-Platz; Tram 16 Maximilianeum 🎟 frei

38 Friedensengel

Nike, die Siegesgöttin, war das Vorbild für den goldenen Friedensengel, der seit 1899 über der Isar an den Vorfrieden von Versailles 1871 erinnert. Ursprünglich sollte hier Richard Wagners Münchner Opernhaus stehen. Ludwig II. gab es in Auftrag, Gottfried Semper arbeitete an den Plänen, doch die Münchner protestierten. Wagner musste die Stadt verlassen und ging nach Bayreuth.

> ✢ 207 E1 ✉ Europaplatz 1 🚌 100 Friedensengel

Entspannen wie die Römer

Durch den prunkvollen Eingangsbereich des Müller'schen Volksbads geht's hinein in dieses Jugendstiljuwel. Hier gibt es auch ein irisch-römisches Schwitzbad mit Tepidarium, Tauchbecken, Ruheräumen – pure Nostalgie. Mieten Sie eine Privatkabine mit Betttuch, das man bei Bedarf lässig wie eine Toga um den Körper drapieren kann. Dann schwitzen, entspannen, lustwandeln, schwimmen und ruhen Sie in diesem wunderbaren Ambiente, solange es Ihnen gefällt!

Müller'sches Volksbad/Sauna, tgl. 9–23 Uhr, Di 9–23 und Fr 9–15 Uhr nur Damen, 4 Std. 20 € (inkl. Schwimmbad), Ruhekabine u. Betttuch 5 €

39 Prinzregententheater

Ein Festspielhaus nur für die Opern Richard Wagners – diese Idee griff knapp 40 Jahre nach Gottfried Semper Ernst von Possart wieder auf. So entstand in den Jahren 1900/01 das Prinzregententheater. 1964 wurde es für baufällig erklärt – erst im Jahr 1996 konnte man es nach einer umfassenden Restaurierung mit einer Wagner-Oper neu eröffnen. Seither finden hier Vorstellungen der Theaterakademie und der Staatsoper sowie Gastauftritte statt.

207 F1 ✉ Prinzregentenplatz 12
☎ 089 21851970 🌐 www.theaterakademie.de Prinzregentenplatz

40 Bogenhausener Friedhof

Besuch bei der Prominenz, wenn auch der toten: Im Schatten der Bogenhausener Kirche wollten sie begraben sein, die Berühmtheiten. Unter einem roten Herz ruht die Schauspielerin Liesl Karlstadt, unter einem geglätteten Steinblock der Regisseur Rainer Werner Fassbinder, außerdem fanden unter efeuumrankten Bäumen und hübschen Grabkreuzen auch Erich Kästner, Walter Sedlmayr, der von den Nationalsozialisten hingerichtete Pater Alfred Delp, Annette Kolb, Helmut Dietl und Bernd Eichinger ihre letzte Ruhestätte. Genauso sehenswert wie der romantische Gottesacker ist die Kirche St. Georg, eine Dorfkirche in prächtigem Rokoko, in der sich die großen Künstler der Zeit wie Johann Baptist Straub und Ignaz Günter verewigt haben.

207 E3 ✉ Bogenhausener Kirchplatz 1 ◷ tgl. bis zum Einbruch der Dunkelheit; Tram 16 Sternwartstraße

41 Haidhausen

In Haidhausen lebt heute eine bunte Bevölkerung, denn viele sind schon zugezogen, als die Mieten noch erschwinglich waren. Wie es im 18. und 19. Jh. hier aussah, zeigen die historischen Häuschen vor allem im Herbergenviertel, wo der Kriechbaumhof (Preysingstr. 71) und das Herbergenmuseum im Üblackerhäusl (Preysingstr. 58, Tel. 089 4807679, Mi/Do 17–19, Fr, So 10–12 Uhr) von den äußerst beengten und oft hygienisch zweifelhaften Wohnumständen der Arbeiter erzählen. Ergänzend beleuchtet das Haidhausen-Museum (Kirchenstr. 24, Tel. 089 4485292, Mo–Mi 17 19, So 14–17 Uhr) mit wechselnden Ausstellungen Kultur und Sozialgeschichte des Viertels. Die Alte Haidhauser Kirche (Kirchenstr.) war früher Mittelpunkt des Dorfes Haidhausen, und am Wiener Platz ist die dörfliche Stimmung noch zu spüren.

211 E3 ✉ zwischen Rosenheimer Str., Orleansstr. und Einsteinstr. Rosenheimer Platz, Max-Weber-Platz

42 Werksviertel

Wo früher tagsüber Kartoffelknödel vom Band rollten und nachts Europas Jugend feierte, entsteht nun hinter dem Ostbahnhof ein innovatives Stadtquartier mit Restaurants, Wohnungen, Büros, Galerien und einer Boulderhalle: Mittelpunkt des neuen Werksviertels sollte ein futuristisches Konzerthaus von Cukrowicz Nachbaur Architekten werden. Bis zum (derzeit nicht absehbaren) Baubeginn nimmt hier das Hi-Sky München – das größte transportable Riesenrad der Welt – Passagiere mit auf eine aussichtsreiche Tour in bis zu 78 m Höhe. Dabei erspähen sie auch die Schafherde, die die Blumenwiese auf dem Dach des Kreativ-Space WERK 3 abweidet. Abends liefern Event-Locations wie Tonhalle, Nachtkantine oder WhiteBox den urbanen Sound. Eine Gebrauchsanweisung gibt's nicht. Das Werksviertel will entdeckt werden (Veranstaltungen: siehe Website)!

211 F1 Rosenheimer Str./Friedensstr. www.werksviertel.de Ostbahnhof

43 Tierpark Hellabrunn

Ein gutes Stück die Isar flussaufwärts (und besser per U-Bahn) erreichen Sie den idyllisch in den Isarauen angelegten Münchner Zoo. Sein Konzept, die Tiere nach ihren Herkunftsregionen zu präsentieren, machte ihn zum ersten Geozoo Europas. Auf dem 40 ha großen Gelände leben über 700 Tierarten in naturnahen Anlagen, darunter auch so spektakuläre wie das Dschungelzelt und die neu renovierte Elefanten-»Villa«.

208 südl. B1 Tierparkstr. 30 Tel. 089 62 50 80 www.hellabrunn.de Okt.–März 9–17, sonst 9–18 Uhr Thalkirchen 18 €

Stadt im Wandel oder Die Ruhe vor dem Sturm (im neu entstehenden Münchner Werksviertel).

Wohin zum ...
Essen und Trinken?

Preise für ein Essen (z.B. ein Tages-/ Hausmenü, im Regelfall inkl. Getränk):

€	unter 25 €
€€	25–60 €
€€€	über 60 €

RESTAURANTS

Atelier Gourmet €€–€€€
Klein und fein, hell und modern ... und vor allem klasse! Fisch und Meeresfrüchte dominieren die reichhaltige Speisekarte. Ein Tipp: Das Menü bestellen, das es in mehreren Ausbaustufen gibt.
211 D2 Rablstr. 37 089 4872 20 http://ateliergourmet.de Mo-Fr 18-24 Uhr Rosenheimer Platz

Augustiner Haidhausen €
Eine solche Gaststätte darf natürlich auch in Haidhausen nicht fehlen: Man sitzt an langen, dunklen Tischen, trinkt, ratscht und isst bayerische Schmankerl, Schnitzel, Burger – aber auch Vegetarisches und leckere Salate. Je später der Abend, desto dämmriger das Licht, desto lauter die Musik ... Im Sommer sitzt man draußen vor dem Lokal.
211 E3 Wörthstr. 34 089 62 28 62 15 http://haidhauser-augustiner.de 11-24/1 Uhr Ostbahnhof

BLITZ Restaurant €€
Mexikanische Küche für Vegetarier und das in absolut kultigem Ambiente – geht das? Im BLITZ ja, die Leute stehen Schlange, um einen Tisch im Restaurant mit den bunten Wandbildern und Möbeln zu ergattern. Und das Essen schmeckt!
211 C3 Museumsinsel 1 089 380 12 65 60 www.blitz.restaurant Di-Sa 18-1 Uhr; Tram 16 Deutsches Museum

Falke 23 €€
Das alte Scherbenviertel Au ist dabei, sich zum neuen Gastro-Hotspot zu wandeln, und da mischt das Falke 23 mit ambitionierter Regionalküche ordentlich mit. Rahmgulasch, Zwiebelrostbraten oder Kaiserschmarrn hat man so fein wohl selten genossen; und wer noch tiefer eindringen möchte in die kulinarische Ali-Baba-Höhle, bestelle das 4-Gang-Menü – eine einzige Verführung!
210 1B Falkenstr. 23 089 24 64 31 26 www.falke23.de tgl. ab 18 Uhr; Tram 18 Mariahilfplatz

Green Beetle €€€
Wenn Feinkost Käfer sich vegetarischen und veganen Genüssen widmet, wird daraus natürlich auch ein Gourmet-Superlativ. Logisch, dass es hier nur Degustations-Menüs gibt (4 bis 8 Gänge, mittags auch kleiner) und ebenso logisch, dass die Gäste aus dem Staunen und Schmecken nicht hinauskommen. Perigord-Trüffeln gibt es hier zwar auch, aber in erster Linie kocht Felix Adebahr regional und ungemein variantenreich. Für den besonderen Abend!
211 F5 Schumannstr. 9 0176 14 16 80 23 www.feinkost-kaefer.de Di-Sa 12–15, 18 bis 24 Uhr Prinzregentenplatz

Käfer Schänke €€€
»Wer gerne isst, der lächelt« – so lautet die Küchenphilosophie in diesem stilvollen Restaurant. Und es gibt wahrlich viel zu lächeln bei der mediterranen Küche in den kleinen, privaten Stuben. Als Klassiker gilt die »Käfer-Ente«, aber hier ist alles vom Feinsten.
207 F1 Prinzregentenplatz 73 089 416 82 47 www.feinkost-kaefer.de/schaenke Mo–Sa 12–24 Uhr Prinzregentenplatz

Keko €€
Türkische Küche in der Au mit Blick auf die Mariahilfkirche – im Keko finden Morgen- und Abendland nicht nur geographisch, sondern auch kulinarisch wie selbstverständlich zusammen. Die Atmosphäre ist entspannt, die Küche gut und einfallsreich, die Kellner sind stets hilfsbereit.
210 B2 Mariahilfstr. 24 089 65 99 69 www.keko-restaurant.com tgl. 17-1 Uhr, Tram 18 Mariahilfplatz

Kuzina €€
Griechisch mit Pfiff oder besser gesagt mediterraner Leichtigkeit hat sich dieses

sympathische Lokal vorgenommen – Traditionsgerichte wie Bifteki und Gyros halten das Versprechen. Weiterhin lobenswert: Die Portionen sind gut bemessen, aber lassen durchaus noch Platz für ein schmackhaftes Dessert. Und die Weinauswahl überzeugt mit griechischen Entdeckungen.
✈ 211 E3 ✉ Kellerstr. 32 ☎ 089 44 48 87 70 🌐 https://kuzina-munich.de ◑ Mo–Sa ab 17.30 Uhr; S-Bahn Rosenheimer Platz

Polka Bar & Lokal €€
Winzig und eng, oft auch recht laut ist es im Polka, das auch im Berliner Ortsteil Prenzlauer Berg stehen könnte. Aber die Küche! Einfach köstlich, originell, vielseitig. Unbedingt Vorspeisen zum Teilen bestellen! In der Bar gibt's ab und zu Livemusik.
✈ 211 E2 ✉ Pariser Str. 38 ☎ 089 89 06 83 91 🌐 www.polka-polka.de ◑ Di–Sa 18–23/24 Uhr 🚉 Ostbahnhof

Ritzi €€–€€€
Exzellentes im edel-vornehmen Ambiente mit Art-déco-Anklängen: Hier gibt's Frühstück, Mittagssnacks und Business Lunch, Kaffee und Kuchen sowie exquisites Dinner mit euro-asiatischer Ausrichtung. Für den Brunch am Sonntag ab 10.30 Uhr sollten Sie reservieren. Und danach geht's zum Verdauungsspaziergang ins Isar-Grün direkt vor der Haustüre.
✈ 211 E4 ✉ Maria-Theresia-Str. 2 A ☎ 089 470 10 10 🌐 https://hotel-ritzi.de/restaurant/ ◑ Mo–Fr ab 16 Uhr 🚉 Max-Weber-Platz

Rue des Halles €€€
Feine französische Küche serviert Bernard Le Port in seinem etablierten Restaurant. Das Innere prägt helles, modern-elegantes Design. Billig ist es nicht, aber bei *der* Speisekarte bleibt es trotzdem nicht bei einem Gang (man gönnt sich ja sonst nichts).
✈ 211 E3 ✉ Steinstr. 18 ☎ 089 48 56 75 🌐 www.ruedeshalles.de ◑ Mi–So 18–24; Tram 15/25 Wiener Platz

Zum Kloster €
Das nette Restaurant ist eine beliebte Institution bei den Haidhausern und erfreulicherweise garantiert Schickimicki-frei. Im Sommer sitzen Sie draußen an der verkehrsberuhigten Straße.
✈ 211 E3 ✉ Preysingstr. 77 ☎ 089 447 05 64 🌐 www.zumkloster-muenchen.de ◑ Mo–Fr ab 11.30, Sa, So 10–24 Uhr; Tram 21 Wörthstraße

BIERGÄRTEN

Ayinger in der Au €€
Ein gut verstecktes Juwel am Mariahilfplatz ist dieses bayerisch-moderne Wirtshaus mit lauschigem Biergarten. Das Bier kommt, der Name sagt's, von Ayinger, die Zutaten für die frische Bayernküche stammen von regionalen Zulieferern. Auf der Karte lassen Tafelspitzsülze, Schweinebraten, aber auch das vegetarische Emmerkorn-Risotto die Herzen höher schlagen.
✈ 210 C2 ✉ Mariahilfplatz 4 ☎ 089 62 23 37 36 66 🌐 www.ayinger-in-der-au.de ◑ Mi, Do ab 17, Fr–So 10.30–23 Uhr, Tram 18 Mariahilfplatz

Hofbräukeller €–€€
Unter breiten Holzbalken und ausladenden Gewölbedecken trinkt man hier im Winter sein Bier. Schöner ist's aber im Sommer im Biergarten dahinter, wenn sich unter den Kastanien Schickimicki-Volk und alteingesessene Haidhauser die Holzbänke teilen. Allerdings wird's dann auch schnell sehr eng.
✈ 211 D4 ✉ Innere Wiener Str. 19 ☎ 089 459 92 50 🌐 www.hofbraeukeller.de ◑ tgl. 12–23 Uhr; Tram 15/25 Wiener Platz

Paulaner am Nockherberg €€
Dieses Lokal ist der Nabel der Bierwelt, zumindest während Münchens Fünfter Jahreszeit, der Starkbierzeit vor der Karwoche. Dann erreicht die Trachtendichte hier fast Oktoberfestniveau, und der malzige Salvator wirkt so anziehend, dass die Wirte für den von Kastanienbäumen beschatteten Biergarten und den nach einem Brand neu erstandenen Festsaal sogar Eintritt verlangen! Zum hochprozentigen Bier gibt's zünftige Musi und Kräftig-Deftiges aus der Küche.
✈ 210 C1 ✉ Hochstr. 77 ☎ 089 459 91 30 🌐 https://paulaner-nockherberg.com ◑ tgl. 12–24 Uhr; Tram 15, 18, 25 Ostfriedhof

CAFÉS

Café Sommer
Ganz nah an der Isar gelegen bereichert das hübsche Café das Frühstücksangebot in der Au. Spezialität sind Brezen, die mit diversen Füllungen gegrillt werden, hausgemachte Quiche oder vegetarischer Strammer Max.
209 F1 Sommerstr. 33 089 46 25 74 32
https://sommer.cafe atgl. 7–19 Uhr
Kolumbusplatz

Farmer & Lou
Frühstück, Kaffee, Kuchen, alles regional und zum Teil selbstgemacht, dazu eine fröhlich-bunte Einrichtung und ein sehr freundlicher Service!
211 F3 Breisacher Str. 6 Tel. 62 27 12 65
Mo–Fr 12–23 Uhr Ostbahnhof

Fortuna Cafébar
Bella Italia in Haidhausen: Panini, Ciabatta, Cappuccino, Cornetti schmecken wie in Venedig ... und wenn Sie einen der bunten Stühle vor dem Café ergattern, kommt das Leutegucken noch dazu. Viel gelobt ist der Sonntagsbrunch, dann unbedingt reservieren.
211 E3 Sedanstr. 18 089 18 92 28 23
Mo–Fr 8–22, Sa 9–19, So 10–18 Uhr;
S-Bahn Rosenheimer Platz

Wohin zum ... Einkaufen?

MÄRKTE

Der größte Open-Air-Markt Münchens ist die traditionelle **Auer Dult**. Auf der Maidult (bis zum 1. Mai), der Jakobidult (ab 25. Juli) und der Herbstdult (ab 3. Oktobersonntag) bersten die Verkaufsstände jeweils eine Woche lang vor Nostalgie. Aber machen Sie sich keine Illusionen – Antiquitätenschnäppchen sind auf dem großen Platz zu Füßen der Auer Kirche am Mariahilfplatz kaum mehr zu machen. Die tägliche Versorgung stellen die kleinen Buden des **Markts am Wiener Platz** sicher, wo auch die Feinschmecker gut bedient werden. Im Advent

Auer Dult: Viel Rummel auf dem Rummel.

bietet der **Haidhauser Christkindlmarkt** (Weißenburger Platz) einen ruhigeren Gegenpol zum Mega-Weihnachtsmarkt auf dem Marienplatz.

HAIDHAUSEN

Rad gefällig? **Parzival.bike** (Breisacherstr. 15) hat so einige im Angebot, mit denen Sie außerhalb von Haidhausen garantiert auffallen; im Viertel selbst dreht keiner den Kopf, wenn man im Liegen auf zwei oder drei Rädern die Straße entlangkommt oder auf dem Tandem zu zweit in die Pedale tritt. Nur ein paar Häuser weiter verkauft **Lebascha** (Breisacher Str. 12) seit 1978 Naturkost – er war der erste Bio-Laden in München! Berühmt ist vor allem Lebaschas wohl sortiertes Lakritz-Regal. **Le Bazar de Cuisine** (Balanstr. 8) offeriert Hübsches für die Küche zwischen Design und Nostalgie. Wer gern in alten Platten und CDs wühlt, sollte sich ins große Angebot im **M2** (Rosenheimer Str. 77) vertiefen. Flotte Mütter samt ihren Töchtern finden trendig-peppige Mode führender Labels in der Boutique **Venus** (Wörthstr. 1). Hübsche Kinderkleidung neu und secondhand – bietet **Rapunzel** (Preysingstr. 67). Individuellen Schmuck – Reifen, Ringe, Ohrschmuck, Ketten, Broschen – entdeckt man im **Ventil** (Steinstr. 17). Probieren dürfen die Kunden des **Paris36** (Pariser Str. 36). Aber man sollte es nicht übertreiben, denn das Sortiment an exzellenten Weinen und Hochprozentigem steigt schnell zu Kopf. Übrigens: feine Öle und Essige gibt's auch.

BOGENHAUSEN

Bei **Feinkost Käfer** (Prinzregentenstr. 73) ist das Wort »Feinkost« noch wörtlich zu verstehen – und das Angebot verlockend gut!

Wohin zum … Ausgehen?

Im Tanzcafé **Maratonga** (Innere Wiener Str., Tel. 089 48 84 25, ab 19, Do, So ab 14 Uhr) schwingen die »Junggebliebenen« das Tanzbein. Wo der Auer Mühlbach einst die mächtigen Turbinen des ersten Dampfkraftheizwerks (1894) antrieb, gibt heute die moderne Musik mit all ihren Facetten in der **Muffathalle** (Zellstr. 4, Tel. 089 45 87 50 10, www.muffatwerk.de) den Ton an. In der einstigen Turbinenhalle mit ihrer guten Akustik treten Stars der »Weltmusik« auf, tummeln sich Rapper und Indie-Bands, präsentiert sich die Tanz-Avantgarde und auch so mancher Autor von Weltliteratur. Im Café nebenan werden derweil hippe Partys gefeiert. Unter dem denkmalgeschützten Schornstein kommen im Biergarten leichte mediterrane Speisen, ökologische Fleischspezialitäten, Fisch und Vegetarisches auf den Tisch. Klein, aber fein ist der **Club Ampere** (Adresse und Web wie Muffathalle). Hier bekommen auch unbekanntere Bands und Künstler eine Chance. Die Haidhauser Salsa, Kizomba- und Swing-Szene trifft sich Do bis Sa abends im **Circulo** (Rosenheimer Str. 139, www.circulo.de) zur Party. Los geht's etwa um 22 Uhr, aber schon ab 21 Uhr werden Noviz(inn)en die Grundschritte beigebracht, sodass man richtig mitmischen kann, wenn die Party eingeläutet wird. Einer der besten Jazzclubs Europas ist die **Unterfahrt** (Einsteinstr. 42, Tel. 089 448 27 94, 19.30–1 Uhr, www.unterfahrt.de). In den ehemaligen Bierkellern treten internationale Stars der Szene auf.

KNEIPEN, BARS, CLUBS

Im Pub **Molly Malone's** (Kellerstr. 21, Tel. 089 688 75 10, Mo–So 17–1 Uhr) trifft sich die irische Community zu Guinness, Kilkenny und irischem Whiskey. Ausgefallen präsentiert sich das **Maria Passagne** (Steinstr. 42, Tel. 089 48 61 67, Mo–Sa 19–1 Uhr), allerdings muss man erst klingeln, bevor Einlass gewährt wird in den kleinen, mit Afrikanippes dekorierten Club. Die Gentrifizierung des Viertels aufhalten kann der Wirt des **Zum Roten Knopf** (Steinstr. 63, Tel. 089 95 45 59 38, Di bis Do 17.30-2, Fr, Sa bis 3 Uhr) sicher nicht, aber die Bar mit Holztäfelung und DJ-Pult ist weit entfernt von Münchens Bussi-Bussi-Szene. Aufgelegt wird alles außer Schlager. Bunt gemischt ist auch das Publikum der **Polka Bar** (Pariser Str. 38, www.polka-polka.de, Fr/Sa 21-3 Uhr). Es gibt nur wenige Sitzplätze), aber wenn DJs auflegen oder Bands spielen tanzt man ja ohnehin.

KONZERT UND THEATER

Ob die **Isarphilharmonie** (Hans-Preißinger-Str. 8, Tel. 089 48 09 80, www.gasteig.de) ein vorübergehendes Provisorium bleibt? Das Münchner Konzertpublikum hat sie jedenfalls begeistert aufgenommen. Ambiente fantastisch, Akustik gut … was will man mehr? Über die Sanierung des »alten« Gasteigs mögen Stadt und Staatsregierung ruhig weiter streiten! Wenige Schritte weiter, im ehemaligen Viehhof, hat das gefeierte **Münchner Volkstheater** (Tumblingerstr. 29, Tel. 089 523 46 55, www.muenchner-volkstheater.de) eine neue Heimat gefunden. Intendanten-Legende Christian Stückl bringt mit Wucht und Herzblut Bayerisches, Theaterklassiker und Avantgarde auf die Bühne.

KINOS

In den **Museums-Lichtspielen** (Lilienstr. 2, www.museum-lichtspiele.de) laufen anspruchsvolle Hollywoodfilme und ausgefallenere Streifen, meist in der Originalfassung. Im **Rio** (Rosenheimer Str. 46, www.riopalast.de) läuft ein ähnliches Programm – aber bevorzugt in synchronisierten Fassungen.

Flanieren im Park von Schloss Nymphenburg, dem Geburtsort des »Märchenkönigs« Ludwig II.

Der Westen

Spektakuläres im Grünen: modern im Olympiapark, monarchisch im Schloss Nymphenburg. Und dazwischen das quirlig-lebhafte Neuhausen.

Seite 140–161

Erste Orientierung

Das große Sport-, Freizeit- und Kulturangebot, die schönen Gründerzeithäuser und feinen Restaurants machen die Stadtviertel im Westen zur bevorzugten Wohngegend der betuchteren Münchner. Fürs Kontrastprogramm sorgt das traditionelle Arbeiterrevier Schwanthaler Höhe mit seinen multikulturellen Bewohnern.

Die grünen Hügel und silbrig glänzenden Dächer der Sportstätten im weltberühmten Olympiapark locken täglich Hunderte von Sportbegeisterten und Spaziergängern an. Das gutbürgerliche Neuhausen birgt mit der modernen Herz-Jesu-Kirche ein aufsehenerregendes Monument zeitgenössischer sakraler Architektur, und in Nymphenburg erinnern Wittelsbacher-Schloss und -Park an jene Zeiten, als die Münchner noch gekrönten Häuptern zujubelten.

Vor allem Nymphenburg und Neuhausen haben in den vergangenen Jahren einen enormen Zuwachs an Renommee erlebt und avancierten zu einem beliebten, allerdings auch recht teuren Wohnviertel. Hierher kommen die Münchner aber auch zum Ausgehen auf leicht gehobenem Niveau. Im Westend kann man richtiges Multikulti-Flair genießen. Stehkneipen und rustikale Lokale geben hier den Ton an, es riecht nach den Düften des Orients, aus den Hinterhöfen klingt die Musik des Balkan. Noch bunter wird es dann jedes Jahr im Herbst, wenn das Oktoberfest auf der Theresienwiese seine Pforten öffnet.

TOP 10

3 ★★ Schloss Nymphenburg

Nicht verpassen!

44 Olympiapark
45 Herz-Jesu-Kirche

Nach Lust und Laune!

46 BMW-Welt und -Museum
47 Sea Life
48 Olympisches Dorf
49 Ost-West-Friedenskirche
50 Kinder- und Jugendmuseum
51 Bavaria
52 Deutsches Museum Verkehrszentrum

Nymphenburger Str.
NEUHAUSEN
MAXVORSTADT
Marsstr.
Arnulfstr.
Seidlstr.
Donnersbergerbrücke
Hackerbrücke
Alter Botanischer Garten
Hauptbahnhof
50
Karlsplatz (Stachus)
Landsberger Str.
SCHWANTHALER HÖHE
Kinder- und Jugendmuseum
Deutsches Museum Verkehrszentrum
52
LUDWIGS-VORSTADT
Sonnenstr.
Theresien-wiese
Bavariaring
Herzog-Heinrich-Str.
Lindwurmstr.
51
Bavaria
400 m
400 yd

Oberwiesenfeld
Lerchenauer Str.
Landshuter Allee
Olympisches Dorf
48
Olympiazentrum
BMW-Welt und -Museum
46
Georg-Brauchle-Ring
Olympiahalle
Olympiastadion
Olympia-Schwimmhalle
47
Sea Life
Olympiasee
OLYMPIAPARK
44
Olympiapark
Westfriedhof
Dachauer Str.
Nederlinger Str.
Baldurstr.
49
Ost-West-Friedenskirche
Ackermannstr.
Wintrichring
Volpinistr.
Menzinger Str.
Nymphenburg-Biedersteiner-Kanal
Gern
GERN
Nederlinger Str.
Schwere-Reiter-Str.
3
Schloss Nymphenburg
Notburgastr.
Schloßkanal
St.-Galler-Str.
NEUHAUSEN
Petrostr.
NYMPHENBURG
Nymphenburger Str.
Leonrodstr.
Roman-platz
Romanstr.
45
Herz-Jesu-Kirche
Arnulfstr.
Nibelungenstr.
Rotkreuzplatz
Wendl-Dietrich-Str.
Maillingerstraße
Donnersbergerstr.
400 m
400 yd
Arnulfstr.

Mein Tag zwischen Regenwäldern, Himalaya und Barockgarten

Statt Shopping steht heute viel Grün auf dem Programm: mal akkurat gepflegt, mal scheinbar wild – und mal barock. Dabei gibt es viel zu sehen – und viel zu laufen. Aber wir machen auch gemütliche Pausen!

9.30 Uhr: Lustwandeln unter Palmen

Start am Botanischen Garten, der nordöstlich unmittelbar an den Park von ❸ ★★Schloss Nymphenburg anschließt: Gleich links vom Eingang geht's in exotische Gefilde: Das Palmenhaus vom Jahr 1910 und die angrenzenden Gewächshäuser bergen Pflanzen aller Klimazonen und Kontinente. Besonders spektakulär ist es, wenn die exotischen Seerosen im Victoriahaus ihre Blüten entfalten; im Winter schlüpfen im Wasserpflanzenhaus Hunderte von Schmetterlingen. Im Orchideenhaus kommt man sich angesichts der zur Schau gestellten Schönheiten vor wie bei Germany's next Top Model.

10.30 Uhr: Wenn im Frühjahr die Tulpen blühn

Den Gewächshäusern gegenüber kleidet sich der Schmuckhof je nach Jahreszeit mit einem wahren Feuerwerk von Frühlings-, Sommer- oder Herbstblüten. Von den Gärtnern so kunst- wie liebevoll zu verspielten Mustern und Formen gepflanzt, umrahmt die bunte Pracht ein Wasserbecken, über dessen Seerosen anmutig die Libellen tanzen.

11 Uhr: Vom Himalaya in die Farnschlucht

Nach Südwesten durchqueren Sie das Arboretum mit mächtigen alten Bäumen aus verschiedenen Kontinenten – selbst eine Sequoia ist dabei. Im Alpinum über dem Großen Teich kraxeln Sie zwischen Julischen Alpen und Himalaya herum – rein pflanzentechnisch, versteht sich. Am Bach entlang spazieren Sie auch noch durch eine schattige Schlucht – das Reich der Farne und Rhododendren. Wenn die in den Monaten April/Mai blühen, bieten sie ein atemberaubendes Farben-Spektakel.

12.30 Uhr: Pause bei einem Haferl Kaffee

Durch den Rhododendronhain geht's nordwärts in Richtung Café im duftenden Rosengarten. Mit Blick auf die Königinnen der Blütenwelt schmeckt ein Apfelstrudel zum Kaffee besonders gut. Südlich des Cafés öffnet sich ein Tor zum angrenzenden Nymphenburger Schlosspark: Den ursprünglich streng geometrisch konzipierten französischen Barockgarten baute Ferdinand von Sckell der Mode der Zeit folgend ab 1800 nach dem Vorbild eines englischen Landschaftsgartens um. Sie

Es grünt so grün – im Botanischen Garten (oben) wie im Nymphenburger Park (rechts/rechte Seite: Apollo-Tempel, Amalienburg, Großes Parterre.

betreten eine Art Waldlandschaft mit geschickt platzierten Natur- und Architekturhighlights.

13.30 Uhr: Auf verschlungenen Wegen durch den Park

Eines dieser Architekturhighlights im Nymphenburger Park ist die Magdalenenklause mit ihrem unverputztem, dekorativ bröckelndem Mauerwerk. Im betont schlicht eingerichteten Innern verkörpert die Einsiedelei unter hohen Bäumen das Kontrastprogramm zum höfischen Luxus. Den repräsentiert die Pagodenburg westwärts durch Wald am Ufer des Pagodenburger Sees: Eine orientalische Villa mit Lackschirmen, weiß-blauen Kacheln, seidenbespannten Wänden und stilisierten China-Drachenlampen.

14.30 Uhr: Der Aha-Effekt

Nach Westen hin laufen Sie nun auf eine große Wiese zu: Sie sehen nichts? Eben, genau das ist es: große Gartenbaukunst! Hier wurde die Schlossmauer so abgesenkt, dass der fürstliche Promeneur seinen Blick weit schweifen lassen konnte. Aha! Davor geht's nach links zur Großen Kaskade, die das Wasser für den Park in den zentralen Mittelkanal einspeist und verteilt. Zum Beispiel zur Badenburg, Max Emanuels luxuriösem Hallenbad.

15 Uhr: Wo der kleine Ludwig spielte

Auch das Wassernetz gestaltete Sckell neu: Er führte mäandernde Bächlein durch seine artifizielle Waldlandschaft. So wie im Kron-

prinzengarten mit Hexenhaus – recht beliebt bei Münchner Kindern, weil man im Bach wunderbar plantschen kann. Nicht weit entfernt schmückt die hübsche Amalienburg mit Salon, Spiegelsaal und Fasanenzimmer eine kleine Lichtung.

16 Uhr: Pause im Palmenhaus

Das Große Parterre ist der verbliebene Rest der ursprünglichen Gartenanlage. Genießen Sie das grandiose Zusammenspiel von Fontäne, Statuen und der Schauseite des Nymphenburger Schlosses! Alles ist hier auf Sichtachsen ausgerichtet: vom Schloss zur Kaskade. Wenige Schritte weiter gelangen Sie zum Café im Palmenhaus. Zeit für einen Imbiss zwischen blühenden Rabatten oder drinnen unter Palmen.

17.30 Uhr: Himmlisches Defilee und kulinarische Genossen

Auf das Schloss zugehend, nehmen Sie das Defilee der Himmlischen ab: Entlang des Mittelgangs des Großen Parterre sind Statuen von Apollo und Venus, Jupiter und Ceres, Pluto und Proserpina versammelt; dazwischen blühen Tulpen, Narzissen, Primeln oder Rosen im Wechsel der Jahreszeiten. Der Kanal setzt sich hinter dem Schloss fort und verläuft nach Osten. An der wunderbar-modernen 45 Herz-Jesu-Kirche vorbei erwartet Sie ein Anachronismus der Münchner Gastroszene zum Abendessen: das Ruffini. 1978 als selbstverwalteter Betrieb gegründet, wird es bis heute von 26 Gesellschaftern geführt. Zum Abendessen servieren sie feinste mediterrane Küche in Bio-Qualität.

3 ★★ Schloss Nymphenburg

Warum?	Besichtigung und Erholung, Kunst und Natur
Was?	Ein Prunkschloss, ein herrlicher Park, ein Kutschenmuseum
Wie lange?	Ganz nach Belieben
Wann?	Unbedingt bei schönem Wetter
Was bleibt?	Der Eindruck: Oh, wie schön ist Nymphenburg!

Wenn es den Kurfürsten zu heiß wurde oder wenn sie erschöpft waren vom Regieren, flüchteten sie in ihre Sommerresidenz nicht weit vor den Toren der Stadt, wo das Schloss Nymphenburg südliches Flair verströmte.

Zur Geburt des Sohnes Maximilian Emanuel schenkte Kurfürst Ferdinand Maria 1663 seiner Frau Henriette Adelaide die Schwaige Kemnath, die zur »Urzelle« von Schloss Nymphenburg wurde.

Die Crème de la Crème der europäischen Baumeisterszene hatte die Schlossanlage zunächst im Stil des Barock, später des Rokoko gestaltet. Nach den Italienern Agostino Barelli, Enrico Zuccalli und Antonio Viscardi trieben die Münchner Baumeister Joseph Effner, François Cuvilliés d. Ä. und später Johann Baptist Zimmermann unter Max II. Emanuel (bis 1726), Karl Albrecht (bis 1745) und Maximilian III. Joseph (bis 1777) den Ausbau voran. So entstand eine weitläufige symmetrische Schlossanlage, die bis zum Ende der Monarchie im Jahr 1918 als Sommerresidenz der Wittelsbache diente.

Göttlicher Müßiggang und eine irdische Schönheitsgalerie

Pracht und Prunk im Rokokostil dominieren auch das Innere. Stuck, Fresken, Gold, Gobelins, Gemälde, wohin man auch blickt. Am eindrucksvollsten ist der zentrale Steinerne Saal, über dem sich Johann Baptist Zimmermanns Riesenfresko wölbt. Da frönen olympische Götter von Venus bis Apoll dem Müßiggang, während – eine allegorische Anspielung auf »Nymphenburg« – Nymphen der Naturgöttin Flora huldigen. Züchtig und keusch und fast ein wenig zu naiv blicken die Damen der Schönheitsgalerie Ludwigs I. dem Betrachter entgegen. Ab dem Jahr 1823 malte der Hofmaler Joseph Stieler die hübschen Damen aus allen Gesellschaftsschichten. Darunter auch Maria Dolores Elisa Gilbert in Puffärmeln und hoch geschlossenem Spitzenkragen, besser bekannt als Lola Montez.

An der Westseite des nach italienischen Vorbildern errichteteten »Lusthauß Nymphenburg« öffnet sich der Blick zum Park. Das Deckengemälde des festlichen Steinernen Saals zeigt den olympischen Götterhimmel.

Königliche Parkpromenade

Im Jahr 1715 wurde der Gartenarchitekt Dominique Girard für die Anlage des Schlossparks verpflichtet. Als gegen Ende des 18. Jh.s der Adel das Volk nicht mehr auf Distanz halten konnte, übergab Kurfürst Karl Theodor 1792 den Barockpark der Öffentlichkeit. Allerdings wollte man auch weiterhin up to date sein, weshalb Ludwig von Sckell die Parkanlage ab dem Jahr 1804 zu einem englischen Landschaftsgarten umgestaltete.

Für Feierlichkeiten, als Repräsentationsobjekte oder als Rückzugsmöglichkeiten wurden schon Anfang des 18. Jh.s mehrere Dependancen in Auftrag gegeben und »geplant zufällig« über den Schlosspark verteilt. Die Gartenschlösser Amalienburg, Badenburg (mit »Hallenbad«) und die ganz ostasiatisch gehaltene Pagodenburg zeigen Prunk en miniature. Vor allem das von Cuvilliés in den Jahren 1734 bis 1739 erbaute Jagdschlösschen für Kurfürstin Amalie ist ein wahres Rokokoprachtstück von beispielloser Eleganz und Leichtigkeit. Dagegen sollte die Magdalenenklause als künstlich geschaffene Ruine ganz im Sinn der Romantik die Suche nach Weltabgeschiedenheit verkörpern.

Kutschen und Porzellan

Mobilität war schon den Kurfürsten ein hoher Wert. Allerdings haben die meisten Prunkkutschen im Marstallmuseum im Südtrakt des Schlosses keine hohe Kilometerleistung hinter sich, sie dienten hauptsächlich dem Repräsentieren. Den Höhepunkt bildet die Krönungskarosse, die 1742 bei der Inthronisation von Karl Albrecht als Kaiser Karl VII. über Frankfurts Pflaster holperte. Noch filigranere Handwerkskunst zeigt das Museum Nymphenburger Porzellan. Künstler wie Dominikus Aurliczek und Franz Anton Bustelli, der erste Modellmeister der hiesigen Porzellanmanufaktur, hatten die Münchner Porzellankunst im 18. Jh. zu einer ersten Hochblüte gebracht.

Links: im Audienzzimmer des Schlosses. Rechts: Prunkkutsche im Marstallmuseum.

In voller Blüte

Im Norden des Nymphenburger Parks entführen Gewächshäuser in den Dschungel und in die Wüste – das Freigelände präsentiert die Vielfalt der einheimischen Flora (Neuer Botanischer Garten, Menzinger Str. 65, www.botmuc.de)

KLEINE PAUSE

Im **Schlosscafé im Palmenhaus** genießen Sie unter einem riesigen Ludwig II. in Öl und unter Palmen – oder im Sommer im Freien – Kaffee und Kuchen.

---

i 212 A3 ✉ Schloss Nymphenburg ☎ 089 17 90 80 🌐 www.schloesser.bayern.de ◷ 9–18, Winter bis 16 Uhr (Parkschlösschen Mitte Okt.–März geschl.); Tram 12 Schloss Nymphenburg 15 € (Mitte Okt.–März 12 €)

Mit dem Gondoliere auf dem Nymphenburger Kanal

Früher war das gang und gäbe: Die höfische Gesellschaft schaukelte auf Prunkbooten auf dem Nymphenburger Kanal herum und spielte Venedig. Wäre das etwas für Sie? Dann besprechen Sie mit dem Gondoliere am Mittelkanal, wann die nächste Fahrt stattfindet, und reservieren sich einen Platz. Auf der original venezianischen Gondel den Kanal bis zur Kaskade und wieder zurück zu schippern, das hat was. Seidenschirmchen und Puderperücke nicht vergessen!

Reservierung direkt vor Ort oder unter Tel. 0175 6 00 04 68, www.gondel-nymphenburg.de, Ostern bis Mitte Okt. Fr–So. 11–18 Uhr, Dauer 30 Min., 15 €

44 Olympiapark

Warum?	Erholung und innovative Architektur
Was?	Hügellandschaft, Sportstadien und ein Fernsehturm
Wie lange?	Nach Gusto eine Stunde bis einen halben Tag
Wann?	An einem schönen Sommernachmittag
Was bleibt?	Der Eindruck: So sinnlich kann moderne Architektur sein

Was für eine Karriere: Exerziergelände, Zeppelinlandeplatz, Halde für Bombenschutt und dann, 1972, Schauplatz der XX. Olympischen Sommerspiele mit einer einzigartigen Zeltdacharchitektur!

Heute ist der Olympiapark eines der größten innerstädtischen Erholungsgebiete: Am Olympiaberg treffen sich im Winter Skifahrer und Snowboarder – auch zum Einkehrschwung in der Original-Skihütte! Inlineskater sausen um den Olympiasee, Jogger keuchen bergauf, Kinder lassen Drachen steigen oder fahren Schlitten; das Schwimmstadion ist ein beliebtes öffentliches Schwimmbad. Der Theatron-Musiksommer präsentiert auf der Bühne am See fetzige Newcomer-Bands. Und beim Sommer-Tollwood jenseits des Olympiabergs geben sich im Juni Musiker, Kleinkünstler und die alternative Szene ein Stelldichein.

Im Olympiastadion verfolgten während der Olympiade 1972 80 000 begeisterte Zuschauer die Wettkämpfe,

Auferstanden aus Ruinen

Überragt wird das Areal vom fast 290 m hohen Olympiaturm (Juni 24–Mai 26 wg. Sanierung gesperrt). Von der Aussichtsplattform in 190 m Höhe ist der Blick phänomenal; vor allem, wenn der Föhn die Bergkette der Alpen täuschend nah bis unmittelbar an Münchens Stadtgrenze holt.

Ein ähnlicher Rundumblick aus nur 52 m Höhe bietet sich vom Olympiaberg, unter den älteren Münchnern immer noch als »Schuttberg« bekannt, denn nichts anderes als der Schutt des im Zweiten Weltkrieg bombar-

dierten und in großen Teilen zerstörten München verbirgt sich unter den Hügeln des Olympiaparks.

Auf der »Zeltdach-Tour« können Schwindelfreie, gesichert mit Karabiner und Seil, das Olympiastadion von oben betrachten und mit dem Flying Fox abfahren.

Ein architektonischer Geniestreich

Das Olympiastadion, die Große und die Kleine Olympiahalle sowie die Olympiaschwimmhalle wurden 1968–1972 nach Plänen der Architekten Behnisch & Partner errichtet. Das spektakuläre Zeltdach, das Stadion und Hallen überspannt, entwickelte der Architekt Frei Otto: ein 75 000 m^2 großes Stahlnetz, das an zwölf bis zu 81 m hohen Masten hängt und mit Acrylglas gedeckt ist.

Die XX. Olympischen Spiele

All das entstand für die XX. Olympischen Sommerspiele 1972, die als »heiter« gefeiert wurden und doch so grausam endeten. Am 5. September 1972 überfiel ein palästinensisches Terrorkommando die israelische Männermannschaft, ermordete zwei Sportler und erreichte in quälenden Verhandlungen, dass Entführer und Geiseln nach Fürstenfeldbruck gebracht wurden, wo eine Befreiungsaktion im Blut-

Im Uhrzeigersinn von ganz oben: Blick von der Aussichtsplattform des Olympiaturms auf die weitläufige Parkanlage, Joggerin am Olympiaberg, Zeltstadt beim Sommertollwood.

bad endete. Lange Zeit war ein Gedenkstein vor dem Haus in der Connollystr. Nr. 31 die einzige Erinnerung an diese Ereignisse; 2017 wurde ein Mahnmal eingeweiht, das der zwölf Opfer gedenkt und das schreckliche Geschehen in einem halbstündigen Film thematisiert (Kolehmainenweg 11).

KLEINE PAUSE

Zünftig geht's zu auf der **Olympia-Alm** am Weg hoch zum Olympiaberg: Biergartenfeeling mit Fleischpflanzerl, Bier und Zeltdachblick.

ⓘ 200 B3 ☎ 089 30670; Olympiaturm 089 30668585; Olympiastadion 089 30672707 🌐 www.olympiapark.de
🕐 Olympiaturm 9–23 Uhr; Olympiastadion Mai–Aug. 9–20, März, April, Sept., Okt. 9–18 Uhr Ⓤ Olympiazentrum
🎫 Olympiastadion 3,50 €, Olympiaturm 13 € (Juni 24–Mai 26 gesperrt)

㊺ Herz-Jesu-Kirche

Warum?	Einer der spektakulärsten Sakralbauten Münchens
Was?	Zwei ineinander verschachtelte Kuben bilden einen grandiosen Kirchenraum
Wie lange?	Wie es Ihnen gefällt
Wann?	Wenn die Sonne scheint, leuchtet der Glaskubus besonders schön
Was noch?	Den Kreuzweg erkunden

Die größten Kirchentüren der Welt laden ein, weit geöffnet, zumindest wenn das Wetter stimmt … Der Aufschwung der modernen Architektur in München hat auch den Kirchenbau erreicht: Die Herz-Jesu-Kirche in Neuhausen setzt neue Maßstäbe.

Nachdem ein Feuer 1994 die alte Herz-Jesu-Kirche an der Lachnerstraße völlig zerstört hatte, bot sich an gleicher Stelle die Gelegenheit für einen Kirchenneubau. Die Gemeinde wünschte ein modernes Gotteshaus, ungewöhnlich, wegweisend, offen. Der Kirchenraum solle konzeptionell einheitlich, wie es in der Ausschreibung hieß, »Klarheit, Ruhe und Geborgenheit ausstrahlen. Besonderes Augenmerk ist der Lichtführung zu widmen, die die Feierlichkeit des Raumes steigern und den Altar als Mittelpunkt herausheben soll«. Das Architekturbüro Allmann/Sattler/Wappner erhielt den Zuschlag. Die im Jahr 2000 geweihte Kirche besteht, vereinfacht gesprochen, aus zwei Kuben, die gleichsam übereinandergestülpt wurden. Die Wand des inneren »Würfels« machen Lamellenwände aus Ahornholz aus, die äußere Raumhülle aus Glas wirkt wie über den inneren Schrein gesetzt. Mithilfe der Lamellen und des Glases führen die Architekten geschickt Lichtregie.

Gespiegeltes Blau: zum Ruhme Gottes.

Verschlüsselte Botschaften

Zwischen den beiden Würfeln verläuft ein hoher Wandelgang mit einem modernen Kreuzweg.

Im Eingangsbereich fällt das Kruzifix auf – eines der wenigen Objekte, die den Brand von 1994 überstanden haben. Die Passion Christi nehmen die 14 m hohen Portalflügel ikonografisch auf: Der Künstler Alexander Beleschenko hat den Text aus dem Johannesevangelium, der von der Öffnung der Seite Jesu mit der Lanze berichtet, in einen speziell für die Tore entwickelten Code aus Nägeln umgewandelt – Geheimschrift also, Dechiffrierung unmöglich!

Passion als Kunstinstallation

Im Kirchenraum führen die Fünf Wunden das Thema Leidensgeschichte fort: Fünf kleine Fenster im Boden symbolisieren die Wundmale Jesu. Zentraler Blickfang und Höhepunkt der konzeptionellen Ausrichtung des Gotteshauses auf die Passion ist der Kreuzvorhang hinter dem Altar. Das Metallgewebe lässt durch unterschiedliche Webtechniken und durch verschiedene Dichte in der doppelt gearbeiteten Struktur ein Kreuz deutlich gegenüber dem Rest des Vorhangs hervortreten – ein Effekt, den Kunstlicht am Abend noch intensiviert. Der Kreuzvorhang nimmt also, ähnlich wie das halb durchscheinende Portal aus blauen Glastäfelchen, die Leitlinie des gesamten Kirchenbaus auf: mithilfe von Licht das Leiden Christi darzustellen.

Lamellenwände aus Ahornholz bestimmen das lichte Innere der Kirche.

Was jenseits aller architektonischen und konzeptionellen Programmatik die Kirche bemerkenswert macht, ist die exzellente Akustik. Unter Münchens Hobbychören hat es sich bereits herumgesprochen, dass selbst zarte Stimmchen nirgends schöner klingen als hier.

KLEINE PAUSE

Verfeinerte italienische Küche bietet das Restaurant **Romans** (Romanstr. 1) in der Nähe der Herz-Jesu-Kirche. Eine Portion Nudeln oder ein Risotto – und weiter geht's.

---

i ✢ 204 westl. A3 ✉ Lachnerstr. 8 ☎ 089 130 67 50 ◑ 8–19 Uhr
🌐 www.erzbistum-muenchen.de Ⓤ Rotkreuzplatz

Nach Lust und Laune!

Die BMW-Welt ist ein futuristisch anmutendes Erlebniszentrum rund um die automobile Welt.

46 BMW-Welt und -Museum

Als erstes sticht die Architektur des BMW-Auslieferungszentrums ins Auge. Die Übergabe des neuen Fahrzeugs an den Käufer wird in dem auffälligen Bau der Architekten Wolf D. Prix und Coop Himmelb(l)au als feierliches Event zelebriert. Entsprechend edel ist das Drumherum: die Ausstellung »Markenwelt«, die Gastronomie, das Veranstaltungsprogramm mit Musik und Show. Erstaunlicherweise ist die BMW-Welt die am häufigsten besuchte Attraktion in Bayern. Das BMW-Museum nebenan zeigt die bekanntesten und ausgefallensten Automobile, Motorräder und Motoren aus der mehr als hundertjährigen Firmengeschichte.

200 C5 ✉ Am Olympiapark 1 ☎ 089 125 01 60 01 🌐 www.bmw-welt.com ◑ BMW-Welt Mo–Sa 7.30–24, So 9–24, Museum + Shop Di–So 10–18 Uhr Olympiazentrum Museum 10 €

47 Sea Life

Faszination Unterwasserwelt: Das Erlebnisaquarium auf dem Olympiagelände begeistert Besucher mit 33 Becken, in denen u.a. über 20 verschiedene Haiarten ihre Kreise drehen. Großen Wert legt man auf die Themen Umwelt- und Artenschutz.

200 C4 ✉ Willi-Daume-Platz 1 🌐 www.visitsealife.com ◑ Mo–Fr 10 bis 17, Sa, So 9–18 Uhr, Winter eingeschränkt, Olympiazentrum nur online 21,50 €, Kind 17 €

48 Olympisches Dorf

Hier wohnten im Sommer 1972 für ein paar Wochen Sportler aus aller Welt, in den Hochhäusern genauso wie in den kleinen Bungalows. Die Mehrzahl der ehemaligen Sportlerunterkünfte wurde schon längst zu Eigentumswohnungen umfunktioniert. Aber die Zimmer in einem der Hochhäuser sowie die Bungalows lindern das Wohnungsproblem für Studenten in München. Und die lassen ihrer Kreativität freien Lauf, wie ein Bummel durch die Gässchen der Bungalowanlage zeigt: Viele Häuschen sind fantasievoll bemalt, mal windet sich Nessie über die Hausfront, mal spitzen Giraffen ihre Köpfe aus dem Efeu. Allerdings blättern überall Putz und Farbe, aber vielleicht gehört das ja zum leicht anarchisch anmutenden Touch dieser kleinen Siedlung.

200 B5 Olympiazentrum

Studentenbungalow im Olympischen Dorf.

49 Ost-West-Friedenskirche

Das skurrile russisch-orthodoxe Kirchlein aus Zivilisationsmüll wie Schokoladenpapier und Blechdosen südwestlich des Olympiabergs und sein Erbauer, der russische Einsiedler Väterchen Timofej, genießen unter eingesessenen Münchnern fast so etwas wie Kultstatus. Timofej hat hier nicht nur seit 1952 über Jahrzehnte autark gelebt und Eremitage wie Kirche errichtet, er hat auch der Bürokratie die Stirn geboten: Als auf »seinem Areal« das olympische Reiterstadion entstehen sollte, trotzte er – mit Unterstützung der Münchner – dem Räumungsbefehl, und das Stadion wurde schließlich im fernen Riem erbaut! Im Jahr 2004 ist Timofej, um dessen angeblich weit über 100 Lebensjahre sich endlose Spekulationen ranken, im Altersheim gestorben.

200 B3 bei schönem Wetter 10–16 Uhr Olympiazentrum

50 Kinder- und Jugendmuseum

Die Kinder neugierig zu machen, sie zum Staunen, Mitmachen, Lernen und Verstehen zu bringen – das hat sich das Museum in einem Seitentrakt des Hauptbahnhofs zum Ziel gesetzt. Dementsprechend breit präsentiert sich das Spektrum an Kinder- und Jugendthemen: Mal können die Kleinen Riesenseifenblasen machen – eine ziemlich schmierige Sauerei, aber schön! –, mal dürfen sie die Wunderwelt der

Immer ein guter Treffpunkt: die Bavaria auf der Theresienwiese.

Chemie erforschen, mal gehen die Ausstellungsmacher das Tabuthema Tod kindgerecht an.

✈ 204 C1 ✉ Arnulfstr. 3 ☎ 089 54 04 64 40 🌐 www.kindermuseum-muenchen.de ◑ Do, Fr 14–17, Sa, So 10–17 Uhr 🚆 Hauptbahnhof 🎟 5,50 €

51 Bavaria

Wollten Sie schon immer mal einen Blick in das Innenleben einer Frau werfen? In Ludwig von Schwanthalers 1560 Zentner schwerer, 18 m hoher, aus Bronze gegossener Matrone können Sie gar über 130 Stufen bis in den Kopf vordringen! Mit Eichenkranz und Schwert wacht die Symbolfigur Bayerns zusammen mit dem ehernen Löwen über die Theresienwiese und im Herbst über den Trubel des Oktoberfests. Hinter der Bavaria erinnert Klenzes dorische Ruhmeshalle von 1834 mit zwei Gedenktafeln und 97 Büsten an 114 herausragende bayerische Persönlichkeiten (sowie mit einer weiteren Büste an den Stifter Ludwig I.).

✈ 208 B3 ✉ Theresienhöhe 16 ☎ 089 29 06 71 ◑ April–5.Okt. 9–18 Uhr, während des Oktoberfestes bis 20 Uhr 🚆 Theresienwiese 🎟 5 €

52 Deutsches Museum Verkehrszentrum

Dem Thema Verkehr und Mobilität widmet sich dieser Ableger des Deutschen Museums in den drei denkmalgeschützten Hallen auf der Münchner Theresienhöhe. Technologie, Geschichte und Zukunftsperspektiven des Verkehrs stehen im Mittelpunkt. Halle I demonstriert »Chaos und Ordnung des Stadtverkehrs«. Halle II beschäftigt sich mit dem Thema Reisen – von den verschiedensten Verkehrsmitteln bis hin zu den problematischen Folgen schier unbegrenzter Mobilität. Von Kutschen über Dampflokomotiven bis hin zum Transrapid reicht der Bogen, den die Ausstellung in der Halle III schlägt.

✈ 208 A3 ✉ Theresienhöhe 14 a ☎ 089 217 93 33 🌐 www.deutsches-museum.de/verkehrszentrum/ ◑ 9–17 Uhr 🚆 Schwanthaler Höhe 🎟 8 €

Wohin zum ...
Essen und Trinken?

Preise für ein Essen (z.B. ein Tages-/ Hausmenü, im Regelfall inkl. Getränk):

€	unter 25 €
€€	25–60 €
€€€	über 60 €

RESTAURANTS

Broeding €€€
Es gibt nur ein täglich wechselndes 5- oder 6-Gänge-Menü, aber das ist vom Feinsten: Frische, Kreativität und Stil vereinen sich hier zu einem wahren Hochgenuss.
✈ 212 östlich C1 ✉ Schulstr. 9 ☎ 089 16 42 38 🌐 www.broeding.de ⏱ Mo–Sa ab 18 Uhr Ⓤ Rotkreuzplatz

Ewiges Licht €
Wer hierherkommt, wird mehr als satt – und das auch noch bei durchaus guter Qualität. Auf der Karte zum Beispiel: Aufgeschmelzte Brez'nsuppe mit Fleischeinlage und Schnittlauchgarnierung, Bauernsülze mit Zwiebelbratkartoffeln und Remoulade sowie ein Saures Lüngerl, das es fast nirgends mehr gibt.
✈ 212 östlich C1 ✉ Wälsungenstr. 1 ☎ 089 18 92 13 80 ⏱ Mo–Fr 12–24, Sa ab 16, So 16–22 Uhr; Tram 12, 16 Steubenplatz

Marais Soir €€€
Im Dunkeln ist's gut munkeln – aber auch gut essen? Hier schon, das Marais Soir pflegt französische Kochkunst auf hohem Niveau und serviert, wenn der Gast es möchte, in einem ziemlich dunklen Raum, den nur eine »Mondscheibe« an der Wand erhellt. Ein Lokal für den besonderen Abend!
✈ 208 A5 ✉ Schwanthalerstr. 131 ⏱ 089 62 83 86 62 🌐 www.marais-soir.de ⏱ Mo–Sa 18 bis 24 Uhr Ⓤ Schwanthalerhöhe

Osteria Mugolone €€–€€€
Hier kommen mediterran und toskanisch inspirierte Eigenkreationen auf den Tisch. Die Speisekarte wechselt täglich, verwendet werden nur Zutaten von höchster (ökologischer) Qualität. Zuvorkommender Service.
✈ 204 A3 ✉ Maillingerstr. 12 ☎ 089 12 73 98 36 🌐 www.osteria-mugolone.de ⏱ Di–Sa 18–24, Di–Do auch 12–14 Uhr Ⓤ Maillingerstraße

Ruffini €–€€
Das Ruffini (siehe »Mein Tag ...«, S. 147) ist ein Münchner Klassiker (seit 1978). Auf beste Qualität wird geachtet, das Fleisch ist rein biologisch. Der kulinarische Schwerpunkt liegt auf Italien. Die Speisekarte spricht auch Vegetarier an. Mit Weinseminaren, Livemusik und Lesungen betreibt man Kulturpflege, im Sommer gibt es eine Terrasse.
✈ 212 östlich C3 ✉ Orffstr. 22 ☎ 089 16 11 60 🌐 www.ruffini.de ⏱ Di 18–24, Mi–So 10–24 Uhr Ⓤ Rotkreuzplatz

Volkart Tapas Bar €€
Ein kleiner Abstecher nach Spanien gefällig? Tapas, Paella, Cocktails, Weine, Musik, ja selbst Küchenpersonal und Kellner sind Botschafter ihrer spanischen oder lateinamerikanischen Heimat. Das Essen ist lecker und die Stimmung locker und entspannend wie eine Sangria auf Ibiza.
✈ 204 westl. A5 ✉ Volkartstr. 15 ☎ 089 21 96 98 83, Di–Sa 17–24 Uhr 🌐 www.volk-art.com Ⓤ Rotkreuzplatz

EISCAFÉ

Sarcletti
Berühmt für das vielleicht beste Eis der Stadt: Die Sarclettis eröffneten schon im Jahr 1879 eine erste Eisdiele an der Isar.
✈ 212 östlich C2 ✉ Nymphenburger Str. 155 ☎ 089 15 53 14 🌐 www.sarcletti.de ⏱ 9–21/ 23.30 Uhr Ⓤ Rotkreuzplatz

BIERGÄRTEN

Augustinerkeller €–€€
Unter den riesigen, teils über 100 Jahre alten Kastanien verstreicht die Zeit schnell bei einer Brotzeit aus der »Schmankerlngasse« und einer Maß aus dem Holzfass. Bei schlechtem Wetter gibt's bayerisch-deftige Gerichte auch im historischen Bierkeller.
✈ 204 B2 ✉ Arnulfstr. 52 ☎ 089 59 43 93 🌐 www.augustinerkeller.de ⏱ tgl. 10–24 Uhr; Tram 16, 17 Hopfenstraße

Hirschgarten €
Der Biergarten ist einer der beliebtesten (und größten) in München. Immer noch ein Geheimtipp: das Magdalenenfest Mitte Juli, eine kleine »Dult« (Jahrmarkt) gleich beim Biergarten.
212 C1 Hirschgarten 1 089 17 25 91
11–24 Uhr 51 Hirschgartenallee; Tram 12 Romanplatz

Löwenbräukeller €–€€
Das riesige Wirtshaus mit dem Türmchen und dem Biergarten am Stiglmaierplatz ist nicht zu verfehlen. Im Bräustüberl servieren gestandene Kellnerinnen Deftiges.
204 C3 Nymphenburger Str. 3 089 52 60 21 www.loewenbraeukeller.com
11–23/24 Uhr Stiglmaierplatz

Taxisgarten €
Im Schatten von hohen Eschen und Kastanien versorgen Sie sich nach guter alter Biergartenmanier in Selbstbedienung mit den typischen Biergarten-»Schmankerln« (Fleisch aus der betriebseigenen Metzgerei). Dazu gibt's eine kühle Maß – so lässt sich's aushalten!
212 östlich C3 Taxisstr. 12 089 15 68 27 www.taxisgarten.de 10–22.30 Uhr Gern

Wohin zum … Einkaufen?

Himmelblau (Nymphenburger Str. 179) wie der Name des Ladens ist auch die Türe, die in ein kunterbuntes Reich von Töpfen, Accessoires, Praktischem, Dekorativem und Überflüssigem führt. Da werden Sie garantiert etwas finden! Wein, und zwar vom Feinsten, vor allem aus Frankreich und Italien, findet man bei **Vin-Wein-Vino** (Nördliche Auffahrtsallee 66); vom Besitzer wird man kompetent beraten. Ein paar Häuser weiter findet man in **Flügels Spiel & Holzwerkstatt** (Nördliche Auffahrtsallee 62) farbenfrohe Mitbringsel aus Holz. Wer 14 800 Euro für einen Standbrunnen übrig hat, dem sei die **Porzellan Manufaktur Nymphenburg** (Nördliches Schlossrondell 8) empfohlen. Man kann sich aber auch für eine Servierplatte für 29 500 Euro entscheiden … oder für einen bayerischen Löwen ab 29 Euro … Szenenwechsel: Das Westend fühlt sich an wie Berlin, und die **Parke6** (Schwanthaler Str. 156, https://parke6.de) ist der passende Laden dazu: Mode von angesagten Labels für sie/ihn/divers – sehr trendy!

Wohin zum … Ausgehen?

DISKOTHEKEN, CLUBS

In der »Container-Stadt« des **Backstage** (Reitknechtstr. 6, Tel. 089 126 61 00, www.backstage.eu, 19–4 Uhr) bestimmt gitarrenlastiger Rock von Punk bis Ska den Mix aus Konzerten und DJ-Musik. Der Oldie unter Münchens Partyhallen ist die **Nachtgalerie** (Landsberger Str. 185, Tel. 089 32 45 55 95, www.nachtgalerie.de, Fr/Sa ab 22.30 bis 5 Uhr). Der Clubkultur in allen Variationen widmet sich auch das **Feierwerk** (Hansastr. 39, Tel. 089 72 48 80, www.feierwerk.de). DJs und Live-Acts spulen das ganze Programm ab: Independent, Elektro, Drum 'n' Bass, Techno, Goa. Allerdings ist in **Kranhalle**, **Hansa 39** und **Orangehouse** vor 22.30 Uhr noch kaum etwas los. Wer mit dem Bus kommt, kann noch im Bahnhof zum **Neuraum** (Arnulfstr. 17, Tel. 089 38 15 38 99 99), www.neu raum.de, Fr/Sa ab 22.30) in den Untergrund gehen – mit der größten LED-Wand der Stadt fürs »Visual-Jockey-Programm«.

THEATER & KLASSISCHE MUSIK

Avantgarde-Theater mit internationalen Gastspielen hat sich das **Pathos München** ins Programm geschrieben (Dachauer Str. 110 D, www.pathosmuenchen.de). Die **Nymphenburger Schlosskonzerte** im Hubertussaal versprechen ein ganz besonderes Musikerlebnis (www.schloss-nymphenburg.de). Das **Blutenburg-Theater** (Blutenburgstr. 35, Tel. 089 123 43 00, www.blutenburg-theater.de) hat sich auf die dramaturgische Umsetzung von Kriminalstücken spezialisiert.

Sonnenuntergang bei St. Heinrich am Starnberger See – ein ganz besonderer Moment.

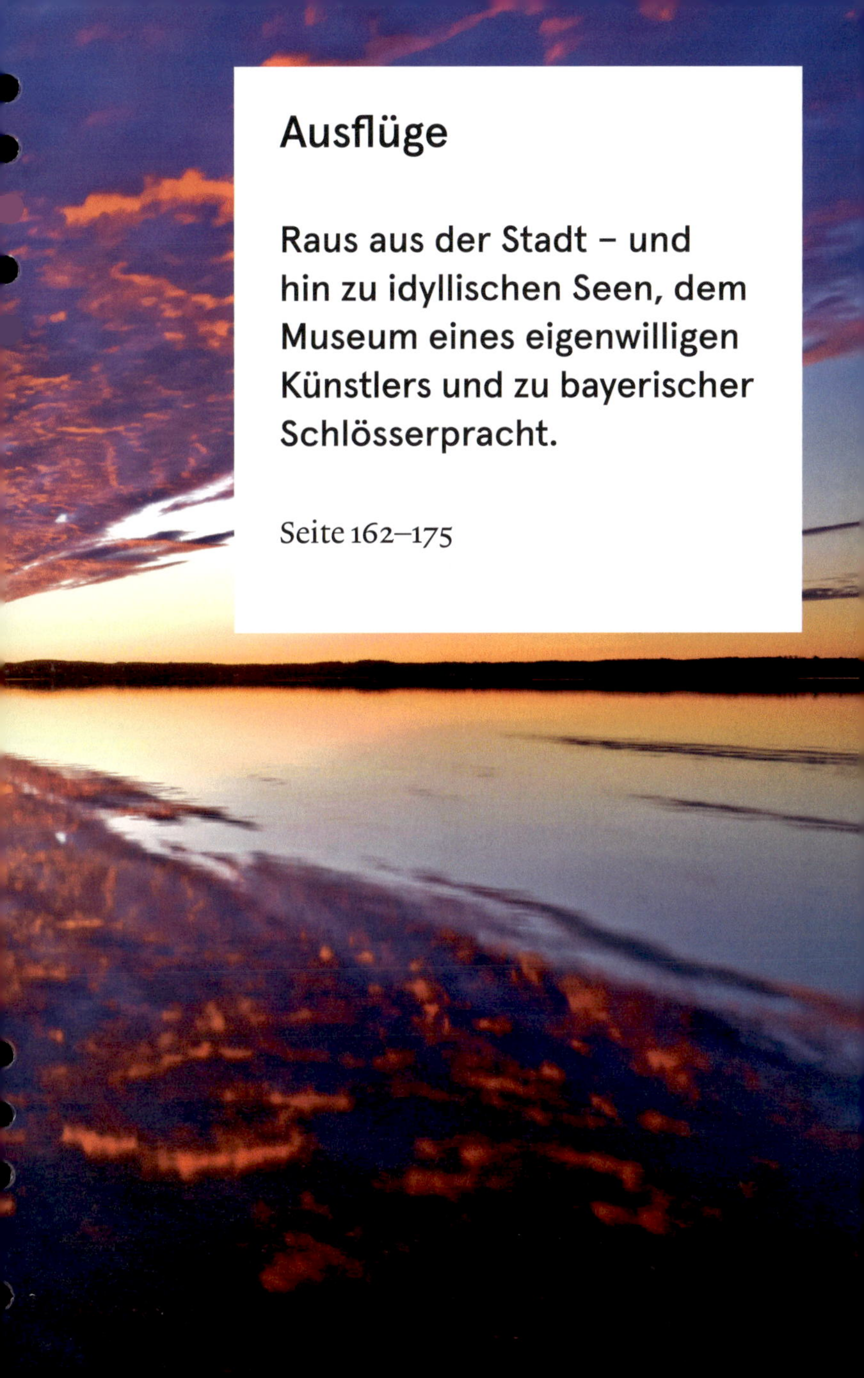

Ausflüge

Raus aus der Stadt – und hin zu idyllischen Seen, dem Museum eines eigenwilligen Künstlers und zu bayerischer Schlösserpracht.

Seite 162–175

Natur & Kultur

Auch jenseits der bayerischen Hauptstadt gibt es noch viel zu entdecken.

Im Süden der Stadt erwartet Sie Münchens »Badewanne«, der Starnberger See, mit glühenden Alpengipfeln und dem Museum eines grandiosen Exzentrikers. Im Norden promenieren Sie durchs bayerische Versailles, Schloss Schleißheim, und bewundern die »Tante Ju« bei Start und Landung – oder gar einen Zeppelin. Etwas weiter weg: König Ludwigs Traumschlösser Neuschwanstein und Linderhof.

Starnberger See

Warum?	»Sisi« war auch schon da
Was?	Pack die Badehose ein!
Wie lange?	Einen ganzen Tag
Wann?	Wenn die Sonne lacht, zeigt sich der vor einer grandiosen Alpenkulisse gelegene See von seiner schönsten Seite
Was noch?	Expressionisten, Wallfahrer und das Andechser Gefühl

Hier verbrachten schon die Wittelsbacher Könige ihre Sommer. Heute leben vor allem Prominente und Großindustrielle am Seeufer. Wer sich das nicht leisten kann, fährt einfach von München her an den See: juchhe!

Für die Münchner ist der 56 km² große, lang gestreckte See vor allem eines: ihre liebste Badewanne. An seinem Ufer locken drei große »Erholungsgebiete« mit Liegewiesen, Würstchenbuden, Eisverkäufern und Getränkeständen: Kempfenhausen im Nordosten und Ambach im Südosten sowie ganz nostalgisch die Liegewiesen im Schlosspark Possenhofen, wo einst eine werdende Kaiserin ihren zahmen Hirsch spazieren führte. Natürlich gibt's auch noch viele andere Badestellen am See – jeder Münchner hat da seinen Geheimtipp.

An der 46 km langen Uferlinie des Starnberger Sees findet jeder seinen individuellen »Einstieg« wie hier in Percha.

Wo der König ins Wasser ging: bei Berg am Nordostufer des Sees.

Der Starnberger See ist aber auch ein Schicksalsgewässer für alle bayerischen Monarchisten. Denn hier, genauer gesagt bei der Gemeinde Berg am Nordostufer des Sees, ging am 13. Juni 1886 König Ludwig II. in die Fluten und ertrank unter rätselhaften Umständen. Ein schlichtes Holzkreuz im Wasser und eine neoromanische Votivkapelle erinnern an den unglücklichen Monarchen. Seine Cousine und Freundin Elisabeth, genannt »Sisi«, die spätere Kaiserin von Österreich, wuchs gegenüber von Berg am Westufer in Possenhofen auf und verbrachte fast jeden Sommer in einem Feriendomizil nebenan in Feldafing. Auf der vorgelagerten Roseninsel sollen die beiden Königskinder heftig geturtelt haben …

Auf Sisis Spuren

Possenhofen erreichen Sie auf der Regionalstraße von Starnberg nach Tutzing. Schloss Possenhofen ist zwar in Privatbesitz, aber vom öffentlich zugänglichen Schlosspark aus können Sie einen Blick auf das Anwesen mit seinen vier Ecktürmen werfen.

Die Roseninsel

Südlich von Feldafing erwarb König Maximilian II. von Bayern im Jahr 1848 ein Seegrundstück und beauftragte den Gartenarchitekten Joseph von Lenné mit der Anlage eines Schlossparks. Das Schloss selbst wurde allerdings nie gebaut; nur auf der vorgelagerten Roseninsel entstand eine kleine, »Casino« genannte Villa inmitten duftender Rosengärten. Maximilians Sohn Ludwig II. liebte diesen Ort und verbrachte viel Zeit auf dem Eiland. Wenn Sie ihm nacheifern und im Sommer die Rosen bewundern möchten, dann setzten Sie doch vom Schlosspark mit den traditionellen »Plätten«, den flachen, vom Bootsführer gestakten Lastkähnen, über. Die Fahrt dauert nur wenige Minuten, denn die einzige Insel des Sees liegt nur knapp 200 Meter von der Feldafinger Bucht entfernt. Das historisch Bedeutendste ist hier unter dem Wasser verborgen: die Reste einer steinzeitlichen Pfahlbausiedlung, die als UNESCO-Welterbe zum universellen kulturellen Erbe der Menschheit gehört.

Das Museum der Phantasie

Südlich von Tutzing liegt in Bernried das Museum von Lothar Günther Buchheim (1918–2007). Der Autor des Weltbestsellers »Das Boot« war ein knorriger, unbequemer und oft auch ziemlich harsch auftretender Charakter. Doch in seinem nach jahrzehntelangem Ringen und Streit realisierten Museum zeigt sich der Künstler und Sammler von einer ganz anderen, heiteren Seite. Denn die berühmte Sammlung expressionistischer Kunst ist nicht das einzige Highlight des Museums. Da gibt's außerdem eine wunderbare Ausstellung von Hinterglasbildern, herrliche Kollagen aus herbstlichen Blättern von Buchheims Frau Ditti, nepalesische Stupas und afrikanische Skulpturen zu bewundern. Explizit wollte Buchheim nicht den Hauptwegen, sondern den »Wiesenpfaden der Kunst« folgen. Und so findet sich neben Kunst und Exotischem auch Kitsch und traditionell Bayerisches.

Buchheims Expressionisten

Schwerpunkt der Sammlung sind Werke der Künstlervereinigung »Die Brücke« (1905–1913), der Ernst Ludwig Kirchner, Erich Heckel, Max Pechstein sowie als temporäre Mitglieder

Günter Behnisch, der Architekt der Münchner Olympiabauten, schuf für das Buchheim Museum einen lang gestreckten, teils in den Hang hineingebauten Bau, der in einem 12 m über dem See schwebenden Steg endet.

Emil Nolde und Otto Mueller angehörten. Otto Dix, den Buchheim zur zweiten Expressionistengeneration zählt, ist mit einer großen Werkschau vertreten, ebenso Lovis Corinth als Vorläufer dieser spannenden Kunstepoche.

Schon von Weitem sichtbar thront Bayerns ältester Wallfahrtsort, das Kloster Andechs, auf dem gut 700 m hohen »Heiligen Berg«.

Kloster Andechs

Schöngeistiges (nicht nur) für Schöngeister findet man auch im Benediktinerkloster Andechs, ca. 20 km westlich von Starnberg nahe dem Ostufer des Ammersees entfernt. Seit der Gründung im Jahr 1455 brauen die Mönche hier oben das »Andechser Bier«. Eine Tour zum Starnberger oder zum benachbarten Ammersee wird also in den meisten Fällen im Bräustüberl von Andechs oder in dem schönen schattigen Biergarten enden. Doch bevor Sie sich dort den leiblichen Genüssen hingeben, lohnt ein Besuch der in den Jahren 1423 bis 1427 ursprünglich gotisch errichteten Wallfahrtskirche. Deren Inneres verwandelte Johann Baptist Zimmermann bis zum Jahr 1755 in einen beschwingten, üppig mit Stuck verzierten Rokoko(t)raum.

KLEINE PAUSE

Selten sitzt man hübscher und angenehmer als auf der Terrasse des **Cafés Buffi** (www.cafe-buffi.de) im Buchheim-Museum: Hinter sich die kühn-spektakuläre Architektur des Museumsbaus, vor sich das Seepanorama und dazu feiner Kaffee und Kuchen!

---

i

Museum der Phantasie
✉ Am Hirschgarten 1, 82347 Bernried
☎ 08158 997 00 🌐 www.buchheimmuseum.de ◐ April–Okt. Di–So 10–18 Uhr; Nov.–März Di–So 10–17 Uhr
S6 Tutzing, dann 🚌 9614 Buchheim-Museum oder per Schiff 🎫 13 €, Schiff+Museum 31 €

Kloster Andechs und Bierstüberl
✉ Bergstr. 2, 82346 Andechs
☎ 08152 37 60 🌐 www.andechs.de
◐ 10–20 Uhr, Gaststätte bis 22.30 Uhr
S6 Starnberg, dann 🚌 951 Kloster Andechs (Bus fährt selten, am besten vorher nach den Zeiten erkundigen!); S8 nach Herrsching, dann Wanderung ca. 4 km durchs Kiental

Anfahrt Starnberger See: Rund 20 km südwestlich von München; A 95 bis Starnberg, anschließend weiter auf Regionalstraßen um den See; S-Bahn-Verbindung S 6 von München nach Starnberg, Possenhofen, Feldafing und Tutzing

Neuschwanstein & Linderhof

Warum?	Das muss man mit eigenen Augen gesehen haben!
Was?	Traumschlösser vor märchenhafter Kulisse
Wie lange?	Einen ganzen Tag
Wann?	Nicht ohne vorher online Tickets reserviert zu haben
Was bleibt?	König Ludwig wusste schon, wo es am schönsten ist …

Träume werden wahr – zumindest für Könige. Mit dem Bau der Schlösser Neuschwanstein und Linderhof erfüllte sich Ludwig II. seine sehnsuchtsvollen Fantasien und bescherte Bayern eine seiner zugkräftigsten Attraktionen.

Hoch auf einem Felsen thronend, zu Füßen der von dichten Wäldern umstandene Alpsee, gegenüber das romantische Schloss Hohenschwangau, das Ganze eingerahmt von den majestätischen Ammergauer Bergen – eine schönere Bühne hätte König Ludwig II. für sein Schloss Neuschwanstein nicht finden können. Als München den Wagnerverehrer brüskierte und Ludwig die Finanzierung eines Festspielhauses verwei-

Perfekte Inszenierung: Neuschwanstein erhebt sich oberhalb von Hohenschwangau vor einer herrlichen Alpenkulisse.

gerte, zog sich der König im Jahr 1867 enttäuscht ins väterliche Schloss Hohenschwangau zurück und fand prompt ein tröstendes Projekt: die »Neue Burg«, in der die mittelalterliche Sagenwelt aus Richard Wagners Opern zum Leben erweckt werden sollte.

Am 5. September 1869 legte man den Grundstein, doch wirklich vollendet wurde das Schloss nie: Wegen der immer wieder geänderten Pläne dauerte es 15 Jahre, bis Ludwig zumindest einziehen konnte; zwei Jahre später starb der König, und der Bau wurde eingestellt. Sein Ende gestaltete sich tragisch: Am 12. Juni 1886 überreichte man Ludwig II. in seinem Schlafzimmer auf Neuschwanstein die Unmündigkeitserklärung. Zusammen mit seinem Psychiater, der dieses Attest verfasst hatte, reiste Ludwig II. zwangsweise nach Schloss Berg. Einen Tag darauf ertranken beide im Starnberger See.

Von Helden und Schwänen

Etwas Kondition sollten Sie für den Besuch Neuschwansteins schon haben: Zu Fuß geht's zunächst etwa 30 Minuten bergauf bis zum Schlosshof; drinnen sind 300 Stufen zu bewältigen. Romantisch erreichen Sie das Schloss mit einer Pferdekutsche (Bergauffahrt pro Person 8 €).

Auf den ersten Blick sieht Neuschwanstein mit seinen weißen Türmchen und Zinnen wie eine perfekte, von Walt Disney kreierte Fantasieburg aus. Tatsächlich war es Ludwigs Märchenschloss, das dem Erfinder von Mickey & Co. als Vorbild diente. Der junge König hatte sich schon als Kind für die mittelalterliche Sagenwelt interessiert. In den Gestalten mythischer Helden wie dem Gralskönig Parzival, im Ritter Lohengrin und dem Dichter Tannhäuser fand er eigene Ideale wieder. Deshalb ließ er Neuschwanstein »im echten Stil der alten deutschen Ritterburgen« ausstatten: Jeder Raum wurde einer anderen Sagengestalt gewidmet und entsprechend eingerichtet. So ist sein Wohnzimmer vollständig mit Szenen aus der Lohengrin-Sage ausgemalt. Des Königs Arbeitszimmer schmücken Motive aus Wagners »Tannhäuser und der Sängerkrieg auf Wartburg«. Der Sängersaal steht ganz im Zeichen des ersten Teils der Lohengrinsage um Parzival und den Heiligen Gral. Und da sich Ludwig II. als König von Gottes Gnaden fühlte, ließ er den Thronsaal im Stil einer byzantinischen Kirche dekorieren. Der nie aufgestellte Thron sollte den Platz des Altars einnehmen.

So unterschiedlich die einzelnen Räume sind – das Motiv des Schwans begegnet Ihnen überall. Für den König symbolisierte es Reinheit. Den vielen Schwan-Abbildungen und -Skulp-

Schloss Linderhof ist das kleinste der drei Königsschlösser Ludwigs II. und das einzige, das noch zu seinen Lebzeiten vollendet wurde.

turen verdankt Neuschwanstein seinen Namen. Bekommen hat es diesen allerdings erst nach Ludwigs Tod 1886. Bis dahin hieß es »Neue Burg Hohenschwangau«.

Ein Mini-Versailles

Verschiedene Projekte erwog der junge König, um das Jagdhaus seines Vaters im Graswangtal bei der oberbayerischen Gemeinde Ettal in ein repräsentatives Schloss zu verwandeln. Schließlich entschied er sich für die kleinste Lösung: Linderhof ist mehr eine Villa denn ein Schloss, umgeben von einer wunderbaren Gartenanlage. Hier wollte Ludwig nicht repräsentieren, sondern in seinen Sagen und Mythen versinken. Ein Barockgarten mit akkurater Symmetrie, verspielten Kaskaden und Fontänen sowie ein englischer Landschaftspark sorgten, malerisch in Szene gesetzt, für des Königs Entspannung. Im Jahr 1878 war das neobarocke Palais vollendet. Linderhof schwelgt im Prunk von Barock- und Rokokodeko-

»Er ist leider so schön und geistvoll, seelenvoll und herrlich, dass ich fürchte, sein Leben müsse wie ein flüchtiger Göttertraum in dieser gemeinen Welt zerrinnen ...« Richard Wagner über Ludwig II.

ration, die im 1874 von Jean de la Paix geschaffenen Spiegelsaal ihren Höhepunkt findet. Gold und Blau bilden den Rahmen für das geschliffene Glas. Hofgartenbaumeister Carl von Effner zeichnete für die Außenanlage verantwortlich, die 1880 vollendet wurde und mit Treppen und Wasserbecken, Springbrunnen und Hecken das Schlösschen einrahmt. Bereits 1876 errichteten die Handwerker den Maurischen Kiosk, einen mit ornamentalem Stuck verzierten Bau samt goldener Kuppel, im Inneren mit farbigen Glaslampen, maurischen Sitzgruppen und einem weißen Marmorbrunnen geschmückt.

An Wagners Opern wiederum erinnert Tannhäusers Venus-Grotte (bis mind. 2024 geschlossen), eine künstliche Tropfsteinhöhle mit See, auf dem Ludwig in einem goldenen Muschelboot herumfahren konnte. Im Marokkanischen Haus verbrachte der König als orientalischer Herrscher kostümiert und umgeben von ebenso gekleidetem Personal die Tage. Die Hundinghütte schließlich entführte den versponnenen Monarchen in die Wagner-Oper »Walküre« aus dem Nibelungenzyklus.

KLEINE PAUSE

Ein Abstecher ins **Bio-Café Baumgarten** (Magnusplatz 6, 87629 Füssen, Tel. 08362 989 97 50, https://cafe-baumgarten.de) verwöhnt den knurrenden Magen mit vegetarischen und veganen Kuchen, Crêpes sowie feinem Kaffee.

Schloss Neuschwanstein
Eintrittskarten für Neuschwanstein gibt's online oder beim Ticketcenter in Hohenschwangau. Auf ihnen ist die Uhrzeit vermerkt, zu der die Führung beginnt. In den Monaten Juli bis September unbedingt lange vorher reservieren. ✉ Ticketcenter, Alpseestr. 12, 87645 Hohenschwangau ☎ 08362 93 08 30; www.neuschwanstein.de 🌐 www.hohenschwangau.de/
◑ April–Mitte Okt. tgl. 9–18, Kasse 7.30 bis 17, Mitte Okt.–März tgl. 10–16, Kasse 8.30–15 Uhr 🎟 15 € + 2,50 € online-Gebühr
Anfahrt Neuschwanstein: A 95 bis Dreieck Starnberg, dann B 2 bis Weilheim, B 472 bis Schongau und B 17 nach Füssen und Hohenschwangau (rund 110 km); mit der Deutschen Bahn bis Füssen, weiter mit Bus 78 oder 9651 nach Hohenschwangau
Von Neuschwanstein nach Linderhof: Die kürzeste Strecke (ca. 50 km) führt über Füssen und jenseits der österreichischen Grenze entlang nach Ettal.

Schloss Linderhof
✉ Linderhof 12, 82488 Ettal ☎ 0882 920 30 🌐 www.schlosslinderhof.de
◑ April–Mitte Okt. tgl. 9–18, Mitte Okt. bis März tgl. 10–16.30 Uhr 🎟 10 €
Anfahrt Linderhof: A 95 bis Dreieck Starnberg, dann B 2 bis Oberau, B 23 nach Ettal, von dort ausgeschildert (ca. 90 km); mit der Deutschen Bahn nach Oberammergau (Umsteigen in Murnau), dann weiter mit Bus 9622 bis Linderhof

Schloss Schleißheim

Warum?	So nah und doch (weil oftmals übersehen) so fern
Was?	Barocke Pracht in Schloss und Garten
Wie lange?	Ganz nach Lust und Laune
Wann?	Nicht am Montag – da ist geschlossen

In der weitläufigen Schlossanlage Schleißheim mit ihren prunkvollen Sälen, den Gemäldesammlungen und dem wunderbaren Barockgarten bilden Architektur und Natur ein Gesamtkunstwerk.

Anlass für den Bau der Schlossanlage Schleißheim war keine Prunksucht, sondern die Sehnsucht nach Abgeschiedenheit und Ruhe: Ende des 16. Jh.s dankte Herzog Wilhelm V. zugunsten seines Sohnes ab und ließ beim Dörfchen Schleißheim eine schlichte Eremitage errichten, in der er sich künftig der Meditation und dem Gebet widmen wollte. Sein Sohn Maximilian I. war da von ganz anderem Naturell: Ab 1617 baute er des Vaters Klause prächtig um zum Alten Schloss mit Wirtschaftshof und Torturm. Und keine 80 Jahre nach dessen Vollendung nahm sein Nachfolger, der »Blaue Kurfürst«, das herrliche Barockensemble des Neuen Schlosses gegenüber in Angriff.

Ein bayerisches Versailles

Max II. Emanuel fühlte sich im Jahr 1688 nach dem Sieg über die Türken vor Belgrad auf dem Höhepunkt seiner absolutistischen Macht, und dies wollte er für alle sichtbar demonstrieren. Schon zuvor hatte er seinem Hofbaumeister Enrico Zuccalli den Auftrag für das Jagdschlösschen Lustheim erteilt, das in gehöriger Entfernung vom Alten Schloss auf einer künstlichen Insel errichtet wurde, mit zwei Appartements für die kurfürstlichen Eheleute und einem großen zentralen Saal mit illusionisti-

Das Jagdschlösschen Lustheim entstand anlässlich der Vermählung des Kurfürsten Max Emanuel im Juni 1685 mit der österreichischen Kaisertochter Maria Antonia.

schem Deckenfresko. 1702 begann Zuccalli das Neue Schloss nach dem Vorbild von Versailles, 1719 setzte Joseph Effner seine Arbeit fort, und allmählich nahm auch der von Zuccalli geplante Barockgarten Gestalt an. Heute ist er einer der wenigen noch im Original erhaltenen Barockgärten Deutschlands.

Romantik mit Fackeln und Musik

Ein lauer Sommerabend, Türen und Fenster des festlich erleuchteten Schlosses stehen weit offen, Fackeln erhellen den Barockgarten, in dem elegant gekleidete Paare promenieren – nein, das ist keine Fantasie! Die Sommerkonzerte mit weltberühmten Interpreten im Festsaal des Schlosses Schleißheim

Kaiserlich sollte das Neue Schloss Schleißheim wirken, denn auf die Kaiserwürde hoffte (vergeblich) sein Auftraggeber, der Kurfürst Max Emanuel.

(Informationen auf der Website der Schlossverwaltung) gehören zu den schönsten Musikveranstaltungen Münchens. Aber auch ohne diesen konzertanten Rahmen wird Schleißheim Sie mit seinen eleganten, üppig, aber nicht überladen geschmückten Sälen und Treppenaufgängen verzaubern.

Wenn Sie sich für die Malerei des Barock interessieren, finden Sie hier auch noch eine bedeutende Sammlung mit Werken italienischer, holländischer und flämischer Maler des 17. Jh.s. Und vergessen Sie zum Abschluss auch nicht, Lustheim mit seiner schönen Ausstellung Meißener Porzellans einen Besuch abzustatten.

Was fliegt denn da?

An schönen Sommertagen kreist manchmal ein Zeppelin oder die »Tante Ju« (eine Junkers JU 52) über Oberschleißheim. Rundflüge über München starten und landen auf dem alten, 1912 in Dienst genommenen Flughafen der »Königlich bayerischen Fliegertruppe« gleich neben der Schlossanlage. In den teils noch von 1919 stammenden Hallen sowie den modernen Erweiterungsbauten zeigt das Deutsche Museum seine Ausstellung über die Geschichte der Luft- und Raumfahrt. Zudem können Sie in einer »Gläsernen Werkstatt« von einer Galerie aus zusehen, wie Flugzeuge gewartet bzw. restauriert werden.

»Schleißheimer Advent«: Vor der Kulisse der historischen Flugwerft findet jährlich auch ein stimmungsvoller Weihnachtsmarkt mit abwechslungsreichem Rahmenprogramm statt.

KLEINE PAUSE

Nach ausgiebigem Schloss- und Parkbummel erholen Sie sich im plüschigen **Café zum Schloss** (Dachauer Str. 15, https://cafezumschloss.de) bei Apfelstrudel oder Dinkeltorte.

Schlossanlage Schleißheim
✉ Max-Emanuel-Platz 1, 85764 Oberschleißheim ☎ 089 315 87 20
🌐 www.schloesser-schleissheim.de
◑ Altes und Neues Schloss Schleißheim, Schloss Lustheim April–Sept. Di–So 9–18, Okt.–März Di–So 10–16 Uhr
10 € (Kombiticket)

Flugwerft
✉ Effnerstr. 18, Oberschleißheim ☎ 089 315 71 40 🌐 www.deutsches-museum.de/flugwerft/ ◑ 9–17 Uhr 8 €
Rundflüge Zeppelin: https://zeppelinflug.de
Anfahrt: 12 km nördl. vom Münchner Stadtzentrum; S 1 Oberschleißheim

Münchner Fliehkräfte: Kettenkarussell auf der dreimal jährlich stattfindenden Auer Dult.

Spaziergänge & Touren

Ob zu Fuß oder mit dem Rad durch die bayerische Hauptstadt: Besser kann man München nicht kennenlernen.

Seite 176–185

Durchs Glockenbachviertel zum Viktualienmarkt

Was?	Spaziergang
Länge	3 km
Dauer	1,5–2 Stunden
Start	Sendlinger Tor (U Sendlinger Tor) → 209 E4
Ziel	Viktualienmarkt (U Marienplatz) → 210 A4

Mischung aus Jugendstilkneipe und rustikalem Kaffeehaus: das »Faun« im Glockenbachviertel.

Nach Schwabing und Haidhausen hat die »Szene« auch das ursprüngliche Arbeiter- und spätere Schwulenrevier Glockenbachviertel für sich entdeckt. Dieser Spaziergang führt Sie durch einen der lebhaftesten Stadtteile Münchens, vorbei an hübsch restaurierten Häusern, schrillen Kneipen, originellen Läden und avantgardistischen Galerien bis zum Viktualienmarkt. Starten Sie nicht zu früh, denn am späten Nachmittag blüht das Leben hier erst so richtig auf.

1–2

Vor dem alten Stadttor am Sendlinger-Tor-Platz stehend, gehen Sie nach rechts, die Blumenstraße entlang, und biegen dann nach wenigen Schritten rechts in die Pestalozzistraße ein. Ihr folgen Sie nach Süden zum Stephansplatz mit der schlichten Kirche St. Stephan aus dem 17. Jh. Daneben finden Sie den Alten Südlichen Friedhof, ursprünglich Begräbnisstätte der armen Leute, dann zum Prominentenfriedhof avanciert. Seit dem Jahr 1944 finden hier keine Bestattungen mehr statt. Die Angestellten der umliegenden Büros verbringen in der ruhigen, grünen Oase die Mittagspause oder drehen hier friedlich ihre Joggingrunden.

2–3

Gleich am Eingang können Sie sich auf einem Plan orientieren, wer hier alles begraben wurde. Wählen Sie den mittleren Weg durch den Friedhof zum Grab des romantischen Malers Carl Spitzweg. Dabei passieren Sie auch die Grabstätte des Architekten Friedrich Bürklein. In den Arkaden im neuen, quadratischen Teil ruhen u. a. die Architekten Leo von Klenze und Friedrich von Gärtner sowie der Schöpfer der Bavaria, der Bildhauer Ludwig von Schwanthaler. Lassen Sie sich Zeit zum Bummeln: Auf diese Weise entdecken Sie wunderschöne Grabsteine, darunter einige aus der Zeit des Jugendstils. Im Durchgang zwischen altem und neuem Teil verlassen Sie den Friedhof nach links und überqueren den Westermühlbach auf einer Brücke.

3–4

Der namengebende Bach des Glockenbachviertels fließt heute, an der Pestalozzistraße 35 vom Westermühlbach abzweigend, unterirdisch bis zur Blumenstraße.

Der Platz vor Ihnen heißt Am Glockenbach, doch der Bach ist längst unter einer Grünanlage verschwunden. Früher wurden hier allerlei Waren mit Flößen angelandet, Mehl z. B. oder Holz, das man für die Glockengießerei benötigte, die neben anderen frühindustriellen Betrieben in Isarnähe angesiedelt war. Die Gründerzeithäuser rund um den Platz und in den Straßen der Nachbarschaft waren Mietskasernen für Arbeiter. Das Viertel war immer ein wenig verrufen, entwickelte sich in den 1960er-Jahren zur Münchner Twist- und Rock-’n’-Roll-Hochburg und in den 1970er-Jahren zu einem Dorado der Schwulenszene. Kneipen, Saunen, aber auch die ersten LGBT-Initiativen siedelten sich an. Bald kamen die Alternativen und Kreativen in den Glockenbach – heute beklagen die Bewohner eine extreme Gentrifizierung.

4–5

Wunderbar restaurierte Gründerzeitfassaden, dazwischen Häuser, an denen deutlich der Zahn der Zeit nagt, vor allem aber Kneipen, Läden, Galerien – in der Jahnstraße, der Hans-Sachs-Straße oder in den Seitenstraßen lohnt es sich, auf Entdeckungsreise zu gehen: handgearbeitetes Lederdesign bei Antonetty (Klenzestr. 56), Mokka mit Kardamon bei Das Maria (Klenzestr. 97) oder leckeres Eis von Jessas gleich nebenan? Oder doch lieber Schokolade trinken in der Götterspeise?

5–6

Biegen Sie in die Ickstattstraße nach rechts ein, folgen Sie ihr bis zur Baaderstraße, wo Sie sich links halten, und Sie stehen an der Isar. Überqueren Sie die Fraunhoferstraße, um in die Reichenbachstraße zu gelangen, die schnurgerade auf den Gärtnerplatz zuführt. Hier gibt's Antiquitäten und Möbel der 1950er-Jahre, Retroklamotten und Szenebäckereien wie das Crème (siehe »Kleine Pause«, unten) mit den wahrscheinlich besten Croissants der Stadt. Kurz vor dem Gärtnerplatz passieren Sie das Haus der Israelitischen Kultusgemeinde. Bis zur Fertigstellung von Synagoge und Jüdischem Museum am Jakobsplatz war hier mehrere Jahrzehnte lang der provisorische religiöse und kulturelle Mittelpunkt der jüdischen Gemeinde. Die in den 1930er-Jahren errichtete Synagoge hat nun, nach dem Umzug der Thora-Rollen in das neue Gotteshaus, ihre sakrale Bedeutung verloren. Die Straßen rund um den Gärtnerplatz waren vor 1933 Wohngebiet jüdischer Handwerker.

Im Zeichen des Regenbogens: Münchens Glockenbachviertel am Christopher Street Day.

6–7

Am kreisrunden Gärtnerplatz sollten Sie dem Gärtnerplatztheater Beachtung schenken. 1865 weihte König Ludwig II. es ein; hinter der spätklassizistischen Giebelfassade werden Operetten, Musicals, aber auch Opern inszeniert. Rund um den Platz machen sich Cafés mit ihren Stühlen und Tischen Konkurrenz. Ein letztes kurzes Stück entlang der Reichenbachstraße bringt Sie direkt auf den Viktualienmarkt. An den Ständen können Sie sich mit einer Brotzeit in bayerischem Ambiente vom schrägen Charme des Glockenbach- und Gärtnerplatzviertels erholen.

KLEINE PAUSE

Leckere Schokolade, delikates Gebäck und aromatischen Kaffee bekommen Sie im **Crème** (Reichenbachstr. 27). Und am Ziel dieses Spaziergangs, dem **Viktualienmarkt**, ist das Angebot an weiteren Schmankerln groß.

Von Thalkirchen zum Aumeister

Was?	Fahrradtour
Länge	12,5 km
Dauer	3 Stunden
Start	Thalkirchner Platz (🚆 Thalkirchen) ↗ 209 südwestl. D1
Ziel	Aumeister (🚆 Studentenstadt) ↗ 203 nordöstl. F3

Münchens schönste Fahrradstrecke führt an der Isar entlang.

München ist die einzige Großstadt Europas, in der man an einem Gebirgsfluss entlangradeln kann. Sogar mit Inlineskates ließe sich die Tour bewältigen: Ein Großteil der Strecke ist geteert, der Rest besteht aus befestigten Wegen. Nur bei den Abstechern zum Kiesstrand tut man sich mit den Inlineskates schwer.

Nehmen Sie sich für diese reizvolle Tour besser einen ganzen Tag Zeit: Kiesbänke, Biergärten, Kinderspielplätze und Sehenswürdigkeiten verführen an den Ufern des von den Kelten »Isara« (die Reißende) genannten Gewässers zu Zwischenstopps. Und vergessen Sie im Sommer nicht Badehose, Handtuch und guten Sonnenschutz!

1–2

Überqueren Sie vom Thalkirchner Platz beim Tierpark Hellabrunn aus die Isar über die Thalkirchner Brücke zum Ostufer und folgen Sie dem Fluss nach Norden. Dann fahren Sie auf dem Flauchersteg über kinderfreundliche »Wasserspiele« und tosende Wasserfälle zum Westufer zurück. Nur 500 m, und schon lauert vor der früheren Wittelsbacher Jagdhütte die erste Versuchung: der Biergarten Zum Flaucher. Bleiben Sie

standhaft, und fahren Sie weiter bis zur Brudermühlbrücke, über die der Mittlere Ring verläuft. Bevor Sie darüber zum Ostufer queren lohnt ein Blick auf die Isarphilharmonie, Münchens neues Konzerthaus. Unter der Wittelsbacher- und Reichenbachbrücke hindurch erreichen Sie das Deutsche Museum auf der Museumsinsel.

2–3

Unter hohen Bäumen geht es auf teils engen Radwegen entlang der Zeppelinstraße und unter der Ludwigsbrücke hindurch. Frische Kräuterdüfte strömen aus den Fenstern des Müller'schen Volksbads, gleich darauf lockt an der Muffathalle der nächste Biergarten. Gegenüber stürzt tosende Gischt über das Wehr vom Isarkanal ins Altwasserbett. Ein kurzer Anstieg, eine kurze steile Abfahrt (16 %) – und schon geht es unterhalb des Maximilianeums vorbei.

3–4

Rechte Seite: Am Friedensengel vorbei geht die Fahrt weiter in nördlicher Richtung bis zum Endpunkt dieser Fahrradtour, dem Biergarten Aumeister.

Jetzt fließt die Isar ruhig und träge dahin. Sie fahren durch Parkanlagen und passieren den Friedensengel. Nördlich der Max-Joseph-Brücke beginnt Bogenhausen. Die nächsten 2,5 km werden auf der rechten Seite von attraktiven Nobelresidenzen gerahmt.

4–5

Am Isarwehr Oberföhring schieben Sie Ihr Rad (Fahrverbot!) über den ersten Wehrteil und wenden sich dann nach rechts, um weiter dem Weg am Ostufer durch stille Natur zu folgen. Hier gibt die Isar wieder Kiesbette frei, Grillplätze laden zum Bleiben ein, Baden ist allerdings verboten. Über die hölzerne St.-Emmerans-Brücke queren Sie erneut die Isar und folgen dem breiten Weg in nordwestlicher Richtung. Dann ist der schöne Endpunkt Ihrer Tour erreicht: der Biergarten Aumeister.

KLEINE PAUSE

Das Beste kommt (jedenfalls auf dieser Tour) zuletzt: Beim Biergarten **Aumeister** (Sondermeierstr. 1, Tel. 089 18 93 14 20, www.aumeister.de, Mi–Sa 12–23, So 12–18 Uhr Uhr) gibt's süffigen Gerstensaft und Schmankerl wie Steckerlfisch.

Durch das Karlstor am gleichnamigen Platz geht es mitten hinein ins Herz der Stadt.

Praktische Informationen

Was vor der Reise wichtig ist und wie Sie vor Ort gut zurechtkommen, das erfahren Sie hier.

Seite 186–198

VOR DER REISE

Auskunft

Nützliche Webseiten

www.muenchen.de: Das gut gepflegte Portal der Stadt München informiert über Sehenswürdigkeiten, Unterkünfte, Feste und Veranstaltungen und vieles mehr, was für einen Aufenthalt interessant ist.
www.muenchen.travel:
Ausführliche Infos zu Sehenswürdigkeiten, Stadtführungen, Veranstaltungen und zum Nahverkehrsnetz.
www.munichx.de: Veranstaltungsprogramm für Kino, Theater, Konzerte und Partys.
www.spottedbylocals.com/munich/: Junge Münchner berichten in diesem Blog über städtische Besonderheiten, Treffpunkte, Shopping, Clubs, Events – eine Fundgrube origineller und Geheimtipps (englisch).
www.sueddeutsche.de/thema/Restaurants_in_München: Die Münchner Restaurantkritiken der Tester der Süddeutschen Zeitung im Netz. Für Abonnenten kostenlos, sonst gegen geringe Gebühr. Hilfreich bei der Suche nach dem passenden Lokal.
www.mvv-muenchen.de: Webseite der Münchner Verkehrsbetriebe mit Fahrplänen, Tarifinformationen und Online-Fahrtauskunft. Auch als App mit Online-Ticket herunterzuladen.

Touristinformation

Deutschland: München Tourismus
Herzog-Wilhelm-Straße 15, 80313 München
Tel. 089 23 39 65 00
Österreich: Deutsche Zentrale für Tourismus, Mariahilferstr. 54, 1070 Wien, Tel. 01 513 27 92
Schweiz: Deutsches Verkehrsbüro, Freischützgasse 3, 8004 Zürich, Tel. 044 213 22 00

Touristeninformationen gibt es im **Hauptbahnhof**, Luisenstr. 1, Mo–Sa 9–20, So 10–18 Uhr (U- und S-Bahn: Hauptbahnhof), und am **Marienplatz**, Neues Rathaus, Mo–Fr 9.30–19.30, Sa 9–16, So 10–14 Uhr (U- und S-Bahn: Marienplatz).

Konsulate

Österreichisches Generalkonsulat: Ismaninger Str. 136, Tel. 089 99 81 50
Schweizer Generalkonsulat: Prinzregentenstraße 20, Tel. 089 2 86 62 00

Ermäßigungen

In den Genuss ermäßigter Eintrittskarten kommen fast ausschließlich einheimische Arbeitslose, Sozialhilfeempfänger, Soldaten, Auszubildende, Schwerbehinderte und Rentner nach Vorlage entsprechender Ausweise. Ebenso erhalten Kinder und Schülergruppen oft verbilligten Eintritt. Auch in öffentlichen Verkehrsmitteln fahren Senioren, Kinder und Jugendliche günstiger.
Die CityTour Card (www.citytourcard-muenchen.com) erhält man bei den Touristeninformationen oder online in mehreren Versionen mit unterschiedlicher Geltungsdauer (ab 15,50 € pro Person für 24 Stunden/Innenraum); sie beinhaltet freie Fahrt im öffentlichen Stadtverkehr und geringe Preisreduktionen bei vielen Sehenswürdigkeiten und Museen. Ein Vergleich mit der Tageskarte des MVV lohnt sich: Sie kostet 8,80 € für eine Person und gilt für den Ausstellungstag. Wer nicht viele Museen besucht, fährt hier günstiger.

Feiertage

1. Januar: Neujahr
6. Januar: Hl. Drei Könige
März/April: Karfreitag, Ostermontag
1. Mai: Tag der Arbeit
Mai/Juni: Christi Himmelfahrt, Pfingstmontag, Fronleichnam
15. August: Mariä Himmelfahrt
3. Oktober: Tag der deutschen Einheit
1. November: Allerheiligen
24. Dezember: Heiliger Abend
25., 26. Dezember: Weihnachten

Geld

Bargeld: Deutschland gehört zur Euro-Zone. Für die Schweiz gilt: 1 € = ca. 0,99 CHF bzw. 1 CHF = ca. 1,00 € (aktuelle Wechselkurse auf www.oanda.com).
Kreditkarten: werden in allen größeren Hotels, Restaurants und Geschäften akzeptiert.
Sperrnummern: Unter Tel. 116 116 kann man in Deutschland Bank- und Kreditkarten, Online-Banking-Zugänge, Handykarten und die elektronische Identitätsfunktion des neuen Per-

sonalausweises bei Verlust sperren lassen. Für Österreich gilt die Telefonnummer 0043 1 204 88 00. Die Schweiz hat keine einheitliche Notfallnummer. Erkundigen Sie sich vor der Reise nach der Sperrnummer Ihrer Bank.

Gesundheit
Besondere Gesundheitsrisiken gibt es hier nicht. Als typische Wetterlage des Voralpenlandes kann der Föhn Beschwerden wie Kopfschmerzen oder Gereiztheit verursachen. Mit der Europäischen Krankenversicherungskarte (auf der Rückseite der elektronischen Gesundheitskarte) ist EU-und Schweizer Bürgern Krankenversicherungsschutz garantiert.
Ärztlicher Bereitschaftsdienst: Tel. 11 61 17
Praxen für die zahnärztliche Notfallversorgung findet man im Internet auf www.zahnarzt-notdienst.de

In Kontakt bleiben
Post: Postämter gibt es in den meisten Stadtteilen (keine einheitl. Öffnungszeiten, meist Mo-Fr 9-18 und Sa bis 12 Uhr). Das Postamt am Bahnhofplatz 1 hat von Montag bis Freitag von 9 bis 18.30 Uhr, samstags von 9 bis 13.30 Uhr geöffnet, sonntags ist es geschlossen. Das Postamt am Flughafen hat von Montag bis Freitag von 7.30 bis 19, Samstag und Sonntag bis 17 Uhr geöffnet.
Telefonieren: Die mit dem magentafarbenen T der Deutschen Telekom gekennzeichneten, offenen Telefonsäulen werden abgeschafft.
Internationale Vorwahlen:
Österreich: ☎ 0043
Schweiz: ☎ 0041
WLAN und Internet: WLAN ist in den meisten Hotels, Restaurants, Geschäften und Kneipen kostenlos verfügbar; häufig ist ein geschütztes Passwort einzugeben. Kostenlos können Sie an über 25 WLAN- Hotspots der Stadt ins Netz gehen (www.muenchen.de/leben/m-wlan-hotspots-muenchen-hier-gibts-kostenloses-internet).
Notrufe
Polizei: 110
Feuerwehr/Krankenwagen: 112
Notarzt: 110/112
ADAC-Notruf: aus dem Festnetz 089 20 20 40 00 (zum Ortstarif), vom Mobiltelefon 22 22 22 (Kosten abhängig vom Provider)

Reisedokumente
Trotz des Schengener Abkommens, durch das Passkontrollen an den Grenzen entfallen, sind Urlauber verpflichtet, weiterhin den Pass oder den Personalausweis mitzunehmen, da stichprobenartige Kontrollen durchgeführt werden. Auch Reisende aus der Schweiz benötigen für die Reise gültige Ausweispapiere.

Reisezeit
München ist zu jeder Jahreszeit eine Reise wert. Natürlich gestalten sich Stadtbummel und Besichtigungen bei milden oder sommerlichen Temperaturen zwischen Mai und Oktober angenehmer, Cafés und Restaurants stellen Tische und Stühle ins Freie, Biergarten- wie Festivalsaison bilden einen unterhaltsamen Rahmen. Aber auch im Winter locken reizvolle Veranstaltungen wie die vielen Münchner Christkindlmärkte oder das Winter-Tollwood.

Sicherheit
München zählt zu den sichersten Großstädten Deutschlands, aber vor Trickbetrügereien oder Taschendiebstählen sind Sie in keiner Metropole gefeit. Die üblichen Sicherheitsvorkehrungen – nachts einsame Viertel oder Straßen meiden, keinen übertriebenen Schmuck anlegen, gut auf Tasche, Handy oder Kamera achten – sollten Sie entspannt und sicher durch München bringen. Besonders umsichtig sollten Sie im Gedränge am Oktoberfest sein – am besten lassen Sie alle Wertsachen im Hotel.

Zollbestimmungen
Innerhalb der Europäischen Union (EU) ist der Warenverkehr für private Zwecke weitgehend zollfrei; allerdings gelten obere Richtmengen (z.B. für Reisende über 17 J. 800 Zigaretten, 10 l Spirituosen, 90 l Wein). Zollfrei sind auch Mitbringsel bis zu einem Wert von insgesamt 430 € (bei einer Flugreise) bzw. 300 € (Reise mit Pkw, Bus oder Bahn).

Zollfrei bei der Wiedereinreise in die Schweiz sind für Personen ab 17 J. z.B. 250 Zigaretten, 5 l Wein, 1 l Spirituosen sowie weitere Reisemitbringsel im Wert von bis zu 300 CHF (aktuelle Infos unter www. zoll.de und www.ezv.admin.ch)

ANREISE

Nicht umsonst wird München »Millionendorf« genannt: Die Stadt ist relativ kompakt und überschaubar. Wenn Sie mit der Bahn oder dem Bus anreisen, landen Sie unweigerlich im Zentrum; auch per Auto gelangen Sie von den Autobahn-Enden zügig in die Innenstadt. Der Weg vom knapp 30 km entfernt im Erdinger Moos gelegenen Flughafen kann allerdings etwas dauern.

Mit dem Flugzeug: Der Flughafen München-Erding, auch Flughafen Franz Josef Strauß genannt, liegt knapp 30 km nordöstlich. Über aktuelle Ankunfts- und Abflugzeiten informiert www.munich-airport.de.
Vom Flughafen in die Stadt: Die S-Bahnen S 1 und S 8 (www.mvv-muenchen.de) fahren in einem etwa zwanzigminütigen Takt vom Flughafen ins Zentrum (z.B. Hauptbahnhof). Die Fahrt dauert zwischen 40 und 50 Minuten und kostet mit einem Einzelfahrschein 13 €, auf der Mehrfahrtenkarte (7 Streifen) 11,40 €. Flughafenbusse der Lufthansa (www. airportbus-muenchen.de) starten an den Terminals 1, 2 und am Airport Center im 15-Minuten-Takt, benötigen je nach Verkehrslage ebenfalls etwa 40 Minuten und halten in München in Schwabing-Nord (U-Bahn-Haltestelle Nordfriedhof) und am Hauptbahnhof. Die Einzelfahrt kostet 11,50 €, Hin- und Rückfahrt 18.50 €.
Mit der Bahn: Ziel aller Fernzüge ist der Münchner Hauptbahnhof. Regionalzüge aus dem süddeutschen Raum oder aus Österreich halten oft auch am Ostbahnhof oder am Bahnhof Pasing. Alle Bahnhöfe haben Anschluss an das S-Bahn-, zum Teil auch an das U-Bahn-Netz (www.mvv-muenchen.de), sodass ein zügiges Weiterkommen innerhalb der Stadt gewährleistet ist.
Deutsche Bahn: Tel. 030 29 70 Fahrplanauskunft; Buchungen nur über www.bahn.de oder die Bahn-App. Unter 030 65 21 28 88 können sie den Mobilitätsservice anfordern.
Österreichische Bundesbahnen:
Tel. 05 17 17; www.oebb.at
Schweizerische Bundesbahnen:
Tel. 0848 44 66 88; www.sbb.ch
Mit dem Bus: Fernbusse wie Flixbus etc. bringen ihre Passagiere an den Zentralen Busbahnhof ZOB in der Arnulfstraße 21 (www.muenchen-zob.de). Er liegt westlich des Hauptbahnhofs und ist mit Straßen- und S-Bahnen erreichbar.
Mit dem Auto: München ist über die Autobahn A 9 mit Nürnberg, A 94 mit Passau, A 8 mit Salzburg und mit Stuttgart, A 95 mit Garmisch-Partenkirchen und A 96 mit Lindau verbunden. Innerhalb des Mittleren Rings gilt eine Umweltzone, in die nur Fahrzeuge einfahren dürfen, die eine grüne Plakette sichtbar an der Windschutzscheibe angebracht haben. Außerdem gilt ein Fahrverbote für Diesel-KFZ mit Abgasnormen Euro 4/IV und schlechter. Details und Bezugsquellen der »Grünen Plakette« erfahren Sie auf www.umweltplakette.org, Kosten zwischen 5 und 15 €.

UNTERWEGS IN MÜNCHEN

... mit dem öffentlichen Nahverkehr
Dank des gut ausgebauten **U- und S-Bahn-Netzes** sowie der darauf abgestimmten **Straßenbahnen** und **Busse** erreichen Sie jeden Punkt des Stadtzentrums und auch Sehenswürdigkeiten am Stadtrand wie den Zoo schnell und bequem. Weniger schnell werden Sie wahrscheinlich das komplizierte Zonen- und Tarifsystem des Münchner Verkehrsverbunds MVV begreifen. Deshalb bieten sich Tages- bzw. Mehrtagestickets an – man muss sich über Zonen etc. keine Gedanken machen.
Die Züge der acht farblich gekennzeichneten und von 1 bis 8 durchnummerierten **U-Bahnlinien** verkehren von vier Uhr morgens bis ein Uhr nachts, Freitag und Samstag sind sie bis 2 Uhr unterwegs. Auf vielen Strecken wird ein fünf- Minuten-Takt erreicht; sonst verkehren die Bahnen etwa alle zehn, im Spätbetrieb auch alle 20 Minuten.
S-Bahnen fahren im innerstädtischen Bereich zwischen Hauptbahnhof und dem

Ostbahnhof ebenfalls unterirdisch und verbinden München mit Vororten und Naherholungszielen wie dem Starnberger See. **Straßenbahnen** (Tram) und Busse ergänzen den öffentlichen Nahverkehr. Die Fahrt mit dem Bus der »Museumslinie« 100 bringt Sie bequem zu einer Reihe von Museen, angefangen mit dem Lenbachhaus über die beiden Pinakotheken zum Nationalmuseum und der Villa Stuck. Mehrere Bahnen und Busse sorgen als **Nachtlinien** im Halbstundentakt dafür, dass auch Nachtschwärmer gut nach Hause kommen. Der Plan des U-Bahn, S-Bahn- und Straßenbahn-Netzes ist in diesem Reiseführer auf der hinteren Innenklappe des Umschlags abgedruckt.
Über Fahrpläne, Ticketpreise usw. informiert, neben den Aushängen an den einzelnen Stationen, die Webseite des Verkehrsverbundes www.mvv-muenchen.de sowie die MVV-App.
Fahrkarten: Innenstadt und Außenbezirke sind in Zonen eingeteilt, die den Fahrpreis bestimmen. Je nachdem, wie viele Zone sie passieren, müssen Sie den entsprechenden Einzelfahrschein erwerben oder die dafür vorgesehene Anzahl von »Streifen« auf der Mehrfahrtenkarte entwerten. Im Bereich der Innenstadt (Zone M) sind das meist zwei Streifen, Einzelfahrpreis 3,70 €. Da das System relativ kompliziert ist, fahren Sie mit einem Tages- (8,80 € für den Innenraum) günstiger und einfacher.
Übrigens: Wird man beim Schwarzfahren erwischt, kostet das 60 €!
Sie erhalten die Fahrkarten bei den Verkaufsstellen der Münchner Verkehrsgesellschaft MVG im Hauptbahnhof und am Marienplatz (beide Mo-Fr 8-20, Sa 9-16 Uhr), an den Automaten an den meisten Haltestellen und in Bussen und Trambahnen (dort keine Mehrfahrtenkarten). Auch viele Zeitschriftenläden und -Kioske im Umfeld von Haltestellen verkaufen Fahrscheine. Mit der **MVV-App** können Sie den Fahrpreis auch mittels Handy-Ticket begleichen. Entwertet (abgestempelt) werden die Tickets an den Automaten am Eingang von U- und S-Bahnhöfen bzw. bei Tram und Bus in den Fahrzeugen. Der Erwerb der **CityTour Card** (www.city tourcard-muenchen.com) lohnt sich nur, wenn Sie ausgiebig Museen besuchen. Neben freier Fahrt im Nahverkehr erhalten Sie Ermäßigungen auf den Eintritt, die allerdings ziemlich gering sind.

... mit Sightseeing-Touren

Rundfahrten mit dem Bus: Sightseeing Gray Line (Arnulfstr. 8, www.stadtrundfahrten-muenchen.de) bricht vom Karlsplatz 21 (Ecke Sonnen-/Bayerstr.) zu unterschiedlichen Stadtrundfahrten auf (zwischen 9 und 16.30 Uhr). Abfahrten alle 20 Minuten. Halbstündlich, an den Wochenenden sogar alle 15 Minuten (10–17, im Winter bis 16 Uhr) fahren die roten Doppeldeckerbusse von CitySightseeing (Elisenstr. 3a, www.citysightseeing-muenchen.de) am Bahnhofsvorplatz vor dem Elisenhof los. Das Dach des Oberdecks ist an den heißen Sommertagen offen.
Stadtrundgänge: Mit Stattreisen (Nymphenburger Str. 149, Tel. 089 54 40 42 30, www.stattreisen-muenchen.de) geht es Freitag bis Sonntag zu Fuß durch diverse Stadtteile. Die verschiedenen Themenrundgänge dauern rund zwei Stunden. Im Angebot sind auch Tramrundfahrten.
Spurwechsel (Ohlmüllerstr. 5, Tel. 089 692 46 99, www.spurwechsel-muenchen.de) möchte seinen Gästen weniger bekannte Plätze und Geschichte(n) nahebringen. Auf den Rundgängen erfährt man z.B. alles zum bürgerlichen München, über die Räterepublik und die NS-Zeit oder die Bierstadt.
Der Weis(s)e Stadtvogel (Unterer Anger 14, Tel. 089 203 24 53 60, www.stadtvogel.de) macht seine Führungen auch auf Bayerisch (Altstadtführung ganzjährig tgl. 10.30 und 14 Uhr, Dauer 1,5–2 Stunden, 17 €), Treffpunkt ist die Mariensäule am Marienplatz, Voranmeldung nicht erforderlich).
Geführte Fahrradtouren: Mit Pedalhelden (Marsstr. 11, Tel. 089 51 61 99 11, www.pedalhelden.de) und den unter »Stadtrundgänge« genannten Firmen kann man die Stadt auf dem Fahrrad entdecken (Räder werden verliehen).
Stadtbesichtigung mit der Kutsche: Die Kutscherei Hans Holzmann (Schwere-Reiter-Str. 22, Tel. vormittags 089 18 06 08, www.kutschen-muenchen.de), das einzige verbliebene Kutschunternehmen in München, fährt Sie durch den Englischen Garten oder

durch die Altstadt. Falls Sie nicht vorausplanen, sondern sich erst vor Ort entscheiden wollen: Ab Mittag stehen die Kutschen am Chinesischen Turm im Englischen Garten.
Mit der Rikscha durch die Stadt: Mit Pedalhelden (siehe Fahrradtouren S. 191) und Munich Rikscha (Tel. 0176 44 40 52 45, www.munich-rikscha.de) schaukeln Sie umweltverträglich durch München. Die Radtaxis sind in der ganzen Innenstadt zu finden. Wer will, kann sich die Rikscha auch ohne Fahrer mieten und z.B. seine Schwiegermutter selbst durch die Stadt strampeln.
Individuelle Taxitouren: Die Taxi-Guide-Sight-Seeing-Tours (Tel. 0175 481 28 48, www.taxi-guide-muenchen.de) werden von vom Fremdenverkehrsamt ausgebildeten Fahrern durchgeführt.
Segway-Touren: Mit Seg Tour (Herrnstr. 13, Tel. 089 24 20 34 01, www.seg-tour.de, Classic Tour 85 €) entdecken Sie München bei einer dreistündigen Rundtour auf dem Segway. Die Führungen starten im Winterhalbjahr an den Wochenenden, im Sommer täglich.

... mit dem eigenen Auto

In den Randbereichen der Stadt finden Sie preiswerte Park-and-ride-Parkplätze z.B. an den U-Bahn-Stationen Studentenstadt (im Norden, U 6), Messestadt-Ost (im Osten, U 2), Fürstenried-West (im Süden, U 3) und an den S-Bahn-Stationen Karlsfeld (S 2) und Westkreuz (S 5, S 6) im Westen. Die Parkplätze in der Innenstadt sind limitiert und sehr teuer. Für eine Stunde Parken innerhalb des Altstadtrings bezahlen Sie um 2,50 €/Stunde. Parkhäuser finden Sie in der südlichen Innenstadt z.B. in der Herzogspitalstraße und am Altheimer Eck, in der nördlichen Innenstadt an der Hochbrückenstraße (um 3,50 €/Std.). Der Bereich innerhalb des Mittleren Rings ist Umweltzone: Dort dürfen nur Autos mit einer an der Windschutzscheibe angebrachten grünen Umweltplakette fahren.

... mit dem Taxi

Taxis bekommen Sie an den überall im Stadtgebiet verteilten Standplätzen und über die Funkzentrale (Taxizentrale Tel. 089 216 10 oder Isar-Funk Tel. 089 45 05 40).

... mit dem Fahrrad

Flexible Systeme mit im Stadtgebiet verteilten Rädern bieten die MVG und Call a bike der Deutschen Bahn. Die **Räder der Bahn** sind silber-rot; einmal als Kunde registriert (über www.callabike-interaktiv.de oder per App) wählt man ein in der App angezeigtes Rad aus und schaltet es mittels QR-Code-Scan frei. Das Rad kann an dafür ausgewiesenen Zonen oder an beliebiger Stelle abgestellt werden (Flexigebühr 1 €, Mietpreis max. 9 €/Tag bzw. 1 € pro Stunde, Abbuchung per Kreditkarte). Der **Radverleih der MVG** funktioniert mit der App »MVG more«, die – einmal mit der Kreditkarte registriert – die verfügbaren Räder anzeigt. Nach der Auswahl wird ein Pin-Code an die App gesendet, mit der Sie das Rad entsperren. Die Rückgabe erfolgt an Stationen oder frei im engeren Stadtgebiet (Kosten 9 Cent/Min., max. 12 €/Tag)

ÜBERNACHTEN

München ist in, deshalb empfiehlt es sich, rechtzeitig eine Unterkunft zu reservieren, ganz gleich ob Edelherberge, Boutiquehotel oder Jugendherbergsbetten im Zelt. Für die Wiesnzeit oder wenn beliebte Messen stattfinden, gilt dies natürlich doppelt. Da ist dann kurzfristig tatsächlich kein freies Bett mehr zu bekommen.
Natürlich hat die airbnb-Welle auch die bayerische Landeshauptstadt erreicht – Privatunterkünfte, von der Couch im Wohnzimmer zum luxuriösen Apartment, vermitteln die verschiedensten Internetportale, aber viele Vermietungen sind weder angemeldet noch erlaubt. Wenn Sie lieber ein Apartment mieten als ein Hotelzimmer, finden Sie in Boarding Houses legale Alternativen.
Hotels werden in fünf Kategorien eingeteilt, vom Luxushotel der Fünf-Sterne-Klasse bis zur einfachen Pension mit nur einem Stern. Für ein angenehmes Doppelzimmer der mittleren Komfort- und Preisklasse sollten Sie mit 120 bis 180 € rechnen.
Sich informieren und buchen können Sie auf den einschlägigen Portalen wie www.booking.com, www.holidaycheck.de oder www.tripadvisor.com. Auch die Webseite

www.muenchen.de listet die Unterkünfte in München und stellt ein Buchungstool zur Verfügung. Wer ohne Reservierung anreist, findet bei der Tourist-Info Unterstützung bei der Unterkunftssuche.

Preise

Für ein Doppelzimmer pro Nacht (ohne Frühstück):

€	unter 100 Euro
€€	100–150 Euro
€€€	150–200 Euro
€€€€	über 200 Euro

Hotelempfehlungen

A&O Hostel €

Modern und aufs Wesentliche beschränkt. Ob im Schlafsaal, im Einzel- oder Mehrbettzimmer mit Bad oder auch im Apartment, alles ist supersauber und gepflegt. Die Idee dahinter: Für jeden Geldbeutel etwas, in einem Haus, und nur wer Extras will, zahlt auch dafür. Gleich bei der Wiesn um die Ecke.
westlich 204 A2 ✉ Arnulfstr. 102 ☎ 089 45 23 59 58 00 🌐 www.aohostels.com Hackerbrücke

Adria Hotel €€€

Mediterrane Farben holen in diesem kleinen, feinen Hotel südliche Urlaubsstimmung nach München. Geschmackvoll und freundlich eingerichtet, ist das Adria im Lehel ein guter Standort für die Erkundung der Innenstadt, für Opern- und Museumsbesuche sowie für einen Bummel im Englischen Garten.
206 C1 ✉ Liebigstr. 8a ☎ 089 242 11 70 🌐 www.adria-muenchen.de Lehel

Bayerischer Hof €€€€

Einer der ersten Gäste hier war die Kaiserin Sisi. 1897 übernahm die Familie Volkhardt das Haus und baute es in vier Generationen zum heutigen Grandhotel aus, das auch das benachbarte ehemalige Montgelas-Palais umfasst. Der Night Club ist für seine Cocktails und die ausgelassene Stimmung stadtbekannt, die angeschlossene Galerie für ihre Ausstellungen und die Kleine Komödie in der Passage des Hotels für ihre leichten Stücke.
205 F1 ✉ Promenadeplatz 2–6 ☎ 089 212 00 🌐 www.bayerischerhof.de Marienplatz; Tram 19 Theatinerstraße

Cocoon Stachus €€€

Bunte, etwas schrille, jedenfalls total angesagte 69 Zimmer mitten im Zentrum bei der »Feierbanane« Sonnenstraße. Dass den Gästen neben Clubbing in den Lounges, Bars und Diskos der Nachbarschaft IT-Technik wichtig ist, hat man auch erkannt; also sind WLAN, Flatscreen und Docking Station im Preis enthalten; nach der Internet-Session wird im Ball-Chair entspannt.
205 D1 ✉ Adolf-Kolping-Str. 11 ☎ 089 59 99 39 02 🌐 www.hotel-cocoon.de Karlsplatz

Cortiina €€€

Mooreichenvertäfelung, Parkett und Jura-Naturstein im Bad – in dem Designhotel verlieren sich die Materialien und ihr Arrangement nicht im Beliebigen, sondern sie werden zur eindeutigen Wohltat für Leib und Seele. 33 Zimmer, eine Lounge mit klassischer Musik, Ledersessel und Kamin sowie ein begrünter Innenhof locken alle ins Haus, denen plüschiger Schick oder postmoderne Grandezza zum Hals heraushängen. Die Bar ist auch für Münchner ein guter Tipp.
210 B4 ✉ Ledererstr. 8 ☎ 089 242 24 90 🌐 www.cortiina.com Marienplatz

Deutsche Eiche €€€

Im Zentrum der Stadt und von Münchens Schwulenrevier liegt dieses alteingesessene Hotel mit Restaurant und eigenem Badehaus. Kein Wunder, dass sich besonders schwule und lesbische Gäste so nahe bei den angesagten Kneipen und Diskotheken wohlfühlen. Die Zimmer sind freundlich und zweckmäßig eingerichtet; es gibt ein rustikales Restaurant und gelegentlich auch Unterhaltungsprogramm.
210 A3 ✉ Reichenbachstr. 13 ☎ 089 231 16 60 🌐 www.deutsche-eiche.com Marienplatz; Tram 16 Reichenbachplatz

Englischer Garten €€

Das denkmalgeschützte Gästehaus in einer Mühle aus dem 18. Jh. ist fast eine Villa im Grünen mitten im Herzen von Schwabing

und besitzt einen eigenen Garten. Gefrühstückt wird im Sommer draußen, drinnen sind die 12 Zimmer (einige preiswertere mit Gemeinschaftsdusche) elegant und geschmackvoll eingerichtet. Der Service ist äußerst aufmerksam. Der englische Garten liegt in unmittelbarer Nachbarschaft.
203 D1 Liebergesellstr. 8 089 383 94 10 www.hotelenglischergarten.de Münchner Freiheit 59 Osterwaldstraße

Kempinski Vier Jahreszeiten €€€€
Luxus in zentraler Lage: Die elegante Atmosphäre mit Mahagoni und Messing unter einer Glaskuppel lädt nicht nur Hotelgäste zum Fünf-Uhr-Tee in das Foyer. Die 316 Zimmer und Suiten sind so, wie man es von einem Haus dieser Kategorie verlangen darf, der Wellnessbereich mit Pool befindet sich im Dachgeschoss mit Rundumblick. Erfragen Sie Sonderangebote.
210 B5 Maximilianstr. 17 089 212 50 www.kempinski.com/de/hotel-vier-jahreszeiten Marienplatz; Tram 19 Kammerspiele

Mandarin Oriental €€€€
Die 48 Zimmer und 25 Suiten sind häufig ausgebucht; kein Wunder, liegt das ehemalige Hotel Rafael doch absolut ruhig an einer schmalen Straße in unmittelbarer Nähe zur Oper. So sind Diven und Tenöre Stammgäste und freuen sich wie die Normalsterblichen an den feinen Einrichtungen. Dazu gehört eine herrliche Dachterrasse mit Pool und grandiosem Blick über die Dächer der Stadt hinweg bis zum Gebirge.
210 B4 Neuturmstr. 1 089 29 09 80 www.mandarinoriental.com Marienplatz; Tram 19 Nationaltheater

Marias Platzl €€
Das sympathische Haus mit 34 Zimmern in der Au, nur wenige Schritte vom Deutschen Museum gibt sich betont bayerisch: Holzvertäfelungen und Dirndlstoff an den Wänden prägen die Atmosphäre, und der freundliche Münchner Service tut das Seine, dass sich die Gäste gut in Bayern aufgenommen fühlen. Zum Hotel gehört das Wirtshaus Ayinger, ebenfalls empfehlenswert!
210 C2 Mariahilfplatz 4 089 622 33 70 www.mariasplatzl.de; Tram 18 Mariahilfplatz

Marienbad €€
30 einfache Zimmer, nicht alle mit Dusche/WC, im Herzen der Stadt. Die Einrichtung ist solide, verzichtet aber auf jedes Chichi, was den Preisen zugutekommt. Immerhin nächtigen die Gäste in Zimmern, in denen schon Sigmund Freud und Puccini abgestiegen sind.
205 E2 Barer Str. 11 089 59 55 85 www.hotelmarienbad.de; Tram 28 Karolinenplatz

Mona Lisa €
Nur 7 Zimmer hat die kleine Pension – alle liebevoll eingerichtet und farblich unterschiedlich gestaltet. Das familiär geführte Haus ist ein häufig ausgebuchtes Kultobjekt.
211 D5 Robert-Koch-Str. 4 089 21 02 83 80 www.hotelmonalisa.de Lehel; Tram 16 Lehel

Motel One €€
Stylische Hotelkette, die in ihren Häusern alles Überflüssige weglässt, ohne auf notwendigen Komfort zu verzichten. Die Zielgruppe sind Gäste meist jüngeren Jahrgangs, die keinen Trödel, sondern klare Linien lieben. Dass sie dabei das Panorama mit den Kirchtürmen der Altstadt genießen, ist klar. Wegen des günstigen Preis-Leistungs-Verhältnisses häufig ausgebucht, aber man kann es ja noch in den anderen Häusern der Kette versuchen: City-Ost, -Süd, -West, Schwabing oder beim Deutschen Museum.
209 E4 Herzog-Wilhelm-Str. 28 089 51 77 72 50 www.motel-one.com Sendlinger Tor

Opéra €€–€€€
Im Jahr 1898 vom bayerischen Hoflieferanten für Meeresgetier und Wildbret gebaut (weil der darunter fließende Eisbach Austern und Hummer so wunderbar frisch hielt), blieb das Palais lange Wohnhaus. Erst 1976 öffnete es als Hotel seine Pforten. Jedes Zimmer ist individuell mit Antiquitäten eingerichtet. Lauschige Sommerabende verbringt man im Innenhof bei einem Cocktail.

↟ 210 C5 ✉ Sankt-Anna-Str. 10 ☎ 089 210 49 16 🌐 www.hotel-opera.de 🚇 Lehel; Tram 16 Lehel

Prinz €€€

Ein großes Plus dieses sehr aufmerksam geführten Hauses ist seine Lage: Das Deutsche Museum ist gleich um die Ecke. Und wer ein Zimmer nach vorn bucht, hat einen wunderbaren Blick über München (dafür allerdings auch etwas Straßenlärm). Elegant möblierte Zimmer, exzellentes Restaurant, Tiefgarage.
↟ 210 C2 ✉ Hochstr. 45 ☎ 089 441 40 80 🌐 www.hotel-prinz.de 🚇 Rosenheimer Platz

Ritzi €€€

25 individuell-unkonventionell eingerichtete Zimmer unweit des Maximilianeums: Hier können Sie im Ambiente einer afrikanischen Lodge nächtigen oder sich auf Urlaub in Bali wähnen. Das auch bei den Münchnern beliebte Restaurant serviert leichte, asiatisch inspirierte Küche. Im über 100 Jahre alten Haus sind die Gemeinschaftsräume stilgerecht in Art déco gehalten, im Loungebereich sitzt man auf rotsamtenen Sesseln – Originale aus der Mailänder Scala.
↟ 211 E4 ✉ Maria-Theresia-Str. 2A ☎ 089 41 42 40 89-0 🌐 www.hotelritzi.de 🚇 Max-Weber-Platz; Tram 21 Max-Weber-Platz

Ruby Lilly Hotel €€

Das Hotel will stilistisch in die 1980er-Jahre entführen, in denen sich Helmut Dietl seine Stadt filmisch zur Brust nahm. Dass zu so einem Haus eine angesagte Bar gehört, versteht sich von selbst. Und sonst? Marshall Gitarrenverstärker für den Ipod, ein Tablet in jedem Zimmer, gläserne Dusche und übergroßes Bett für die Zweisamkeit.
↟ 204 C2 ✉ Dachauerstr. 37 ☎ 089 9 54 57 08 20 🌐 www.ruby-hotels.com 🚇 Stiglmaierplatz; Tram 21 Stiglmaierplatz

Schwabinger Wahrheit €€€

In dem modernen Haus im Herzen Schwabings gibt man sich gerne avantgardistisch. Also: kein Restaurant, sondern Streetfood-Imbiss, kein Spa, sondern eine »Mini-Auszeit«, und für die umweltfreundliche Mobilität gibt's Leih-Räder.
↟ 202 B1 ✉ Hohenzollernstr. 5 ☎ 089 38 38 10 🌐 www.schwabinger-wahrheit.de 🚇 Münchner Freiheit 🚌 53, 54, 59 Hohenzollernstraße

The Flushing Meadows €€€€

Das Entrée in einem Industriebau mag ja erst mal befremden, denn das Hotel befindet sich in den oberen beiden Etagen. Jedes der 11 Zimmer hat ein anderer Künstler gestylt – die fünf Penthouses darüber stehen ihnen in nichts nach. Dazu kommt noch eine Rooftop-Bar mit Blick über die Dächer, den nicht nur die Übernachtungsgäste lieben.
↟ 209 F3 ✉ Fraunhoferstr. 32 ☎ 089 55 27 91 70 🌐 http://flushingmeadowshotel.com 🚇 Fraunhoferstraße; Tram 18 Fraunhoferstraße

ESSEN UND TRINKEN

Schweinebraten mit Kruste und Knödel, Weißwürste mit Weißbier, Leberkäse – die Münchner lieben's traditionell gehaltvoll. Die Gastronomie hat aber auch »bayerisch- light« und viel Internationales im Angebot und viel Haute Cuisine: Angeführt wird die Königsklasse der Spitzengastronomie von Jan Hartwig, der für sein neu eröffnetes Restaurant Jan gleich drei Michelin-Sterne, die Höchstwertung, erhielt.

Wohin zum Essen

Hier die Gaststätten mit »Münchner Atmosphäre«, Stammtisch und resoluten Kellnerinnen, die große Teller mit noch größeren Portionen und dazu einen Maßkrug auf den Tisch stellen. Dort exotisch-asiatische Esstempel, französische Bistros, italienische Trattorien oder gar von allem etwas in angesagten Restaurants mit Fusions-Küche. Sie werden keine Probleme haben, in München das passende Lokal zu finden. Wenn der kleine Hunger kommt, besänftigen ihn Wraps, Tacos, Panini, Piadine und wie die kleinen Leckereien der Street-Food-Generation so alle heißen. Ist der Hunger etwas größer, werden Sie in Metzgereien fündig. Die führen mittags bayerische »Schmankerl« wie Leberkäse oder »Fleischpflanzerl«, eine heiße Wurst mit Kartoffelsalat oder auch eine Scheibe Braten in einer Semmel – pardon: einem Brötchen.

Essenszeiten
Wer **frühstücken** will, kann dies in vielen Cafés bis in den frühen Nachmittag hinein tun und findet eine breite Auswahlmöglichkeit vom Kater- über das Champagner- bis zum Gesundheitsfrühstück. Mittags sind die Küchen der Lokale meist zwischen 12 und 15 Uhr auf, abends wird man ab etwa 18 Uhr bedient. Gleichwohl gibt es auch Gaststätten, die den ganzen Tag über Speisen bereiten. Viele **Restaurants**, vor allem der höheren Kategorien, füllen sich ab 19 Uhr, sodass eine Reservierung hilfreich ist. Später als 21 Uhr kommen eigentlich keine Gäste mehr zu einem ausgedehnten Abendessen in ein Restaurant – was nicht heißt, dass man nach der Oper oder dem Theaterbesuch nicht doch noch etwas bekäme.
In den **Biergärten** herrscht in den meisten Bereichen Selbstbedienung, dafür darf man sein Essen auch mitbringen. Wer dies nicht will, erhält an den Ständen bei den Bierausschänken typische Gerichte.
Beim **Trinkgeld** liegt man mit 5–10 % des Rechnungsbetrages nicht falsch.

AUSGEHEN

Opernhaus, Sprechtheater und eine vitale Alternativ-Theaterszene prägen das Kulturleben. In München gibt es auch eine große Jazz-Gemeinde, die vor allem in der Haidhauser Unterfahrt (s. S. 139) und im Nightclub des Hotels Bayerischer Hof ihr Zentrum hat. Tanzwütige haben eine Vielzahl an Clubs zur Auswahl. Einen Veranstaltungskalender bieten das kostenlose Magazin »In München«, das in Kinos, Kneipen und Restaurants ausliegt, und das online erscheinende Stadtmagazin »Prinz« (https://prinz.de/muenchen/).

Theater und Oper
Die Bayerische Staatsoper gilt mit ihren hochkarätigen Inszenierungen als eines der besten deutschen Musiktheater; Freunde alternativer Opernaufführungen kommen im Sommer in der Pasinger Fabrik (August-Exter-Str. 1, Tel. 089 829 29 00, www.pasinger-fabrik.de) auf ihre Kosten. Residenztheater und Kammerspiele konkurrieren auf höchstem Sprechtheater-Niveau um die Gunst der Münchner. Das Metropol Theater in München Freimann versteht es, mit einfachsten Mitteln große Effekte und hervorragende Kritiken zu erzielen, so für »Alice« nach Robert Wilson und Tom Waits (Floriansmühlstr. 5, Tel. 089 32 19 55 33, www.metropoltheater.com).

Konzerte
Münchens Philharmoniker und Gastensembles spielen in der Isarphilharmonie (Hans-Preißinger-Str. 8, Tel. 089 48 09 80, www.gasteig.de). Veranstaltungsort für Mammutkonzerte ist die Olympiahalle, im Sommer auch das Olympiastadion und der Königsplatz. Zu den beliebtesten »kleineren« Locations gehören das Zenith und die Muffathalle (S. 139), Livekonzerte veranstalten auch Clubs wie Strom (S. 61) oder Milla (S. 61).

»Dance the night away«
Ein Sommertipp (Mai–Okt. ab 20 °C) für alle Tanzsüchtigen sind die täglichen Tango-Abende am Königsplatz im Portikus der Antikensammlung (ab 18 Uhr Tanzkurs, ab 19 Uhr freies Tanzen) und freitags ab 20 Uhr im Hofgarten im Diana-Tempel (www.tango-am-koenigsplatz.de). Wer nicht so auf Tanzschritte steht, findet im Nachtwerk (www.nachtwerk.de), im Backstage (www.backstage.info) oder einem der vielen Clubs Gleichgesinnte.

Unter dem Regenbogen
Rund um den Gärtnerplatz und im Glockenbachviertel schlägt Münchens regenbogenfarbenes Herz. Hier finden sich zahlreiche Cafés, Kneipen und Clubs, aber auch Konditoreien und Buchhandlungen. In der Innenstadt gibt's die Discos Prosecco (Theklastr. 1, www.instagram.com/proseccomunich/, meist Fr/Sa) und N.Y.Club (Freitag und Samstag in der Elisenstr. 3, www.nyclub.de).

Vorverkauf
Im Internet können Sie bei München Ticket (www.muenchen-ticket.de) Karten für viele Veranstaltungen reservieren; in der Stadt findet man Vorverkaufsbüros z.B. in der München-Information im Neuen Rathaus

(S. 188). Opernkarten gibt's im Netz (www.bayerische- staatsoper.de, frühestens 3 Monate vor dem Termin) und an der Opernkasse in den Maximilianshöfen (Marstallplatz 5, Tel. 089 21 85 19 20, Mo–Sa 10–19 Uhr, frühestens 2 Monate vor dem Termin, Abendkasse 1 Stunde vor dem Vorstellungsbeginn).

EINKAUFEN

Soll's ein Wackeldackel sein oder ein afrikanisches Dirndl? Edle Swarowski-Kristalle oder puristisch-skandinavisches Design? München ist ein Shopping-Paradies, und das nicht nur für Bavarica. Die meisten Läden öffnen Montag bis Samstag zwischen 9 und 10 Uhr und schließen spätestens um 20 Uhr. Sonntags bleiben bis auf wenige Ausnahmen alle Geschäfte geschlossen.

Souvenirs

»Ein Herz'l fürs Herz'l«, also ein typisch münchnerisches Lebkuchen- oder Schokoladenherz, gibt es leider nur zum Oktoberfest und auf den Auer Dulten (S. 138) zu kaufen. So muss man sich außerhalb der Festzeiten mit dem »Münchner Kindl« begnügen, denn das schwarz-gelb gewandete Mönchlein ist Wappenfigur der Stadt München und in vielerlei Variationen von der Puppe bis zum Aufkleber zu haben. Wenn Sie es schriller mögen, dann schauen Sie im servus.heimat (Brunnstr. 3, S. 60) vorbei. Hier bekommen Sie den »Kini« samt Neuschwanstein in einer Schneekugel, T-Shirts mit witzigen, folkloristischen Aufdrucken, aber auch schöne Bildbände.

Mode

Die Maximilianstraße ist Münchens teuerste Einkaufsmeile mit den elegantesten Geschäften aller Topdesigner. Die Theatinerstraße gleich nebenan lockt mit den Fünf Höfen ebenfalls eher betuchte Kunden an. Mit kleinerem Budget werden Sie in einem der vielen internationalen Modeläden wie Zara oder H&M in der Innenstadt fündig. Wer flippige Kleidung kleiner Designer sucht, wird eher in Haidhausen, im Glockenbachviertel oder in Schwabing Erfolg haben. Und die Straßen um die Münchner Freiheit haben sich zu einem Shoppingparadies für Hip-Hop-Freaks gemausert.

Als erste Adresse für Trachtenkleidung gilt in München Lodenfrey (www.lodenfrey.com), wo Traditionalisten nach unaufgeregtem Gewand suchen, aber auch betuchte Damen fündig werden, die Dirndlabwandlungen etwa von der Kult-Designerin Lola Paltinger bevorzugen.

Kunst, Design und Antiquitäten

Besonders viele Galerien sind in der Maxvorstadt und in Schwabing angesiedelt. Beim Bummeln durch die Straßen und manchmal auch beim Blick in die Hinterhöfe können Sie interessante Entdeckungen machen. Geschäfte, die Designermöbel und Accessoires verkaufen, haben Konjunktur. Viele sind ebenfalls rund um die Universität und um die Münchner Freiheit versammelt.

Trödel-, Kunsthandwerks- und Flohmärkte

Bayerns größter Freiflächenflohmarkt, der Riemer Flohmarkt, findet je nach Wetter samstags von 6 bis 16 Uhr (ausgenommen ist die Zeit des Oktoberfestes) auf dem Gelände der neuen Messe in Riem statt (Tel. 089 46 25 55 36, https://flohmarkt-riem.com). Die Antiquitäten- und Buchhändler stellen dreimal im Jahr ihre »Standl« auf dem Mariahilfplatz zur Auer Dult auf. Diese besondere Mischung aus Trödelmarkt und Jahrmarkt ist ein besonderes Erlebnis auch für Familien mit Kindern.

VERANSTALTUNGSKALENDER

JANUAR/FEBRUAR

Fasching: Vom 6. Januar bis zum Faschingsdienstag erleben Sie München im Rausch der Maskenbälle. Klassiker sind die Faschingsbälle im deutschen Theater (www.deutsches-theater.de). Höhepunkt des Faschingstreibens ist der traditionelle **Tanz der Marktweiber** am Viktualienmarkt (am Faschingsdienstag um 11 Uhr).

MÄRZ

Starkbierzeit (https://paulaner-nockherberg.com): Auf dem Nockherberg gibt's den traditionellen Anstich mit anschließendem »Politiker-Derbleck'n«.

APRIL

Frühlingsfest: Verkleinerte Version des Oktoberfestes auf der Theresienwiese.

Ostereiersuchen im Tierpark Hellabrunn: Ein Riesenspaß für Groß und Klein am Ostersonntag.

Lange Nacht der Musik (www.muenchner.de/musiknacht): Ende April lernen Sie Münchens vielfältiges Musikprogramm und viele Veranstaltungsorte kennen.

MAI

Maidult: Jahr- und Trödelmarkt Anfang Mai am Mariahilfplatz

Dok-Fest (www.dokfest-muenchen.de): Das Internationale Dokumentarfilmfestival Anfang Mai ist das bundesweit größte für lange Dokumentarfilme.

Biennale München (https://muenchener-biennale.de): In geraden Jahren entführen Sie Uraufführungen in die aufregenden Klangwelten des modernen Musiktheaters.

JUNI

Münchner Stadtgeburtstag: buntes Treiben auf dem Marienplatz.

Tollwood-Festival (www.tollwood.de): Zeltstadt mit Theater, Musik, Kulinarischem und (mehr oder weniger) alternativen Shoppingangeboten neben dem Olympiapark.

BMW International Open (www.bmw-golfsport.com): Ende Juni mit den besten Golfcracks der Welt.

Nymphenburger Sommer (www.nymphenburger-sommer.de): Klassikkonzerte im wunderschönen Hubertussaal des Schlosses.

Filmfest München (www.filmfest-muenchen.de): Ende Juni trifft sich die Filmszene im neuen Gasteig und im Filmmuseum.

Fronleichnam: Am zweiten Donnerstag nach Pfingsten begehen die Münchner diesen katholischen Festtag mit einer feierlichen Prozession durch die Innenstadt.

JUNI/JULI

Rosenschau: Ausstellung und Markt zugleich ist die jährliche Rosenschau im Botanischen Garten (www.botmuc.de).

JULI

Klassik am Odeonsplatz (www.klassik-am-odeonsplatz.de): Konzerte der Münchner Philharmoniker und des Symphonieorchesters des Bayerischen Rundfunks stehen auf dem Odeonsplatz auf dem Programm.

Opernfestspiele (www.staatsoper.de/opernfestspiele): Die Stars der internationalen Musikszene treffen sich im Nationaltheater.

Konzerte im Brunnenhof: In der Residenz gibt's Musik in intimerem Rahmen.

Schleißheimer Sommer: Im Neuen Schloss Schleißheim treten klassische Virtuosen, darunter häufig auch Barockensembles, auf.

Jakobidult: Jahrmarkt auf dem Mariahilfplatz in Au-Haidhausen.

AUGUST

Theatron Musiksommer im Olympiapark (auf Facebook): Konzerte bekannter und unbekannter, internationaler und heimischer Bands heizen den Zuschauern richtig ein – und das alles kostenlos!

SEPTEMBER

Oktoberfest (www.oktoberfest.de): Am vorletzten Samstag im September geht's los – das größte Volksfest der Welt wird mit einem feierlichen Einzug der Festwirte eröffnet. Am Sonntag folgt ein bunter Trachtenzug durch die Münchner Innenstadt.

OKTOBER

Kirchweihdult: Mitte Oktober am Mariahilfplatz in der Au.

Lange Nacht der Museen (www.muenchner.de/museumsnacht): Große wie kleine Sammlungen öffnen ihre Pforten und locken Publikum mit originellen Veranstaltungen.

München-Marathon (www.generalimuenchenmarathon.de): Langstreckenläufer messen ihre Ausdauer auf den Straßen Münchens.

NOVEMBER

SpielArt (www.spielart.org): In ungeraden Jahren können Sie beim Theaterfestival internationale Theaterproduktionen erleben.

DEZEMBER

Christkindlmärkte gibt's auf dem Marienplatz, auf dem Rotkreuzplatz und in Haidhausen. Ein **Künstler-Weihnachtsmarkt** verwandelt die Münchner Freiheit in ein buntes Lichtermeer.

Winter-Tollwood (www.tollwood.de) sorgt auf der Theresienwiese mit Theater, Konzerten und einem rauschenden Silvesterfest für die richtige Stimmung.

Silvesterfeuerwerk: Dieses Spektakel sehen Sie sich am besten von den Schuttbergen im Olympiapark aus an. Eine bessere Aussicht gibt es in München sonst nirgends.

Cityatlas

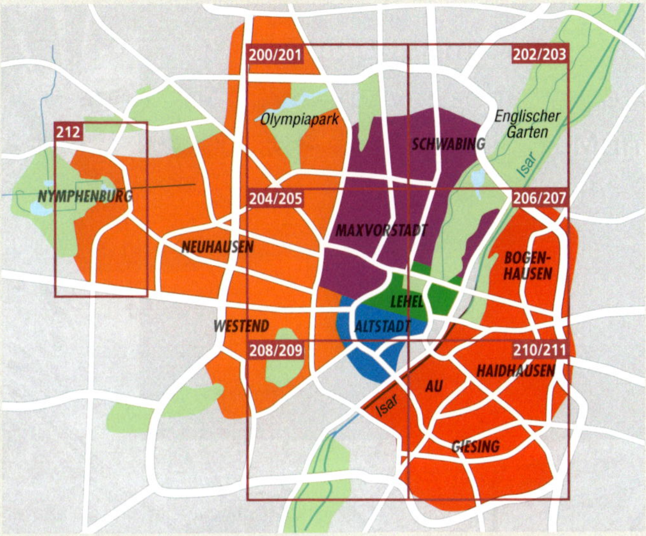

Legende

- Bemerkenswertes Gebäude/ Öffentliches Gebäude
- Grünfläche
- Fußgängerzone
- Straßenbahnlinie mit Haltestelle
- S-Bahn mit S-Bahn-Station
- U-Bahn mit U-Bahn-Station
- Parkplatz; Parkhaus
- 2 ★★ TOP 10
- 11 Nicht verpassen!
- 12 Nach Lust und Laune!
- Information
- Museum
- Theater, Oper
- Kirche; Synagoge; Moschee
- Biergarten
- Denkmal, Turm
- Polizei
- Krankenhaus; Tennis
- Post; Bibliothek
- Zoo
- Hallenbad; Freibad

1 : 13 000

0 250 500 m

0 250 500 yd

A
B
C
Olympiazentrum
Zentrale Hochschulsportanlage
48
Kusocinskidamm
Kolehmainenweg
Brundageplatz
Lerchenauer Str.
Werner-Seelenbinder-Weg
BMW Welt 46
BMW-Museum 46
5
Lovelock-weg
Hans-Braun-Brücke
U3 (U8)
Walther-Bathe-Weg
2R
Georg-Brauchle-Ring
Sapporo-Bogen
Lillian-Board-Weg
Spiridon-Louis-Ring
Kleine Olympiahalle
Rockmuseum (im Olympiaturm)
Olympia-Eisstadion
Olympiahalle
Olympiaturm (290 m)
Willi-Daume-Pl.
Coubertin-platz
Luz-Long-Ufer
Werner-von-Linde-Halle
Olympiastadion
Olympia-Schwimmhalle
Sea Life 47
Olympiapark
4
Ernst-Curtius-Weg
44
Theatron
Willi-Gebhardt-Ufer
Olympiasee
Toni-Merkens-Weg
Wilhelm-Dörpfeld-Weg
Martin-Luther-King-Weg
Rudolf-Harbig-Weg
OLYMPIAPA
SAP Garden (ehem. Standort Olympia-Radstadion)
Olympiaberg (564 m)
Kleingärten
Nymphenburg-Biedersteiner-Kanal
Montessori-Schule
3
Ackermannstr.
Spiridon-Louis-Ring
Therese-Studer-Str.
Deidesheimer Str.
Gelände Tollwood Sommerfestival
49
Ost-West-Friedenskirche
Bundeswehr-verwaltung
Th.-Studer-Str.
Elisabeth-Kohn-Str.
Sportanlage
Hedwig-Dransfeld-Allee
2
Kreiswehr-erstzamt
Tierklinik
Dachauer Str.
Heideck-straße
Helene-Lange-Weg
Helene-Weber-Allee
Adams-
Rosa-Luxemburg-Pl.
Infanteriestr.
Barbarastr.
Erhard-Auer-Str.
Saportastr.
Trivastr.
Emma-Ihrer-Str.
Schwere-Reiter-Str.
Luitpold-kaserne
12+N
Elisabethstr.
Merianstr.
Hartliebstr.
12+N43+N44
Heßstr.
Infanteriestr.
Barbarastr.
Kathi-Kobus-Str.
Theo-Prosel-Weg
NEUHAUSEN
Leonrod-platz
Leonrodplatz
Dom-Pedro-Str.
St. Barbara
Maximilian-Wetzger-Str.
Fasaneriestr.
200
204
Deutsches Rotes Kreuz

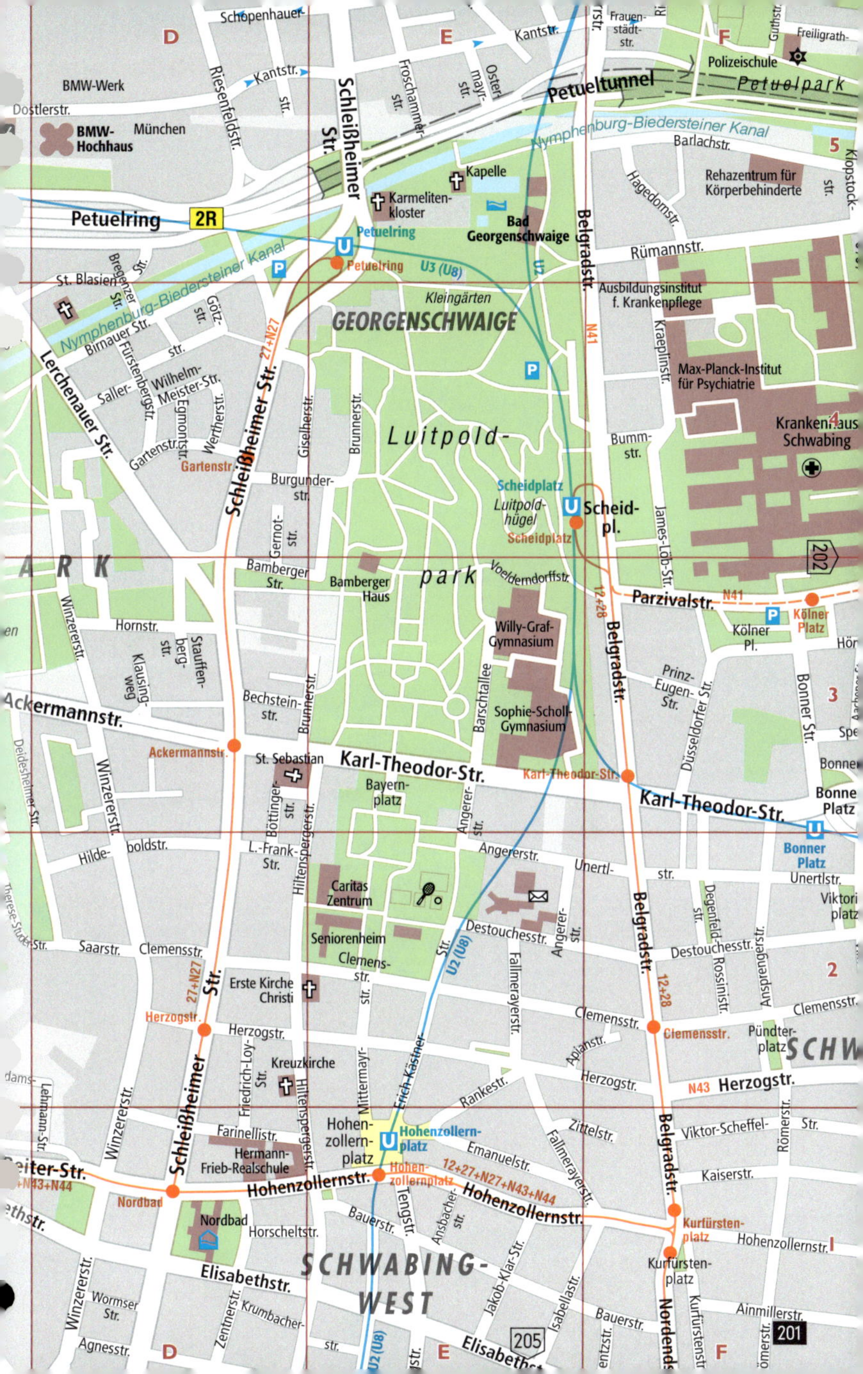

D
E
F
Schopenhauer-
Kantstr.
Frauen-städt-str.
Freiligrath-
Guthstr.
Polizeischule
Petuelpark
Petueltunnel
BMW-Werk
Riesenfeldstr.
Froschammer-str.
Ostermayr-str.
Dostlerstr.
BMW-Hochhaus
München
Schleißheimer Str.
Nymphenburg-Biedersteiner Kanal
Barlachstr.
5
Kapelle
Karmeliten-kloster
Rehazentrum für Körperbehinderte
Hagedornstr.
Klopstock-str.
Petuelring
2R
Petuelring
Bad Georgenschwaige
Belgradstr.
Rümannstr.
U3 (U8)
U2
St. Blasien
Bregenzer Str.
Ausbildungsinstitut f. Krankenpflege
Kleingärten
GEORGENSCHWAIGE
Götz-str.
27+N27
Birnauer Str.
N41
Kraepelinstr.
Fürstenbergstr.
Max-Planck-Institut für Psychiatrie
Lerchenauer Str.
Saller-str.
Wilhelm-Meister-Str.
Giselherstr.
Brunnerstr.
Luitpold-
Krankenhaus Schwabing
4
Egmontstr.
Wertherstr.
Bumm-str.
Gartenstr.
Gartenstr.
Burgunder-str.
Scheidplatz
Luitpold-hügel
Scheid-pl.
James-Loeb-Str.
Gernot-str.
Scheidplatz
202
ARK
Bamberger Str.
Bamberger Haus
park
Voelderndorffstr.
12+28
Parzivalstr.
N41
Kölner Platz
Winzererstr.
Hornstr.
Stauffen-berg-str.
Willy-Graf-Gymnasium
Kölner Pl.
Klausing-weg
Belgradstr.
Prinz-Eugen-Str.
Bonner Str.
3
Bechstein-str.
Barschtallee
Sophie-Scholl-Gymnasium
Düsseldorfer Str.
Ackermannstr.
Ackermannstr.
St. Sebastian
Karl-Theodor-Str.
Karl-Theodor-Str.
Deidesheimer Str.
Winzererstr.
Bayern-platz
Angerer-str.
Karl-Theodor-Str.
Bonner Platz
Böttinger-str.
Hiltenspergerstr.
Bonner Platz
Hilde-boldstr.
L.-Frank-Str.
Angererstr.
Unertl-str.
Unertlstr.
Caritas Zentrum
Viktor-platz
Therese-Studer-Str.
Seniorenheim
Destouchesstr.
Angerer-str.
Degenfeld-str.
Destouchesstr.
Saarstr.
Clemensstr.
Clemens-str.
U2 (U8)
Fallmerayerstr.
Rossinistr.
Anspergerstr.
2
27+N27
Erste Kirche Christi
12+28
Clemensstr.
Clemensstr.
Herzogstr.
Herzogstr.
Clemensstr.
Pündter-platz
SCHW
Kreuzkirche
Friedrich-Loy-Str.
Mittermayr-str.
Erich-Kästner-Str.
Apianstr.
Herzogstr.
N43 Herzogstr.
Schleißheimer Str.
Lehmann-Str.
Winzererstr.
Rankestr.
Zittelstr.
Belgradstr.
Viktor-Scheffel-Str.
Römerstr.
Farinellistr.
Hohen-zollern-platz
Hohenzollern-platz
Emanuelstr.
Fallmerayerstr.
Hermann-Frieb-Realschule
Kaiserstr.
Hohenzollernstr.
Hohen-zollernplatz
12+27+N27+N43+N44
Hohenzollernstr.
N43+N44
Nordbad
Nordbad
Horscheltstr.
Bauerstr.
Tengstr.
Ansbacher-str.
Kurfürsten-platz
Hohenzollernstr.
Jakob-Klar-Str.
Kurfürsten-platz
Elisabethstr.
SCHWABING-WEST
Wormser Str.
Zentnerstr.
Krumbacher-str.
Isabellastr.
Bauerstr.
Aimmillerstr.
Agnesstr.
205
U2 (U8)
Elisabethstr.
Nordendstr.
Kurfürstenstr.

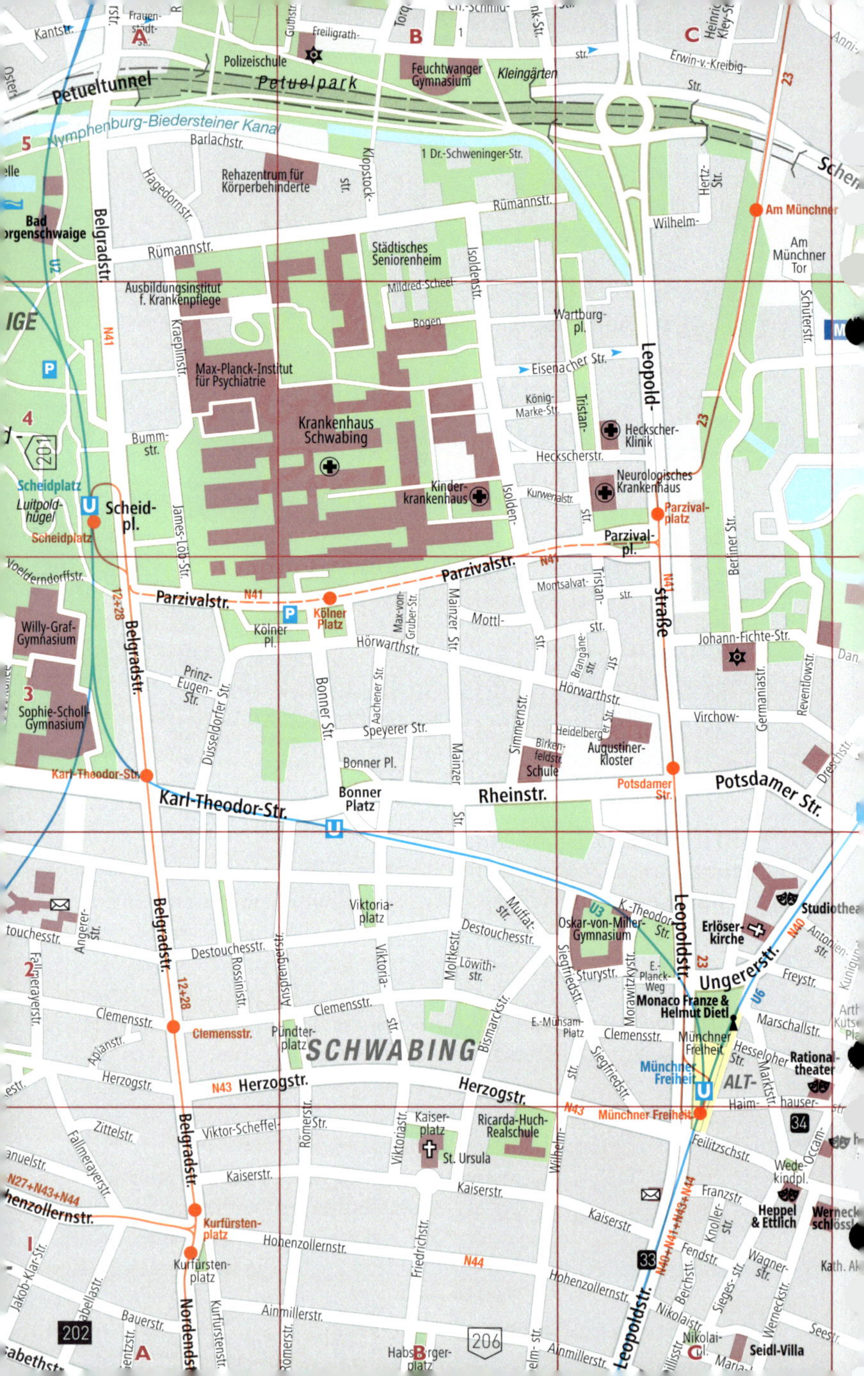

A
B
C
Kantstr.
Frauenstädt-str.
Freiligrath-
Polizeischule
Petueltunnel
Petuelpark
Feuchtwanger Gymnasium
Kleingärten
Erwin-v.-Kreibig-Str.
Nymphenburg-Biedersteiner Kanal
Barlachstr.
Rehazentrum für Körperbehinderte
Hagedornstr.
Klopstock-str.
Dr.-Schweninger-Str.
Rümannstr.
Hertz-Str.
Wilhelm-
Am Münchner
Am Münchner Tor
Bad Georgenschwaige
Belgradstr.
Städtisches Seniorenheim
Isoldenstr.
Mildred-Scheel-Bogen
Ausbildungsinstitut f. Krankenpflege
Kraepelinstr.
Max-Planck-Institut für Psychiatrie
Wartburg-pl.
Eisenacher Str.
König-Marke-Str.
Tristan-str.
Leopold-straße
Schüterstr.
Krankenhaus Schwabing
Heckscher-Klinik
Heckscherstr.
Neurologisches Krankenhaus
Kinderkrankenhaus
Kurwenalstr.
Bumm-str.
Scheidplatz
Luitpold-hügel
Scheid-pl.
James-Loeb-Str.
Parzival-platz
Parzival-pl.
Berliner Str.
Voelderndorffstr.
Parzivalstr.
Willy-Graf-Gymnasium
Kölner Platz
Kölner Pl.
Max-von-Gruber-Str.
Mainzer Str.
Mottl-str.
Montsalvat-str.
Johann-Fichte-Str.
Hörwarthstr.
Prinz-Eugen-Str.
Düsseldorfer Str.
Bonner Str.
Aachener Str.
Brangäne-str.
Sophie-Scholl-Gymnasium
Speyerer Str.
Simmernstr.
Heidelberger Str.
Birkenfeldstr.
Schule
Augustiner-Kloster
Virchow-
Germaniastr.
Reventlowstr.
Bonner Pl.
Karl-Theodor-Str.
Bonner Platz
Rheinstr.
Potsdamer Str.
Dreschstr.
Viktoria-platz
Muffat-str.
K.-Theodor-Str.
Oskar-von-Miller-Gymnasium
Erlöser-kirche
Studiotheater
Destouchesstr.
Angerer-str.
Fallmerayerstr.
Rossinistr.
Ansprengerstr.
Viktoriastr.
Moltkestr.
Löwith-str.
Siegfriedstr.
Sturystr.
E.-Planck-Weg
Morawitzkystr.
Leopoldstr.
Ungererstr.
Antonienstr.
Freystr.
Monaco Franze & Helmut Dietl
Clemensstr.
Apianstr.
Pündterplatz
SCHWABING
Bismarckstr.
E.-Mühsam-Platz
Münchner Freiheit
Marschallstr.
Hesseloher Str.
Marktstr.
Rationaltheater
Herzogstr.
ALT-
Haimhauser-str.
Zittelstr.
Viktor-Scheffel-Str.
Römerstr.
Kaiserplatz
Ricarda-Huch-Realschule
Wilhelmstr.
Feilitzschstr.
St. Ursula
Kaiserstr.
Wedekindpl.
Franzstr.
Heppel & Ettlich
Werneckschlössl
Hohenzollernstr.
Kurfürstenplatz
Friedrichstr.
Knollerstr.
Fendstr.
Wagnerstr.
Kath. Ak.
Jakob-Klar-Str.
Isabellastr.
Nordendstr.
Kurfürstenstr.
Bauerstr.
Ainmillerstr.
Beichstr.
Siegesstr.
Nikolaistr.
Nikolaipl.
Werneckstr.
Seestr.
Seidl-Villa
Habsburgerplatz
Elisabethstr.
Maria-
Occam-
Dan-
Kunigunden-
Arthur-Kutscher-Pl.
N41
N43
N44
N40
N27+N43+N44
N40+N41+N43+N44
12+28
U2
U3
U6
23
201
202
206
33
34
1
2
3
4
5

ALTE HEIDE
Alte Heide
Nordfriedhof
München-Schwabing
Schenkendorf-
straße
Ungererstraße
Isarring
Allerseelenkirche
Aussegnungshalle
Bezirks-
sportanlage
Sportanlage
Ungererbad
BIEDERSTEIN
Dietlindenstr.
Dietlinden-
str.
Studiotheater
Dermatologische
Klinik
Poliklinik
Biederstein
Seniorenheim
St. Nikolaus
Englischer
Garten
Kleingarten-
anlage
HIRSCHAU
Kleinhesseloher
See
Seehaus im
Englischen Garten
-SCHWABING
Helen-Keller-
Realschule
Lustspiel-
haus
St. Sylvester
Arthur-
Kutscher-
Platz
Kath. Akademie
Schwabinger Bach
Oberstjägermeisterbach
Eisbach
Anni-Albers-Str.
Mies-
van-der-
Rohe-Str.
Lyoner
Oskar-
Walter-
Grünecker
Poggen-
dorfstr.
Fröttmaninger Str.
Guericke-
str.
Alte Heide
Echinger
Dietersheimer
Garchinger
Str.
Crailsheimstr.
Scherer-
hofstr.
Josef-
Raps-Str.
Heimstättenstr.
Niebuhrstr.
Osterwaldstr.
Berliner Str.
Schinkelstr.
Theodor-Dombart-Str.
Fritz-
Hommel-
Weg
Brandenburger
Str.
Holland-
str.
Brüsseler Str.
Antwerpener Str.
Luxemburger
Str.
Brabanter Str.
Stengelstr.
Amsterdamer Str.
Genter Str.
Karl-Arnold-Weg
Peter-Paul-Althaus-Str.
Nordseestr.
Traubestr.
Danziger Str.
Gundelindenstr.
Helm-
trudenstr.
Kunigundenstr.
Wil-
tropen-
str.
Drechstr.
Weis-
gerber-
str.
Maasweg
Beltweg
Imhofstr.
Etsch-
weg
Osterwaldstr.
Schwedenstr.
Ernst-Penzoldt-Weg
Mommsenstr.
Biedersteiner Str.
Gohrenstr.
Jungwirth-
str.
Keferstr.
Liebergesellstr.
Kleinhesselohe
Ursulastr.
Feilitzschstr.
Werneck-
schlössl
Mandlstr.
Seestr.
Gyßlingstr.
Antonien-
str.
U6
N40
2R
9
76
207
D
E
F
1
2
3
4
5

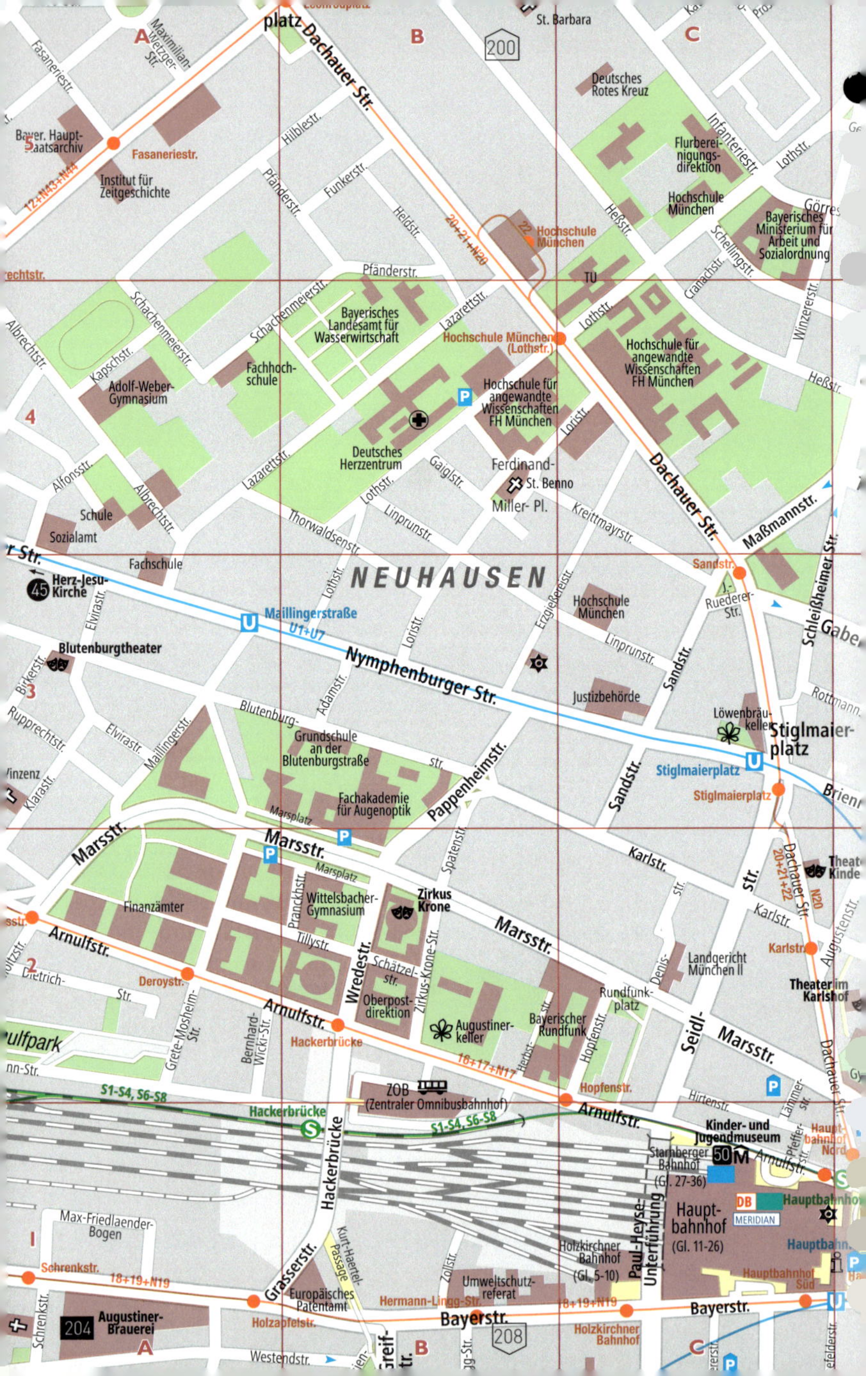
St. Barbara
200
A
B
C
Maximilian-Wetzger-Str.
platz
Dachauer Str.
Fasaneriestr.
Bayer. Haupt-staatsarchiv
Fasaneriestr.
12+N43+N44
Institut für Zeitgeschichte
Hilblestr.
Pfänderstr.
Funkerstr.
Heldstr.
20+21+N20
22
Hochschule München
Deutsches Rotes Kreuz
Flurbereinigungs-direktion
Infanteriestr.
Lothstr.
Hochschule München
Heßstr.
Görres
Bayerisches Ministerium für Arbeit und Sozialordnung
Schellingstr.
Cranachstr.
Winzererstr.
TU
Pfänderstr.
Schachenmeierstr.
Bayerisches Landesamt für Wasserwirtschaft
Lazarettstr.
Hochschule München (Lothstr.)
Lothstr.
Hochschule für angewandte Wissenschaften FH München
Heßstr.
Albrechtstr.
Kapschstr.
Adolf-Weber-Gymnasium
Fachhoch-schule
Hochschule für angewandte Wissenschaften FH München
Loristr.
4
Deutsches Herzzentrum
Gaiglstr.
Ferdinand-Miller-Pl.
St. Benno
Dachauer Str.
Alfonsstr.
Lazarettstr.
Lothstr.
Linprunstr.
Kreittmayrstr.
Maßmannstr.
Schule
Albrechtstr.
Thorwaldsenstr.
Sozialamt
Fachschule
Sandstr.
Schleißheimer Str.
Herz-Jesu-Kirche
45
NEUHAUSEN
Lothstr.
Erzgießereistr.
Hochschule München
J.-Ruederer-Str.
Elvirastr.
Maillingerstraße
U1+U7
Loristr.
Linprunstr.
Blutenburgtheater
Nymphenburger Str.
Sandstr.
Gabel
Birkerstr.
3
Adamstr.
Justizbehörde
Rottmann.
Rupprechtstr.
Blutenburg-str.
Grundschule an der Blutenburgstraße
Löwenbräu-keller
Stiglmaier-platz
Elvirastr.
Maillingerstr.
Stiglmaierplatz
Vinzenz
Klarastr.
Fachakademie für Augenoptik
Pappenheimstr.
Sandstr.
Stiglmaierplatz
Brienner
Marsplatz
Marsstr.
Marsstr.
Spatenstr.
Karlstr.
Dachauer Str.
20+21+22
N20
Theater Kinder
Marsplatz
Pranckhstr.
Wittelsbacher-Gymnasium
Zirkus Krone
Str.
Str.
Finanzämter
Marsstr.
Karlstr.
Arnulfstr.
Tillystr.
Landgericht München II
Karlstr.
Augustenstr.
2
Dietrich-Str.
Deroystr.
Wredestr.
Schätzel-str.
Zirkus-Krone-Str.
Denisstr.
Theater im Karlshof
Oberpost-direktion
Rundfunk-platz
Arnulfstr.
Augustiner-keller
Bayerischer Rundfunk
Hopfenstr.
Seidlstr.
Marsstr.
Dachauer Str.
Arnulfpark
Grete-Mosheim-Str.
Bernhard-Wicki-Str.
Hackerbrücke
18+17+N17
Herbststr.
S1-S4, S6-S8
ZOB (Zentraler Omnibusbahnhof)
Hopfenstr.
Hirtenstr.
Lämmerstr.
Hackerbrücke
S1-S4, S6-S8
Arnulfstr.
Kinder- und Jugendmuseum
Hauptbahnhof Nord
Starnberger Bahnhof (Gl. 27-36)
50
Arnulfstr.
Pfefferstr.
Hackerbrücke
Paul-Heyse-Unterführung
DB
Hauptbahnhof
Max-Friedlaender-Bogen
Haupt-bahnhof (Gl. 11-26)
MERIDIAN
1
Kurt-Haertel-Passage
Holzkirchner Bahnhof (Gl. 5-10)
Hauptbahnhof
Schrenkstr.
18+19+N19
Grasserstr.
Zollstr.
Umweltschutz-referat
Hauptbahnhof Süd
Europäisches Patentamt
Hermann-Lingg-Str.
18+19+N19
Bayerstr.
Schrenkstr.
Augustiner-Brauerei
204
Holzapfelstr.
Bayerstr.
208
Holzkirchner Bahnhof
A
B
C
Westendstr.

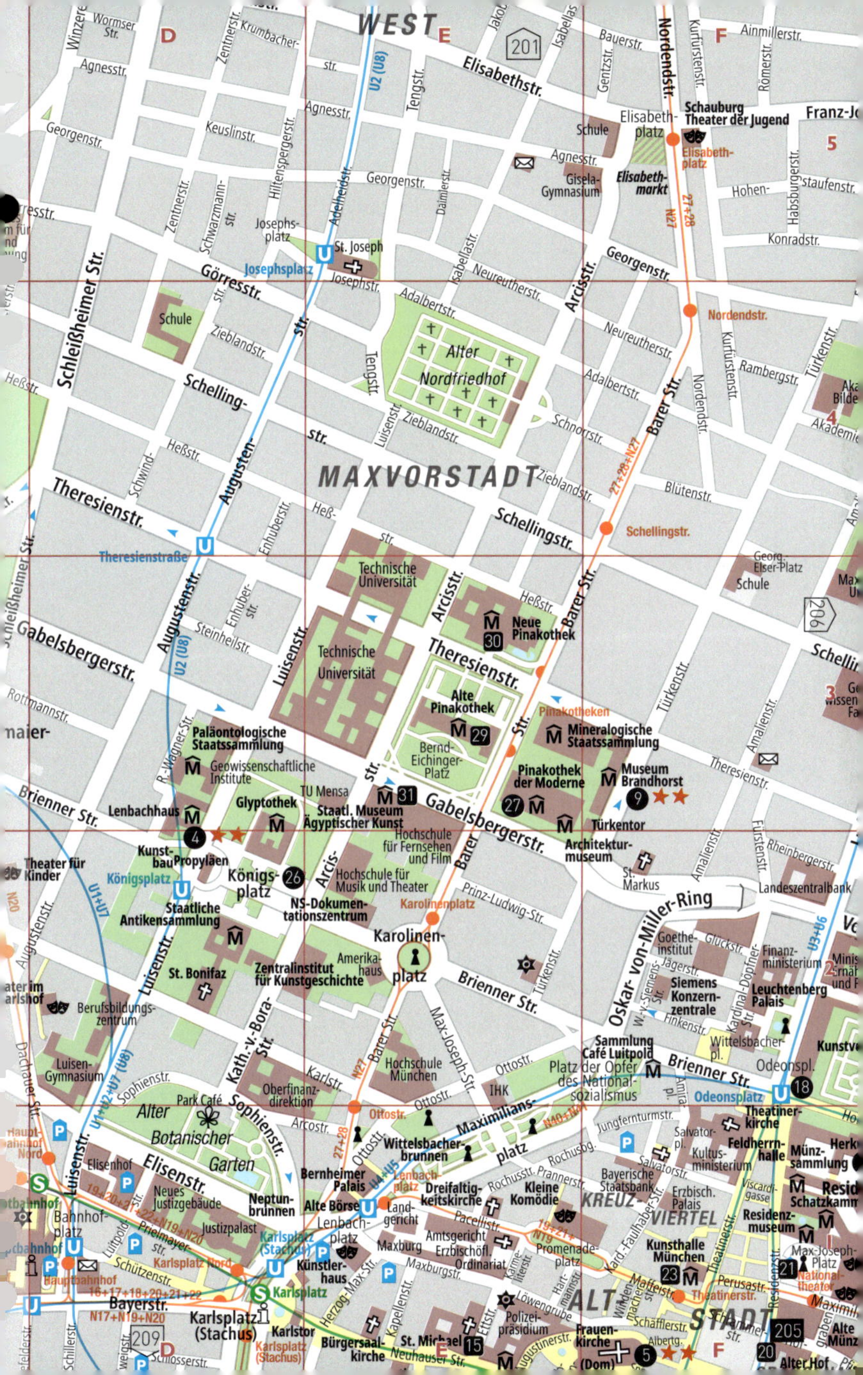

WEST
MAXVORSTADT
KREUZVIERTEL
ALTSTADT
D
E
F
5
4
3
2
1
201
206
209
205
Agnesstr.
Wormser Str.
Winzererstr.
Krumbacherstr.
Zentnerstr.
Georgenstr.
Keuslinstr.
Hiltenspergerstr.
Schwarzmannstr.
Josephsplatz
Adelheidstr.
U2 (U8)
St. Joseph
Josephstr.
Tengstr.
Daimlerstr.
Elisabethstr.
Isabellastr.
Bauerstr.
Gentzstr.
Nordendstr.
Kurfürstenstr.
Römerstr.
Ainmillerstr.
Schauburg Theater der Jugend
Elisabethplatz
Elisabethmarkt
Schule
Gisela-Gymnasium
Hohenstaufenstr.
Habsburgerstr.
Konradstr.
Franz-Jo
27+28
N27
Görresstr.
Schleißheimer Str.
Zieblandstr.
Schellingstr.
Augustenstr.
Neureutherstr.
Adalbertstr.
Alter Nordfriedhof
Arcisstr.
Barer Str.
Schnorrstr.
Luisenstr.
Nordendstr.
Rambergstr.
Türkenstr.
Akademie der Bildenden Künste
Heßstr.
Schwindstr.
Theresienstr.
Theresienstraße
Enhuberstr.
Blütenstr.
27+28+N27
Schellingstr.
Georg-Elser-Platz
Technische Universität
Neue Pinakothek
30
Gabelsbergerstr.
Steinheilstr.
Rottmannstr.
Alte Pinakothek
29
Bernd-Eichinger-Platz
Pinakotheken
Mineralogische Staatssammlung
Pinakothek der Moderne
27
Museum Brandhorst
9
Türkentor
Architekturmuseum
Amalienstr.
Paläontologische Staatssammlung
Geowissenschaftliche Institute
R.-Wagner-Str.
TU Mensa
31
Glyptothek
Staatl. Museum Ägyptischer Kunst
Lenbachhaus
Brienner Str.
Hochschule für Fernsehen und Film
Theater für Kinder
Kunstbau
Propyläen
Königsplatz
26
Hochschule für Musik und Theater
NS-Dokumentationszentrum
Karolinenplatz
Prinz-Ludwig-Str.
St. Markus
Oskar-von-Miller-Ring
Rheinbergerstr.
Fürstenstr.
Landeszentralbank
Staatliche Antikensammlung
U1+U7
N20
Amerikahaus
Karolinenplatz
Goethe-Institut
Gluckstr.
Jägerstr.
Finanzministerium
Siemens Konzernzentrale
Leuchtenberg Palais
Finkenstr.
Kardinal-Döpfner-Str.
U3+U6
St. Bonifaz
Zentralinstitut für Kunstgeschichte
Max-Joseph-Str.
Theater im Marstallshof
Berufsbildungszentrum
Dachauer Str.
Luisen-Gymnasium
Kath.-v.-Bora-Str.
Karlstr.
Hochschule München
Ottostr.
IHK
Sammlung Café Luitpold
Platz der Opfer des Nationalsozialismus
Wittelsbacherpl.
Odeonspl.
Odeonsplatz
18
Sophienstr.
Park Café
Oberfinanzdirektion
Alter Botanischer Garten
Arcostr.
Maximiliansplatz
N40+N41
Jungfernturmstr.
Salvatorpl.
Kultusministerium
Theatinerkirche
Feldherrnhalle
Münzsammlung
Hauptbahnhof Nord
Elisenhof
Elisenstr.
Neues Justizgebäude
Justizpalast
Neptunbrunnen
Bernheimer Palais
Wittelsbacherbrunnen
Lenbachplatz
Dreifaltigkeitskirche
Kleine Komödie
Rochusstr.
Prannerstr.
Bayerische Staatsbank
Erzbisch. Palais
Residenzmuseum
Schatzkammer
Max-Joseph-Platz
21
Nationaltheater
Alte Börse
Landgericht
Pacellistr.
Amtsgericht
Erzbischöfl. Ordinariat
Promenadeplatz
19+21+N19
Kunsthalle München
23
Bahnhofplatz
Hauptbahnhof
Prielmayerstr.
Schützenstr.
Karlsplatz Nord
Karlsplatz (Stachus)
Künstlerhaus
Maxburg
Maxburgstr.
Kardinal-Faulhaber-Str.
Maffeistr.
Perusastr.
Theatinerstr.
Schäfflerstr.
Residenzstr.
Bayerstr.
Karlsplatz (Stachus)
Karlstor
Herzog-Max-Str.
Kapellenstr.
Bürgersaalkirche
St. Michael
15
Neuhauser Str.
Ettstr.
Polizeipräsidium
Löwengrube
Augustinerstr.
Frauenkirche (Dom)
5
Albertgasse
Weinstr.
Alter Hof
20
Schillerstr.
Schlosserstr.
Luitpoldstr.
16+17+18+20+21+22
N17+N19+N20
19+20+21+22+N19+N20
U4+U5
U1+U2+U7 (U8)

A
B
C
202
Nordendstr.
Kurfürstenstr.
Ainmillerstr.
Römerstr.
Habsburger-platz
Wilhelm-str.
Leopoldstr.
Nikolaistr.
Nikolai-pl.
Seidl-Villa
Maria-Josepha-Str.
Seestr.
Werneckstr.
Isabellastr.
Gentzstr.
Elisabethstr.
Schule
Elisabeth-platz
Schauburg Theater der Jugend
Elisabeth-platz
Franz-Joseph-Str.
Dillisstr.
Trautenwolf-str.
Kaulbachstr.
5
Agnesstr.
Gisela-Gymnasium
Elisabeth-markt
27+28
N27
Hohenstaufenstr.
Habsburgerstr.
Rudolf-Steiner-Schule
Leopold Park
LMU Mensa
33
Martiusstr.
Kißkalt-platz
Thiemestr.
N43+N44
Giselastraße
Tivolistr.
Konradstr.
Friedrich-str.
Gedonstr.
Georgenstr.
Arcisstr.
Neureutherstr.
Nordendstr.
Giselastr.
U3+U6
N40+N41
Kurfürstenstr.
Rambergstr.
Türkenstr.
Georgenstr.
Ohmstr.
Königin-str.
Adalbertstr.
Barer Str.
Akademie der Bildenden Künste
Schnorrstr.
4
Akademiestr.
28
Siegestor
LMU Tierärztliche Fakultät
Zieblandstr.
27+28+N27
Blütenstr.
Amalienstr.
Adalbertstr.
Schackstr.
Kaulbachstr.
Königinstr.
Schellingstr.
Schellingstr.
205
Inst. für Betriebs- und Rechtswiss.
Geschw.-Scholl-Platz
Georg.-Elser-Platz
Schule
Ludwig-Maximilians-Universität
Prof.-Huber-Platz
Veterinärstr.
Tierkliniken
Heßstr.
Neue Pinakothek
30
Universität
Monopteros
Schellingstr.
Geisteswissenschaftliche Fakultät
Ludwigskirche
Türkenstr.
3
Pinakotheken
Mineralogische Staatssammlung
Amalienstr.
Garten
Schwabinger Bach
32
Walter-Klingenbeck-Weg
Pinakothek der Moderne
Museum Brandhorst
Theresienstr.
Ludwigstr.
Bayerische Staatsbibliothek
Kaulbachstr.
27
9
Türkentor
Architekturmuseum
Fürstenstr.
Rheinbergerstr.
Bayerisches Hauptstaatsarchiv
Amalienstr.
St. Markus
Landeszentralbank
Schönfeldstr.
Königinstr.
Schönfeldstr.
Oskar-von-Miller-Ring
Hahnenstr.
Denkmal Berliner Mauer
Japanisches Teehaus Kanshoan
2
Türkenstr.
Glückstr.
Finanz-ministerium
U3+U6
Von-der-Tann-Str.
Ministerium für Ernährung, Landwirtschaft und Forsten
Theater im Haus der Kunst
Archäologische Staatssammlung
Jägerstr.
Siemens Konzern-zentrale
Leuchtenberg Palais
Kardinal-Döpfner-Str.
Dichtergarten
Haus der Kunst
25
Eisbachwelle
W.-v.-Siemens-Str.
Finkenstr.
Galeriestr.
Prinz-Carl-Palais
Sammlung Café Luitpold
Wittelsbacher-pl.
Kunstverein
Deutsches Theatermuseum
Oberste Baubehörde
Prinzregentenstr.
Ottostr.
Platz der Opfer des Nationalsozialismus
Brienner Str.
Odeonspl.
Hofgarten
F.-J.-Strauß-Ring
Seitzstr.
Nationalmuseum/ Haus der Kunst
IHK
Amiraplatz
Odeonsplatz
18
Wirtschaftsministerium
N40+N41
Jungfernturmstr.
Theatinerkirche
Hofgartenstr.
Bayerische Staatskanzlei
Pilotystr.
Bruderstr.
Unsöldstr.
Wagmüllerstr.
Salvator-pl.
Kultusministerium
Feldherrnhalle
Herkulessaal
Münzsammlung
2
Akademie der Wissenschaften
Sigmundstr.
Liebigstr.
Rochusbg.
Salvatorstr.
Christophstr.
St. Anna-Gymnasium
Bayerische Staatsbank
Residenz
Bayer. Rotes Kreuz
Kleine Komödie
Erzbisch. Palais
Viscardigasse
Schatzkammer
Cuvilliés-Theater
U4+U5
KREUZVIERTEL
Residenzmuseum
Marstallpl.
Theater im Marstall
Karl-Scharnagl-Ring
St.-Anna-Platz
19+21+N19
Promenadeplatz
Kunsthalle München
Theatinerstr.
Max-Joseph-Platz
Residenztheater
St.-Anna-Kloster
LEHEL
Lehel
Maffeistr.
23
21
Nationaltheater
Nationaltheater
Marstallstr.
Wurzerstr.
Herzog-Rudolf-Str.
Perusastr.
Theatinerstr.
Maximilianstr.
19+21+N19
Kammerspiele
Bürkleinstr.
Regierung von Oberbayern
Gewürzmühlstr.
Thierschpl.
Lehel
ALTSTADT
Löwengrube
Schäfflerstr.
Polizeipräsidium
206
Frauenkirche (Dom)
Albertgr.
5
Hofgraben
20
Alter Hof
Alte Münze
Am Kosttor
210
Kammerspiele
GOP.

Englischer
TUCHERPARK
Isar
Isarring
Sportanlage
Chinesischer Turm
Monopteros
Universität
Universitäts-Reitschule
Eisbach
Oberstjägermeisterbach
Entenvoglierebach
Tivolistr.
Ifflandstr.
Am Tucherpark
Hirschauer Str.
Max-Joseph-Brücke (Tivolibrücke)
Montgelasstr.
Bogenhausener Friedhof
Bogenhauser Kirchplatz
St. Georg
Bundesfinanzhof
Österreichisches Generalkonsulat
Ismaninger Str.
Psychiatrische Klinik
Monacensia-Sammlung
Landesversicherungsanstalt
Prinzregentenstr.
Prinzregentenplatz
Prinzregententheater
Europaplatz
Friedensengel
Villa Stuck
Luitpoldbrücke
Widenmayerstr.
Bayerisches Nationalmuseum
Sammlung Schack
Archäologische Staatssammlung
Landesvermessungsamt
Oettingenstr.
Emil-Riedel-Str.
Paradiesstr.
Galileiplatz
Herzog Albrecht Anlage
Kufsteiner Platz
Maria-Theresia-Str.
Wilhelm-Hausenstein-Weg
Thomas-Mann-Allee
Poschingerstr.
Vilshofener Str.
Holbeinstr.
Geibelstr.
Kopernikusstr.
Possartstr.
Sternwartstr.
Möhlstr.
Trogerstr.
Mühlbaurstr.

A
B
C
204
Starnberger Bahnhof (Gl. 27-36)
50
Hauptbahnhof (Gl. 11-26)
DB
MERIDIAN
Hackerbr.
Max-Friedlaender-Bogen
Kurt-Haertel-Passage
Grasserstr.
Zollstr.
Holzkirchner Bahnhof (Gl. 5-10)
Paul-Heyse-Unterführung
Umweltschutz-referat
Schrenkstr.
18+19+N19
Europäisches Patentamt
Hermann-Lingg-Str.
Bayerstr.
5
St. Benedikt
Schrenkstr.
Augustiner-Brauerei
Holzapfelstr.
Holzkirchner Bahnhof
Westendstr.
Theresienhöhe
M.-Greif-Str.
H.-Lingg-Str.
Gewerkschaftshaus
Mittererstr.
Ligsalzstr.
Schwanthalerstr.
Parkstr.
Schule
Gesundheitsamt München
LUDWI
Tulbeck-str.
St.-Pauls-Platz
St. Paul
Landwehrstr.
Paul-Heyse-Str.
Ganghoferstr.
SCHWANTHALER HÖHE
Gollierstr.
Theresienwiese
Bavariaring
St.-Pauls-Str.
VORST
4
Pettenkoferstr.
Georg-Hirth-Platz
Kazmairstr.
Ligsalzstr.
Drogenklinik
Feuerwache
Heimeranstr.
U4+U5
Uhlandstr.
Herzog-Heinrich-Str.
Lessingstr.
Schwanthaler Höhe
Rückertstr.
Petra-Moll-W.
52
Deutsches Museum Verkehrszentrum
Theresien-
Bavariaring
Beethovenpl.
Am Bavariapark
Beethovenstr.
Kaiser-Ludwig-Platz
Theresien-Gymnasium
Wirtshaus am Bavariapark
Kongresshalle
Oktoberfest
Ganghoferstr.
Hans-Dürrmeier-Weg
Bavaria-park
Zahnklinik
3
Ben-Chorin-Str.
Sinti-Roma-Platz
Bavaria
51
Schubertstr.
Haydnstr.
Matthias-Pschorr-Str.
Esperantoplatz
Freie Evang. Kirche
Oda-Schaefer-Weg
wiese
Mozartstr.
Goethestr.
Karl-Spengler-Str.
Carlamaria-Heim-Str.
W.-Retzer-Str.
Kühn-Str.
Kobellstr.
Goetheplatz
Hans-Fischer-Str.
August-
Theresienhöhe
Platenstr.
Hermann-Schmid-Str.
Häberlstr.
Bavariaring
Realschule
Lindwurmstr.
Kapuzinerstr.
F.-Endres-Str.
Hans-Klein-Str.
Stielerstr.
Adlzreiterstr.
2
Pfeuferstr.
Joh.-Timm-Str.
St. Andreas
Güllstr.
Grimmstr.
U3+U6
N40+N41
Zenettistr.
Kapuziner-platz
Radlkoferstr.
Poccistr.
Schmellerstr.
Adlzreiterstr.
Herzog-Ernst-Pl.
Lipowskystr.
MVG-Service-zentrum
Poccistraße
Berlepschstr.
Bavariastr.
N43+N44
Berufsbildungs-zentrum
Kreis-verwaltung-referat
Ruppertstr.
Zenetti-platz
Schlachthof
Fleischerstr.
Schmellerstr.
Zenettistr.
Maronstr.
Pfeuferstr.
Standes-amt
Meisel-Weg
Spitzwegstr.
Lindwurmstr.
N40+N41
Darul Quran
Münchner Volkstheater
Wirtshaus im Schlachthof
1
Daumillerweg
Senserstr.
Impler str.
Tumblinger
Lindwurmstr.
Schmied-Kochel-Str.
Sendlinger Kirchpl.
208
Alte St. Margaret
Alramstr.
Daiserstr.
43
Tierpark Hellabrunn
Thalkirchner Str.
U3+U6
Alramstr.
B
C

Elisenhof
Elisenstr.
Garten
205
Neues Justizgebäude
Neptunbrunnen
Bernheim Palais
Lenbachplatz
Dreifaltigkeitskirche
Kleine Komödie
Bayerische Staatsbank
Salvatorstr.
Hauptbahnhof
Bahnhofplatz
Justizpalast
Alte Börse
Landgericht
Prannerstr.
Rochusstr.
KREUZVIERTEL
Erzbisch. Palais
Priemayerstr.
Karlsplatz (Stachus)
Lenbachplatz
Amtsgericht
Pacellistr.
Promenadeplatz
Kunsthalle München
Luitpoldstr.
Maxburg
Erzbischöfl. Ordinariat
Schützenstr.
Karlsplatz Nord
Künstlerhaus
Maxburgstr.
Hauptbahnhof Süd
Hauptbahnhof
Karlsplatz
Herzog-Max-Str.
Kapellenstr.
Polizeipräsidium
Löwengrube
ALTSTADT
Maffeistr.
Theatinerstr.
Perusastr.
Bayerstr.
Karlsplatz (Stachus)
Karlstor
Bürgersaalkirche
St. Michael
15
Frauenkirche (Dom)
5
Albertg.
Schäfflerstr.
Senefelderstr.
Schillerstr.
Zweigstr.
Schlosserstr.
Adolf-Kolping-Str.
Kolpinghaus
Augustiner
Neuhauser Str.
Dt. Jagd- und Fischereimuseum
Augustinerstr.
Liebfrauenstr.
Sporerstr.
Neues Rathaus
Herzogspitalstr.
Kaufingerstr.
7
Sonnenstr.
Schwanthalerstr.
Altheimer Eck
Färbergraben
Marienplatz
Marienpl.
Beck
Herzogspitalkirche
St. Anna
16
MUCA
Rosenstr.
Altes Rathaus
Spielzeugmuseum
Deutsches Theater
HACKENVIERTEL
Hotterstr.
Hofstatt
Fürstenfelder Str.
Petersplatz
St. Peter
Landwehrstr.
Josephspitalstr.
Kreuzkirche
Brunnstr.
Hackenstr.
Rosental
Rindermarkt
Heiliggeistkirche
Goethestr.
Wilhelmstr.
Kreuzstr.
12
Asamkirche
Dultstr.
Oberanger
11
Münchner Stadtmuseum
Viktualienmarkt
8
LUDWIGSVORSTADT
Augenklinik
Mathildenstr.
Sendlinger Str.
Sebastiansplatz
LMU-Institut für Biochemie
Poliklinik
Sonnenstr.
Sendlinger Tor
Jüdisches Zentrum
St.-Jakobs-Pl.
Synagoge
13
Prälat-Zistl-Str.
Schrannenhalle
Pettenkoferstr.
Pettenkoferstr.
Sendlinger-Tor-Platz
17
Oberanger
Corneliusstr.
Utzschneiderstr.
Reichenbachplatz
Anatomie
Chirurgische Klinik
Meisterschule für Mode
St. Jakob
Angerkloster
Blumenstr.
Am Einlaß
Pharmazie
Nußbaumstr.
St. Matthäus
Sendlinger Tor
Blumenstr.
Feuerwehrmuseum
Städt. Vermessungsamt
ANGERVIERTEL
Team-Theater
Beethovenpl.
Nußbaumstr.
Nußbaumpark
Wallstr.
An der Hauptfeuerw.
Städt. Verwaltung
Thalkirchner Str.
Ziemssenstr.
Fliegenstr.
St. Wilibrord
Unterer Anger
Papa-Schmid-Str.
Müllerstr.
GÄRTNERPLATZ
Psychiatrische Klinik
Lindwurmstr.
Augsburgerstr.
Stephansplatz
Angertorstr.
Müllerstr.
ISARVORSTADT
Gärtnerplatz
Medizinische Klinik
Gynäkologische Klinik
Reisingerstr.
St. Stephan
Stephansstr.
Kolosseumstr.
Theater im Fraunhofer
Staatstheater am Gärtnerplatz
Rothmundstr.
Maistr.
Pestalozzistr.
Kunstraum München
Fraunhoferstr.
Klenzestr.
210
Kinderklinik
Pathologisches Institut
Holzstr.
Holzplatz
Stadttheater Oblomow
Ickstattstr.
Jahnstr.
Reichenbachstr.
Goethestr.
Frauenklinik
Frauenlobstr.
Winklerstr.
Hans-Sachs-Str.
Goetheplatz
Ringseisstr.
Fraunhoferstraße
Klenzestr.
Baaderstr.
Waltherstr.
Waltherstr.
Westermühlstr.
VORSTADT
Häberlstr.
Maistr.
Ickstattstr.
Fraunhoferstr.
Schule
GLOCKENBACHVIERTEL
Westermühlstr.
St. Maximilian
Reichenbachbrücke
Alter Südfriedhof
Tumblingerstr.
Paulaner Bräuhaus
Pestalozzistr.
Holzstr.
Jahnstr.
Klenzestr.
Kapuzinerplatz
Museum Alter Südfriedhof
Südfriedhof
Am Glockenbach
Baumstr.
Auenstr.
Wittelsbacherstr.
Eduard-Schmid-Str.
Karl-Heinz-Ullrichs-Platz
Westermühlbach
Arndtstr.
Palmstr.
Körnerstr.
Klenzestr.
Schule
Agentur für Arbeit
Pestalozzistr.
Geyerstr.
Baldestr.
Frühlingsanlagen
Schlachthof
Kapuzinerstr.
Theater links der Isar
Albanistr.
ISARVORSTADT
Kapuzinerkloster
Isartalstr.
Auenstr.
Kapelle
Weideninsel
Asamstr.
Volkstheater im Schlachthof
Baldeplatz
Geyerstr.
AU
Auenstr.
Wittelsbacherstr.
Wittelsbacherbrücke
Eduard-Schmid-Str.
Sommerstr.
Dreimühlenstr.
Isar
Humboldtstr.
Schyrenpl.
Schyrenstr.
Kolumbusstr.
Edlingerstr.
Entenbachstr.
Ehrengutstr.
Isartalstr.
Roecklplatz
Sportanlage
Lothringer Str.
Sommerstr.
Edlingerplatz
209

Residenz
Akademie der Wissenschaften
Schatzkammer
Cuvilliés-Theater
Residenzmuseum
Marstallpl.
Theater im Marstall
Max-Joseph-Platz
Residenztheater
Nationaltheater
Maximilianstr.
Karl-Scharnagl-Ring
Christophstr.
Bayer. Rotes Kreuz
St.-Anna-Gymnasium
St.-Anna-Platz
St.-Anna-Kloster
LEHEL
Bürkleinstr.
Regierung von Oberbayern
Kammerspiele
GOP. Varieté-Theater
Museum Fünf Kontinente
Max-II.-Denkmal
Maxmonument
Kleine Komödie
Bayerische Staatsbank
KREUZVIERTEL
Erzbisch. Palais
Kunsthalle München
Promenadeplatz
Theatinerstr.
ALTSTADT
Polizeipräsidium
Frauenkirche (Dom)
Alter Hof
Alte Münze
GRAGGENAU
Neues Rathaus
Hofbräuhaus
Platzl
Marienpl.
Marienplatz
Altes Rathaus
Beck
Spielzeugmus.
St. Peter
Heiliggeistkirche
Sprachschule
Hildegardstr.
Th.-Wimmer-Ring
Viktualienmarkt
Münchner Stadtmuseum
Jüdisches Zentrum
Synagoge
St.-Jakobs-Pl.
Sebastianspl.
Dreifaltigkeitspl.
Bier- und Oktoberfestmuseum
Valentin-Karlstadt-Musäum
Isartor
Isartorplatz
Mariannenpl.
Lukaskirche
Steinsdorfstr.
Frauenstr.
Rumfordstr.
Reichenbachplatz
Blumenstr.
Team-Theater
St. Jakob Angerkloster
ANGERVIERTEL
Städt. Vermessungsamt
Stadtverwaltung
Zweibrückenstr.
Deutsches Patent- und Markenamt
Ludwigsbrücke
Rosenheimer
Muffat
Müllersches Volksbad
Deutsches Museum
GÄRTNERPLATZVIERTEL
Gärtnerplatz
Herz-Jesu-Schule
Baaderplatz
Europäisches Patentamt
Erhardtstr.
ISARVORSTADT
Theater im Fraunhofer
Staatstheater am Gärtnerplatz
Müllerstr.
Papa-Schmid-Str.
Fraunhoferstr.
Fraunhoferstraße
Bibliothek Deutsches Museum
Museumsinsel
Isar
Zenneckbrücke
Paulanerplatz
Corneliusbrücke
Eduard-Schmid-Str.
Pestalozzi-Gymnasium
Reichenbachbrücke
St. Maximilian
Schweigerstr.
AU
Mariahilfplatz
Standesamt II
Mariahilfkirche
Auer Dult
Gebsattelstr.
Regerplatz
Kloster Realschule
Maria Theresia Gymnasium
Landratsamt
Staatl. Gesundheitsamt
Ohlmüllerstr.
Wittelsbacherstr.
Auenstr.
Frühlingsanlagen
Kapelle
Wohnstift am Entenbach
Auer Mühlbach
Paulaner-Brauerei
Paulanerkeller („Nockherberg")
Am Nockherberg
Schule
Regerstr.
Falkenstr.
Kolumbusstr.
Humboldtstr.
206
209
210

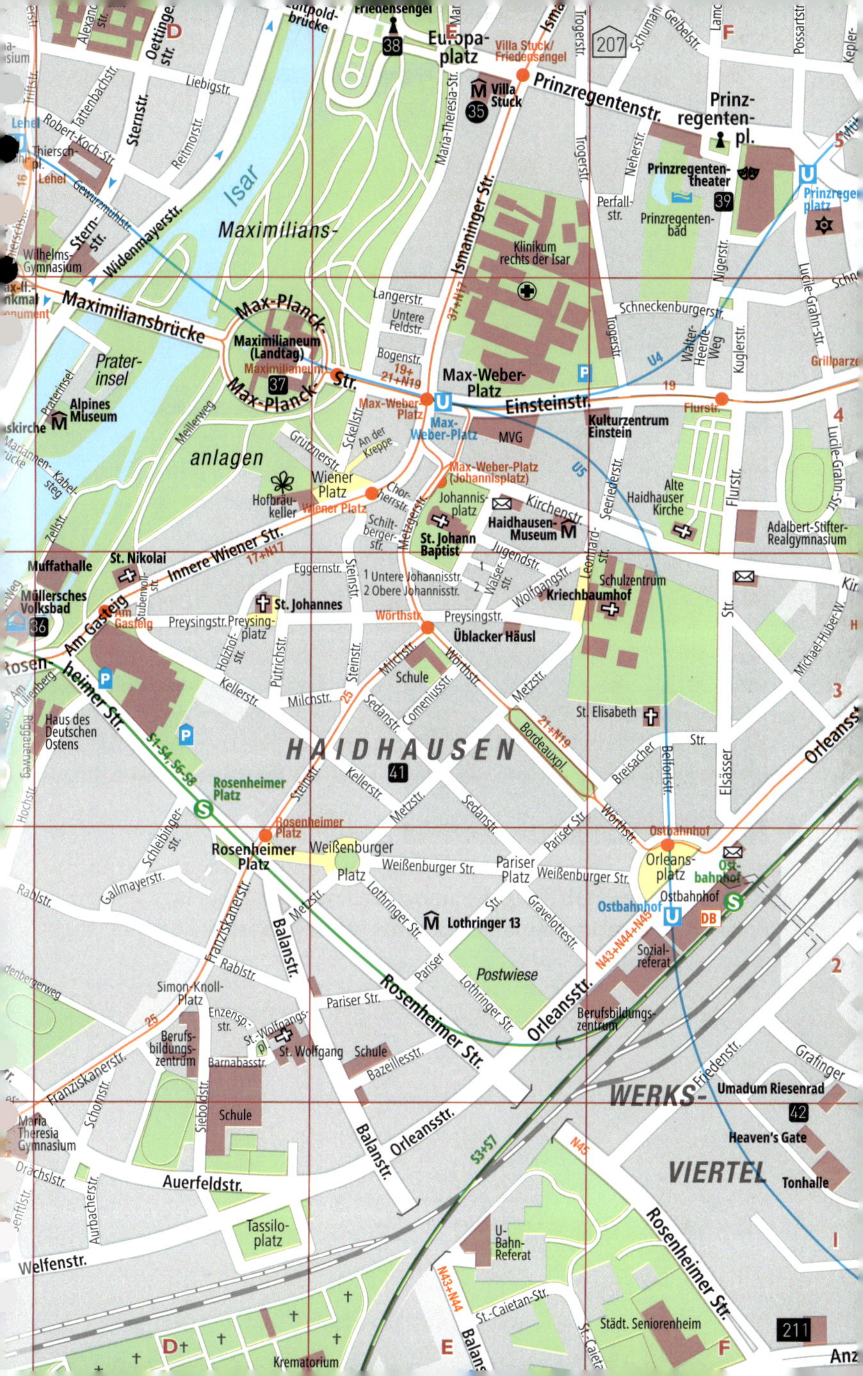
Friedensengel
38
Europa-platz
Villa Stuck/ Friedensengel
207
Prinzregentenstr.
Villa Stuck
35
Prinz-regenten-pl.
Prinzregenten-theater
39
Prinzregentenbad
Perfall-str.
Lehel
Robert-Koch-Str.
Sternstr.
Liebigstr.
Reitmorstr.
Isar
Maximilians-anlagen
Widenmayerstr.
Wilhelms-Gymnasium
Maximiliansbrücke
Max-Planck-Str.
Maximilianeum (Landtag)
37
Prater-insel
Alpines Museum
Ismaninger Str.
Klinikum rechts der Isar
Langerstr.
Untere Feldstr.
Bogenstr.
Max-Weber-Platz
Einsteinstr.
Kulturzentrum Einstein
MVG
Schneckenburgerstr.
Flurstr.
Alte Haidhauser Kirche
Adalbert-Stifter-Realgymnasium
Wiener Platz
Hofbräu-keller
Johannis-platz
Kirchenstr.
Haidhausen-Museum
St. Johann Baptist
Muffathalle
St. Nikolai
Innere Wiener Str.
Müllersches Volksbad
36
Am Gasteig
Eggernstr.
1 Untere Johannisstr.
2 Obere Johannisstr.
St. Johannes
Preysingstr.
Preysing-platz
Wörthstr.
Üblacker Häusl
Kriechbaumhof
Schulzentrum
Schule
St. Elisabeth
Bordeauxpl.
HAIDHAUSEN
41
Haus des Deutschen Ostens
Rosenheimer Str.
Rosenheimer Platz
Weißenburger Platz
Weißenburger Str.
Pariser Platz
Orleans-platz
Ostbahnhof
Lothringer 13
Postwiese
Orleansstr.
Sozial-referat
Berufsbildungs-zentrum
Simon-Knoll-Platz
St. Wolfgang
Schule
Balanstr.
Franziskanerstr.
Maria-Theresia-Gymnasium
Auerfeldstr.
Tassilo-platz
Welfenstr.
WERKS-VIERTEL
Umadum Riesenrad
42
Heaven's Gate
Tonhalle
U-Bahn-Referat
St.-Cajetan-Str.
Städt. Seniorenheim
Krematorium
211

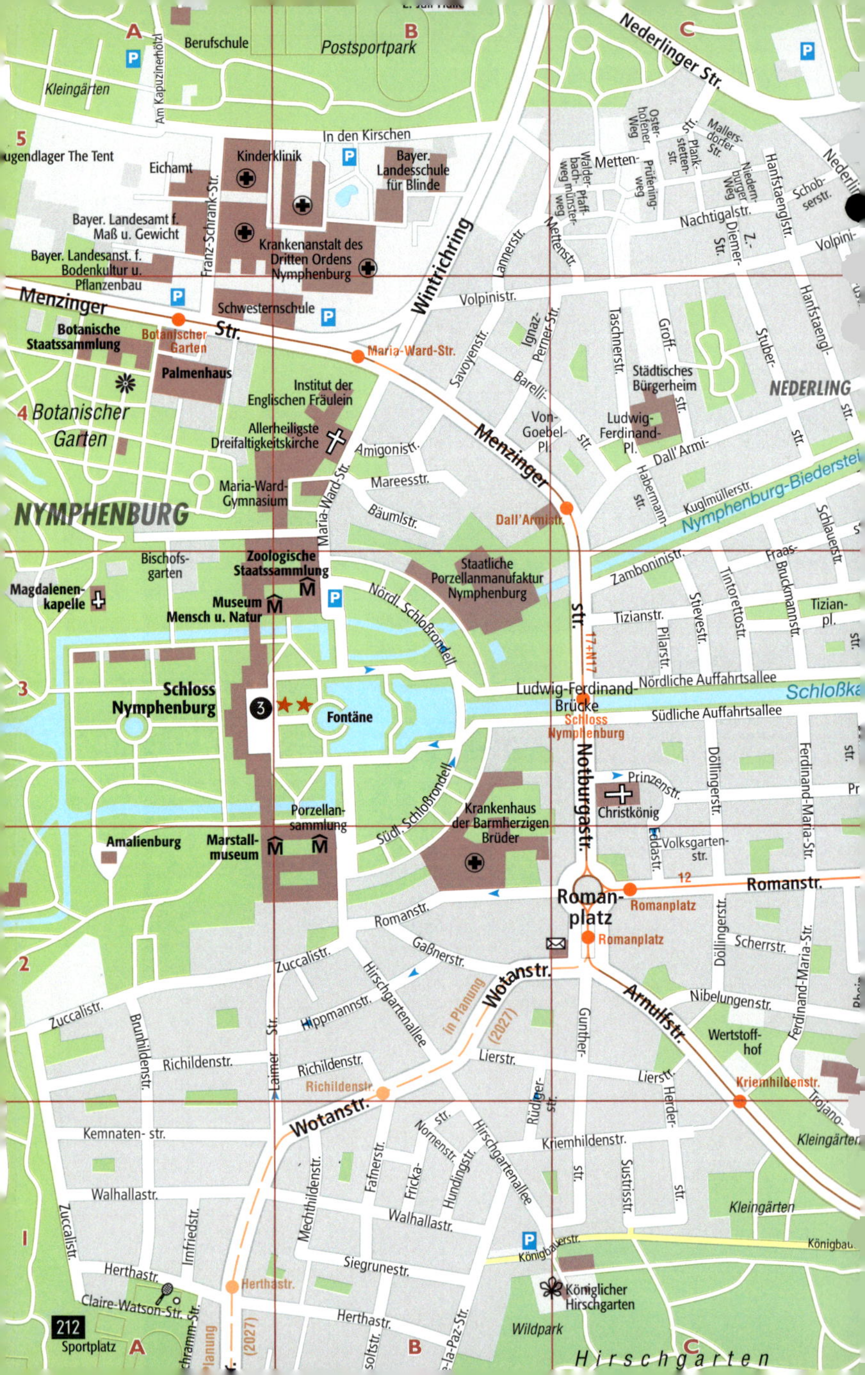
A
B
C
Berufschule
Postsportpark
Nederlinger Str.
Kleingärten
Am Kapuzinerhölzl
5
ugendlager The Tent
Eichamt
Kinderklinik
In den Kirschen
Bayer. Landesschule für Blinde
Bayer. Landesamt f. Maß u. Gewicht
Bayer. Landesanst. f. Bodenkultur u. Pflanzenbau
Franz-Schrank-Str.
Krankenanstalt des Dritten Ordens Nymphenburg
Wintrichring
Menzinger Str.
Schwesternschule
Botanische Staatssammlung
Botanischer Garten
Maria-Ward-Str.
Palmenhaus
Institut der Englischen Fräulein
4
Botanischer Garten
Allerheiligste Dreifaltigkeitskirche
Amigonistr.
Maria-Ward-Gymnasium
Mareesstr.
Bäumlstr.
NYMPHENBURG
Dall'Armistr.
Bischofsgarten
Zoologische Staatssammlung
Staatliche Porzellanmanufaktur Nymphenburg
Magdalenenkapelle
Museum Mensch u. Natur
Nördl. Schloßrondell
3
Schloss Nymphenburg
Fontäne
Ludwig-Ferdinand-Brücke
Schloss Nymphenburg
Porzellansammlung
Südl. Schloßrondell
Krankenhaus der Barmherzigen Brüder
Amalienburg
Marstallmuseum
Notburgastr.
Roman-platz
Romanplatz
Romanstr.
2
Zuccalistr.
Gaßnerstr.
Hirschgartenallee
in Planung
Wotanstr.
(2027)
Arnulfstr.
Brunhildenstr.
Hippmannstr.
Richildenstr.
Laimer Str.
Lierstr.
Guntherstr.
Wertstoffhof
Kriemhildenstr.
Kemnaten- str.
Walhallastr.
Mechthildenstr.
Fafnerstr.
Frickastr.
Nornenstr.
Hundingstr.
Rüdigerstr.
Sustrisstr.
Herderstr.
Kleingärten
1
Zuccalistr.
Irmfriedstr.
Herthastr.
Siegrunestr.
Königbauerstr.
Claire-Watson-Str.
Königlicher Hirschgarten
Sportplatz
Wildpark
Hirschgarten
Volpinistr.
Savoyenstr.
Ignaz-Perner-Str.
Barellistr.
Von-Goebel-Pl.
Taschnerstr.
Groffstr.
Städtisches Bürgerheim
Ludwig-Ferdinand-Pl.
Stuberstr.
NEDERLING
Dall'Armistr.
Habermannstr.
Kuglmüllerstr.
Nymphenburg-Biederstei
Zamboninistr.
Tizianstr.
Pilarstr.
Stievestr.
Tintorettostr.
Fraas-Bruckmannstr.
Tizianpl.
Schlauerstr.
Nördliche Auffahrtsallee
Südliche Auffahrtsallee
Schloßka
Prinzenstr.
Christkönig
Döllingerstr.
Ferdinand-Maria-Str.
Volksgartenstr.
Scherrstr.
Nibelungenstr.
Trojanostr.
Nachtigalstr.
Hanfstaenglstr.
Lannerstr.
Mettenstr.
Metten-
Schobserstr.
Osterhofener Weg
Mallersdorfer Str.
12
17+N17
Herthastr.
Richildenstr.
Kriemhildenstr.

Straßenverzeichnis

Register

T

U

V

W

Z

DuMont Bildarchiv/Michael Campo: 17, 18, 26, 43 o., 50 u.r., 67 r., 70, 77, 82, 100, 109 u., 131 u.r., 133, 178, 181

DuMont Bildarchiv/Reinhard Eisele: 167

DuMont Bildarchiv/Urs Kluyver: 50 u.l.

DuMont Bildarchiv/Thomas Linkel: 5 o., 5 u., 6 (1) u. 129, 6 (2) u. 71 u.l., 6 (3) u. 140/141, 6 (5) u. 39 o., 6 (6) u. 97, 6 (7), 6 (8) u. 49, 6 (9) u. 90, 6 (10) u. 76, 8, 11 o./u., 12/13, 19 (4), 20, 21 l.o./u./r., 28, 29 l.o./u., 29 r.o./u., 31 l./r., 34/35, 39 u., 40 l./r., 41, 43 u.M., 47, 49, 54, 55, 69 r.o./u., 71 l.o./u., 71 r.o./u., 76, 78 u., 80, 83, 84, 90/91, 95 l.u./r.o., 96 l./r., 98/99, 102, 103 o., 103 u.l./r., 104, 106, 107 o., 107 u.l./r., 108, 111, 113, 118/119, 124, 125 l., 125 r.o./u., 131 o./l.u., 138, 145 r., 149 o./l.u., 153, 154 o., 154 l.u./r.u., 157, 159, 165, 168, 173, 176/177, 182, 185, 186/187

R. Freyer: 46

Huber Images/Martin Brunner: 147 u.

Huber Images/Bernd Römmelt: 32, 162/163

Huber Images/Rainhard Schmid: 14/15, 68, 135, 147 o., 149 r.u., 166

G. Jung: 109 o., 128, 152, 158, 169

F. Köthe: 43 u.l., 51, 69 l., 150 l., 156

Laif/Back: 105

LOOK/Wilfried Feder: 6 (4) u. 101, 79

LOOK/Franz Marc Frei: 67 l., 78 o., 123 u.

LOOK/Alex Tino Friedel: 146 r.

LOOK/Jürgen Richter: 67 l.

LOOK/Andreas Strauß: 146 l.

LOOK/Florian Werner: 145 l.

LOOK/TerraVista: 16

mauritius images/Alamy: 130

mauritius images/Christian Bäck: 52/53

mauritius images/Bernd Römmelt: 85

mauritius images/Bildagentur München: 81 o.

mauritius images/Mikolaj Gospodarek: 126/127

mauritius images/Ernst Grasser: 81 u.

mauritius images/Uta und Horst Kolley: 151

mauritius images/imagebroker/ Michael Zegers: 57

mauritius images/imagebroker/ Dr. Wilfried Bahnmüller: 174/175

C. Naundorf: 50 o., 73, 123 o.

picture alliance/dpa: 27 l./r.

picture alliance/imageBROKER: 33

picture alliance/Sport Moments/ SepaMedia: 23

T. Stankiewicz: 22, 158

H. Wagner: 155

T. P. Widmann: 43 u.r., 150 r.

© Bayerische Schlösserverwaltung www. schloesser.bayern.de: 6 (2, 3, 6), 70–73, 103, 104, 140/141, 145 r., 146 r., 147 o./u., 148–151, 165, 166, 169, 171, 173, 174/175

Titelbilder:
U1 oben: Westend61/Getty Images
U1 unten: DuMont Bildarchiv/Thomas Linkel
U 8: DuMont Bildarchiv/Thomas Linkel

IMPRESSUM

4., aktualisierte Auflage 2024

Text: Daniela Schetar und Friedrich Köthe
Redaktion und Gestaltung: Robert Fischer (www.vrb-muenchen.de)

Kartografie: © 2023 KOMPASS-Karten GmbH, A-6020 Innsbruck;
MAIRDUMONT, D-73751 Ostfildern
3D-Illustrationen: jangled nerves, Stuttgart

Printed in China

Trotz aller Sorgfalt von Autorinnen, Autoren und Redaktion sind Fehler und Änderungen nach Drucklegung leider nicht auszuschließen. Dafür kann der Verlag keine Haftung übernehmen. Berichtigungen, Kritik und Verbesserungsvorschläge sind uns jederzeit willkommen, bitte informieren Sie uns unter:

Baedeker Redaktion
Postfach 3162
D-73751 Ostfildern
Tel. 0711 4502-262
smart@baedeker.com
www.baedeker.com

FSC
www.fsc.org
MIX
Papier aus verantwortungsvollen Quellen
FSC® C124385

Meine Notizen